L'AGENCE

Du même auteur

La Honte de l'Occident. Les coulisses du fiasco syrien, Paris, Tallandier, 2021.

Antoine Mariotti

L'AGENCE

Histoires secrètes de la CIA

TALLANDIER

48, rue du Faubourg-Montmartre – 75009 Paris
www.tallandier.com

À Cécile.
KLM.

Note de l'auteur

Ce livre a été écrit à partir de dizaines d'entretiens réalisés ces dernières années, notamment avec d'anciens membres de la CIA (analystes, officiers de terrain, directeurs, etc.), des espions et responsables de services de renseignement étrangers ou des officiels des différentes administrations américaines depuis 2001.

Il se base également sur un important travail de recherche documentaire. Toutes les sources sont précisées et disponibles en fin d'ouvrage.

Les dialogues présents dans le récit ont été reconstitués à partir de témoignages directs. Ils sont fidèles à l'esprit et au fond des propos tenus.

Deux univers principaux se côtoient au sein de la CIA : les officiers et les analystes. Les premiers sont déployés à travers le monde pour recueillir des informations. Ils étudient leur pays d'action, détectent les meilleures « cibles », gagnent leur confiance et doivent ensuite les recruter pour accéder à des renseignements importants ou à des personnalités de premier plan. Un jeu d'échecs mixé à une partie de poker… le danger en plus ! Les analystes, eux, ont pour mission de comprendre ce qui se passe et, grâce aux informations remontées du terrain, d'envisager tous les scénarios possibles.

Contrairement à la légende propagée par Hollywood et au vocabulaire employé dans des agences de renseignement non-américaines comme la DGSE en France, les espions de la CIA déployés sur le terrain ne sont donc pas des agents, mais des officiers. Ce sont les recrues de ces derniers que l'on appelle parfois agents.

Longtemps, officiers et analystes ne se côtoyaient pas et déjeunaient même dans des cafétérias différentes. Les premiers voyaient les seconds comme des cow-boys qui seraient loin d'être de grands intellectuels. Pour les officiers, au contraire, rien ne vaut la réalité du terrain. Le 11-Septembre a considérablement aidé à les rapprocher. La réorganisation de l'Agence opérée par l'ancien directeur John Brennan dans les années 2010 les fait aujourd'hui travailler main dans la main au sein de « centres de mission » thématiques (sur la Chine, le Moyen-Orient, ou autre), même si certains préjugés n'ont pas complètement disparu.

Introduction

C'est un lieu proche de la ville, mais isolé, bordé de bois et entouré de milliers de places de parking et d'antennes paraboliques géantes. Langley est le saint des saints de l'espionnage mondial. C'est sur ce terrain de 130 000 m² situé en Virginie que la Central Intelligence Agency* (CIA), la principale agence de renseignement américaine, a installé son quartier général en 1961. Plus de 20 000 personnes y travaillent. Les étoiles gravées dans le mur du hall d'entrée rappellent à chaque employé et visiteur la dangerosité du métier. Chacune représente un membre de la CIA tué en fonction. Leur nombre a grimpé en flèche depuis les attentats du 11 septembre 2001.

Langley est une terre de paradoxe. Une agence secrète, mais célèbre dans le monde entier. Une institution que tout le monde pense connaître, mais dont le quotidien est bien loin des idées reçues. Langley ne passe plus son temps à tenter de renverser des régimes hostiles par des coups d'État clandestins. « On n'est ni James Bond, ni Jason Bourne**.

---

* Agence centrale du renseignement.

** Jason Bourne est le personnage principal, interprété par l'acteur Matt Damon, d'une série de films (*La Mémoire dans la peau* ; *La Mort dans la peau* ; *La Vengeance dans la peau* ; *Jason Bourne : l'héritage* ; et *Jason Bourne*) tirée des best sellers de Robert Ludlum. Il incarne un tueur de la CIA qui souffre d'amnésie.

Ce n'est pas nous. J'attends toujours mon Aston Martin… », s'amuse un ancien officier.

Son histoire contemporaine est liée de près au 11-Septembre. Ces attaques ont profondément impacté la géopolitique mondiale mais aussi la manière dont les services de renseignement fonctionnent. « On connaît certaines histoires comme l'utilisation de la torture, on a des témoignages d'anciens de la CIA sur des points précis, mais personne n'a regroupé toutes ces étapes et tous ces épisodes pour mieux comprendre notre monde et notre Histoire récente », m'a confié un ancien espion de l'Agence. C'est ce que tente de faire ce livre.

C'est la CIA qui a démarré la riposte américaine après les attentats de 2001, et permis de faire tomber le régime des taliban* après seulement quelques semaines et en partant presque de zéro. C'est encore l'Agence qui, la première, a mis la main sur un haut gradé d'Al-Qaïda. Elle aussi qui a effectué les basses œuvres de l'administration de George W. Bush en torturant les prisonniers dans des prisons secrètes installées autour du monde, et en violant les conventions internationales ; qui a menti sur la présence d'armes de destruction massive en Irak malgré un manque flagrant de preuves ; qui a mené la campagne secrète de drones chargée de repérer et de tuer les cadres des taliban et d'Al-Qaïda, notamment au Pakistan.

Derrière la capture d'Oussama Ben Laden après dix ans de traque, derrière l'armement clandestin des rebelles syriens, derrière les négociations clandestines avec le régime nord-coréen, c'est encore ces trois lettres que l'on

* Taliban est le pluriel de taleb, il ne prend donc pas de « s » à la fin, tout comme moudjahidine. Pour plus de facilité de lecture et de compréhension, nous utilisons ici « taliban » au singulier comme au pluriel, comme c'est globalement l'usage.

retrouve : CIA. Plus récemment, c'est encore et toujours l'agence américaine qui a découvert en amont les plans de Vladimir Poutine pour envahir l'Ukraine.

Les pages qui suivent nous font plonger dans les coulisses de ces épisodes avec des témoignages directs. Si certaines opérations sont dignes d'un polar, elles sont pourtant authentiques. Rien n'a été romancé. Lors de mes nombreux reportages, podcasts et documentaires effectués en tant que journaliste depuis vingt ans, j'ai très régulièrement rencontré des personnalités qui ont travaillé sur ces questions-là. J'en ai interviewé de nombreuses, sans jamais pouvoir publier ou diffuser entièrement ce qu'elles avaient à dire. Même dans un long documentaire, comme celui réalisé pour le vingtième anniversaire du 11-Septembre en 2021[1], on ne peut garder que quelques dizaines de secondes, quelques minutes tout au plus, d'interviews qui ont parfois duré trois heures. J'ai donc voulu aller au-delà de la force de l'image pour prendre le temps de raconter ces épisodes. À travers les coulisses de l'agence de renseignement la plus mythique du monde, s'exprime et s'incarne aussi la politique étrangère américaine de ce premier quart de siècle. La CIA n'en est qu'un instrument.

Le sujet est si vaste et les anecdotes, si nombreuses qu'il a fallu faire des choix. Mais l'importance de cette histoire récente est cruciale pour mieux comprendre notre monde actuel, ceux qui nous dirigent, et les erreurs commises. « Nous ne retenons pas les leçons en Amérique, s'inquiète Lawrence Wilkerson, l'ancien bras droit de Colin Powell, le secrétaire d'État américain au début des années 2000. Nous avons créé un sacré bazar. Nous avons tué beaucoup de monde, deux millions et demi de personnes. Nous avons largué plus de bombes sur le Nord Vietnam, le Laos et le Cambodge que pendant la Seconde Guerre mondiale. Et nous n'avons rien appris. Les Américains n'apprennent rien. Nous devrions nous appeler les États-Unis de l'amnésie[2]. »

L'ancien directeur de la CIA Porter Goss regrette, lui, à raison, que l'on n'attache plus assez d'importance à comprendre le 11-Septembre. « C'est d'un autre âge pour les nouvelles générations, confie-t-il. Je ne pense pas que les leçons que nous avons apprises aient été prises suffisamment au sérieux. La preuve de cela, c'est que nous ne nous débrouillons toujours pas très bien dans la guerre contre l'islam radical. [...] Je peux toujours parler de n'importe quel pays et vous montrer que les choses sont moins stables en ce moment qu'elles ne l'étaient lorsque j'ai quitté la CIA en 2006. Et je ne plaisante pas[3]. »

Contrairement à la DIA* ou au FBI, la CIA est indépendante et n'est sous tutelle d'aucun ministère. Parmi les dix-huit agences de renseignement américaines, elle est la mieux dotée. Son budget est colossal. Mais l'argent ne suffit pas et elle ne sait pas tout sur tout, loin de là. Après les attaques terroristes du Hamas en Israël le 7 octobre 2023, Langley est sollicité par son homologue israélien, le Mossad. L'État hébreu veut riposter vite et fort, très, très fort. L'objectif est notamment d'anéantir le gigantesque réseau souterrain créé par le Hamas depuis plus de quinze ans où le groupe islamiste stocke des armements et cache ses combattants. Tout le monde est sollicité : les informateurs habituels et occasionnels sont interrogés, et même les anciens officiers de terrain de l'Agence sont appelés au secours. « J'ai reçu un appel me demandant si j'avais toujours des sources dans Gaza et si j'avais la moindre

* Defense Intelligence Agency, l'agence de renseignement militaire américaine.

information sur le réseau de tunnels », confie un ancien de la CIA qui a pris sa retraite et n'a pas mis les pieds dans la région depuis quinze ans. Mais à Langley, on ne trouve pas grand-chose à offrir aux Israéliens…

L'utilité de l'Agence est capitale pour la sécurité des États-Unis et celle de ses alliés avec lesquels elle travaille étroitement chaque jour. Elle engrange de très nombreux succès qui restent inconnus du grand public et des journalistes. L'ancien directeur national du renseignement James Clapper (2010-2017) estime, avec une pointe d'ironie, qu'à Washington « il n'y a que des succès politiques et des échecs du renseignement ». On reproche parfois à l'Agence de ne pas avoir prévu ou anticipé telle ou telle catastrophe. Mais un service de renseignement n'a pas de boule de cristal. Il cherche et reçoit chaque jour des milliers, voire des dizaines de milliers d'informations, le plus souvent incomplètes. Il doit ensuite les trier et agir en fonction de leur urgence et de ses priorités. Les ressources humaines et financières pour les traiter ne sont pas illimitées, les ratés sont donc incontournables. Mais certaines erreurs auraient pu être évitées, leurs conséquences ont parfois été tragiques.

Ce livre a pris le 11-Septembre comme point de départ, car c'est un moment de bascule majeur pour la CIA et la géopolitique mondiale. Si, pendant des années, le risque de revivre un tel événement a fortement reculé, ce n'est plus le cas. La CIA a plus que jamais un rôle déterminant pour éviter qu'un tel traumatisme n'advienne de nouveau. À condition bien sûr, de ne pas oublier ce qui s'est passé ces vingt-cinq dernières années…

1.

Alec *vs* I-49

Une station de la CIA est habituellement installée dans la capitale du pays qu'elle couvre. Des analystes et des officiers de terrain y travaillent sous l'autorité d'un chef de station. En novembre 1995, pour la toute première fois, Langley décide d'en créer une spécialement dédiée à un homme et au groupe terroriste qu'il dirige. Depuis quelques années le nom d'Oussama Ben Laden, le chef d'Al-Qaïda, revient de plus en plus souvent dans les rapports de l'Agence. En 1993, il y est décrit comme un « financier terroriste ». Mais alors que les États-Unis font face à une vague d'attentats au cours de la décennie, la CIA s'inquiète de la montée en puissance de ce Saoudien, fils d'un milliardaire connu dans tout le Moyen-Orient pour être à la tête d'un empire de la construction. Rien ne permet de relier Oussama Ben Laden à l'explosion de 1993 au World Trade Center de New York, ni à la fusillade devant le siège de la CIA la même année ou à la bombe des Jeux olympiques d'Atlanta en 1996. Mais tout pousse à croire que ce philanthrope de la terreur a des projets funestes et qu'il a la capacité de les mener à bien.

Langley a pris conscience de la menace et crée donc la Ben Laden Issue Station. Celle-ci n'a pas de limite géographique et s'installe à Tysons Corner, à quelques kilomètres à l'extérieur du complexe de la CIA, en Virginie. L'Agence y loue un bâtiment qu'elle aménage et sécurise.

À la CIA, un homme s'intéresse de très près à Ben Laden depuis plusieurs années. Cet homme, qui étudie les moindres faits et gestes du Saoudien, c'est Michael Scheuer. En 1995, il est nommé à la tête de cette toute nouvelle entité qu'il rebaptise immédiatement Alec Station, en référence au prénom de son fils adoptif. Il dirigeait jusqu'alors la branche dédiée à l'islamisme radical.

Scheuer déploie toute son énergie à la mettre sur pied et à la rendre rapidement efficace. Ce forcené de travail passe plus de soixante heures par semaines sur place. Plus que n'importe qui, il est convaincu que Ben Laden est une menace directe et immédiate pour les États-Unis. Plus que n'importe qui, ou presque…

Au FBI, le Bureau fédéral d'investigation, l'antiterrorisme et le contre-espionnage sont dirigés à New York par le truculent John O'Neill, une très forte personnalité qui a intégré le Bureau à l'époque du légendaire John Edgar Hoover*. C'est lui aussi un travailleur acharné et un grand connaisseur de la mouvance radicale. Son inquiétude concernant Ben Laden a viré à l'obsession. Sous ses ordres, l'unité chargée de traquer les terroristes islamistes du Moyen-Orient est baptisée I-49.

Comme dans tous les pays et depuis toujours, les différents services de renseignement se regardent avec méfiance, voire se tirent dans les pattes. La relation entre la CIA et le FBI ne déroge pas à la règle. La CIA est censée obtenir des renseignements qui vont permettre de protéger les États-Unis et les intérêts américains à travers le monde, et

* John Edgar Hoover a dirigé la police fédérale américaine (rebaptisée FBI en 1935) de 1924 jusqu'à son décès en 1972.

à intervenir elle-même lorsque c'est nécessaire. Du côté du FBI, il y a le besoin absolu d'obtenir des preuves concrètes pour permettre des poursuites en justice sur le sol américain. Scheuer n'a qu'une idée en tête : éliminer Ben Laden. O'Neill, lui, est déterminé à le poursuivre en justice. Les deux hommes font partie des très rares à comprendre la dangerosité du leader d'Al-Qaïda, mais ils se détestent cordialement et s'échangent régulièrement des noms d'oiseaux, à défaut de partager des renseignements.

Alec Station et I-49 travaillant sur des sujets communs, des agents de liaison sont dépêchés dans les deux services. Ils sont censés faciliter et favoriser la coopération et l'échange d'informations. Un agent du FBI, Dan Coleman, s'installe donc dans les bureaux d'Alec Station, et inversement, Tom Wilshire s'installe à I-49. Michael Scheuer ne voit pas cela d'un bon œil. Même s'il le respecte, il se méfie de Coleman et reste convaincu que le FBI veut simplement les utiliser pour ses propres intérêts. Dans les faits, chacun traîne des pieds lorsqu'il s'agit de partager des renseignements. Notamment du côté de la CIA…

Le réveil

Les Américains savent parfaitement où se trouve Oussama Ben Laden. Le Saoudien s'est installé à Khartoum, au Soudan. Il y conduit régulièrement sa Mercedes lui-même, se rend à la même modeste mosquée rouge de son quartier pour prier. Le leader d'Al-Qaïda ne se sent pas inquiété. Cofer Black, le chef de la station locale de la CIA, le surveille en permanence avec son équipe sans pouvoir le neutraliser. Car depuis un ordre exécutif signé par le président Gerald Ford en 1976, et réitéré par un autre ordre exécutif de Ronald Reagan en 1981, l'Agence ne peut plus éliminer une cible. Les responsables d'Alec Station enragent chaque jour contre ce cadre légal jugé trop restrictif.

« Peu importe à quel point cela aurait été facile : il n'y avait pas de mécanisme légal pour le faire, témoigne Ric Prado, qui fait alors partie de l'équipe. Et dans l'atmosphère de l'après-guerre froide, de l'après-affaire Iran-Contra*, personne n'était disposé à mener une opération qui contrevenait directement à deux ordres exécutifs. Contrairement à la version de la CIA façon Jason Bourne, nous n'avions pas d'assassins à notre service, et tuer Ben Laden n'était donc pas une option réaliste pour la CIA de 1996[1]. »

En juillet 1998, en Ouzbékistan, des agents de la CIA capturent Ahmed Salama Mabrouk, le plus proche confident d'Ayman Al-Zawahiri, le bras droit de Ben Laden. Cette prise est capitale, car les hommes de la CIA retrouvent dans son ordinateur l'organigramme d'Al-Qaïda ainsi que la liste de nombreux islamistes installés en Europe. Dan Coleman, du FBI, appelle cette trouvaille « la pierre de Rosette d'Al-Qaïda[2] » car elle permet de décrypter en détail la structure de l'organisation terroriste. Mais Michael Scheuer d'Alec Station refuse de transmettre ces informations au FBI. Et Coleman ne peut pas décider seul de ce qu'il peut envoyer à ses collègues, tout devant être validé par les responsables de la station avant d'être partagé. Lorsque John O'Neill apprend l'importance des informations glanées par la CIA dans l'ordinateur d'Ahmed Salama Mabrouk, il explose de colère et fait remonter l'épisode jusqu'au bureau du président Bill Clinton pour qu'on lui fournisse le contenu de l'ordinateur. Il finit par obtenir gain de cause.

* Scandale politico-militaire survenu aux États-Unis dans les années 1980 après que plusieurs hauts responsables du gouvernement ont soutenu un trafic d'armes vers l'Iran malgré l'embargo touchant ce pays.

Alec Station décortique l'organisation de Ben Laden. De plus en plus convaincue de la menace qu'il représente, elle suit avec attention son départ du Soudan, d'où il a été expulsé à la suite des pressions américaines sur Khartoum, et son installation en Afghanistan où les taliban, un mouvement islamiste fondamentaliste, a pris le pouvoir en 1996. Il devient bien plus difficile pour la CIA de le surveiller dans cette zone presque entièrement coupée du monde.

Michael Scheuer se rend régulièrement au septième étage de l'Agence, celui de la direction, pour proposer des opérations à mener contre l'islamiste. Des plans systématiquement jugés trop téméraires et aussitôt rejetés. Après le double attentat contre les ambassades américaines à Nairobi (Kenya) et Dar es Salaam (Tanzanie), Michael Scheuer sort de ses gonds. Il estime que ce ne serait peut-être pas arrivé si l'Agence et la Maison-Blanche avaient eu le cran de suivre ses propositions. Scheuer s'affranchit du cadre hiérarchique. Au lieu de s'adresser à son supérieur, il appelle directement George Tenet, le directeur de la CIA. Il lui hurle dessus… et Tenet en fait autant en retour. À peine a-t-il raccroché que Scheuer prend la plume pour envoyer une missive à Tenet en listant les dix choses prioritaires à faire, selon lui, pour neutraliser Al-Qaïda. Il envoie une série de mails et de lettres incendiaires à de nombreux membres de la direction de l'Agence. Jim Pavitt*, le directeur adjoint des opérations, encadrera le mot qu'il a reçu et le conservera jusqu'à sa retraite sur le mur de son bureau. La lettre commence par « *Dear Jim, I think you suck*** ». Le reste du message est encore moins diplomatique…

Michael Scheuer est convoqué dans les jours qui suivent par Jack Downing***, le directeur des opérations, qui lui

* James « Jim » L. Pavitt est décédé le 22 décembre 2022.

** « Cher Jim, je pense que tu es nul. »

*** Jack Downing est décédé le 27 juin 2021.

retire la direction d'Alec Station. « Tu es déséquilibré et au bout du rouleau », lui lance Downing. « T'es taré, Jack. Tu veux qu'on règle ce problème d'Al-Qaïda ou pas ? » lui répond Scheuer qui se retrouve dans un placard, à la bibliothèque de la CIA. Il s'y installe chaque matin sans la moindre mission à accomplir. Scheuer ne retrouvera plus jamais de poste à responsabilité malgré son immense connaissance de la nébuleuse jihadiste. Mais son caractère incontrôlable et son affrontement permanent avec le FBI auront raison de sa carrière. Richard Blee le remplace à la tête de l'unité et obtient de la direction qu'Alec Station soit finalement relocalisée au Centre de contre-terrorisme (CTC), au sein même du quartier général de Langley, pour plus d'efficacité. Après Nairobi et Dar es Salaam, de nouvelles ressources sont mises à disposition de l'équipe chargée de traquer Al-Qaïda, qui passe alors de douze à vingt-six membres, et George Tenet deviendra son meilleur avocat auprès de la Maison-Blanche, même s'il peinera très fortement à être entendu.

Malgré le départ de Scheuer, les relations avec I-49, et notamment avec John O'Neill, ne s'apaiseront pas. Les membres d'Alec Station sont convaincus qu'O'Neill est, au moins en partie, responsable du départ de leur chef. Et non seulement les informations ne s'échangent pas comme elles le devraient, mais une haine s'est installée. « Je ne veux pas dire du mal des morts* mais John O'Neill était un sacré fils de pute, dénonce aujourd'hui un ancien officier de la CIA. C'était un méchant, un salaud. À mon avis, personne ne détestait autant la CIA que John O'Neill. Et de notre côté, on le détestait autant qu'il nous détestait[3]. »

* John O'Neill est décédé le 11 septembre 2001.

Rétention d'information

Fin 1999, plusieurs membres d'Al-Qaïda doivent se retrouver à Kuala Lumpur, en Malaisie. La CIA est sur la piste de l'un d'eux, Khaled Al-Mihdhar. Alors qu'il fait escale à Dubaï, les espions de l'Agence pénètrent dans sa chambre et découvrent dans son passeport qu'il dispose d'un visa américain à entrées multiples. Ils le prennent en photo avant de tout remettre en place et de quitter les lieux. La CIA n'a pas autorité, ni la moindre preuve, pour l'arrêter. Les informations glanées sont immédiatement envoyées à Langley. Alec Station alerte alors des services de renseignement étrangers amis pour qu'ils surveillent Al-Mihdhar et les autres suspects afin de déterminer s'ils peuvent devenir une menace… mais elle omet de prévenir le FBI. D'autres suspects qui participent à la réunion sont suivis, notamment un certain Nawaf Al-Hazmi.

Lorsque Doug Miller et Mark Rossini, les agents du FBI qui ont remplacé Dan Coleman comme agents de liaison à Alec Station, découvrent dans un câble confidentiel* l'existence de la réunion de Kuala Lumpur et que l'un des terroristes pourrait se rendre prochainement aux États-Unis grâce à un visa en bonne et due forme, ils demandent l'autorisation de transmettre immédiatement l'information à leur bureau I-49. Une cadre d'Alec Station, Michael Anne Casey, refuse et explique que « ce n'est pas du ressort du FBI ». « Le prochain attentat d'Al-Qaïda aura lieu en Asie du Sud-Est et leurs visas pour l'Amérique ne sont qu'une diversion, assure-t-elle encore à Doug Miller et Mark Rossini. Vous

* Nom donné aux messages internes envoyés par les analystes et officiers de la CIA.

ne devez pas en parler au FBI. Si nous voulons que le FBI en soit informé, alors nous le ferons nous-mêmes. »

En Malaisie, les services secrets informent la CIA que trois des participants de la fameuse réunion viennent de s'envoler pour Bangkok et pourraient y retrouver l'un des auteurs de l'attentat contre l'*USS Cole**. L'Agence n'inscrit toujours pas Al-Mihdhar et Al-Hazmi sur la liste des individus soupçonnés de terrorisme – les personnes présentes sur cette liste sont immédiatement interpellées ou placées sous surveillance lorsqu'elles pénètrent sur le sol américain. Or les deux islamistes ne s'arrêtent pas à Bangkok, ils poursuivent leur voyage jusqu'à Los Angeles où ils atterrissent sans encombre le 15 janvier 2000. La CIA découvrira trois mois plus tard qu'Al-Hazmi, membre d'Al-Qaïda, est sur le sol américain. Elle ne vérifie pas la liste des passagers du vol qu'il a emprunté et ne s'aperçoit pas qu'Al-Mihdhar était avec lui et se trouve donc, lui aussi, aux États-Unis. Là encore, I-49 n'est pas prévenu par l'Agence alors qu'une fois sur le territoire, il revient au FBI d'intervenir. S'il avait été informé, le bureau fédéral aurait alors pu les neutraliser.

Le mémo

Outre ses propres renseignements, la CIA peut compter sur ceux apportés par les services alliés, comme les Français de la DGSE. Entre septembre 2000 et août 2001, neuf rapports ont été rédigés à Paris sur les menaces d'Al-Qaïda

* Le 12 octobre 2000, des membres d'Al-Qaïda montent à bord d'une petite embarcation chargée d'explosifs et foncent sur le destroyer lance-missiles américain *USS Cole* dans la baie d'Aden, au Yémen, provoquant un trou béant sur le flanc du navire. Dix-sept marins américains sont tués et trente-neuf blessés au cours de l'attaque.

contre les États-Unis, dont une note de synthèse de cinq pages datée du 5 janvier 2001 et intitulée « Projet de détournement d'avion par des islamistes radicaux ». Selon le journal *Le Monde*, cette note « rapporte les discussions tactiques menées depuis le début de l'année 2000 entre Oussama Ben Laden et ses alliés taliban, au sujet d'une opération de détournement d'avions de ligne américains[4] ». Ces informations ont toutes été transmises à la CIA par la DGSE.

Le 6 juillet 2001, une délégation d'un service de renseignement du Moyen-Orient est en visite à Langley. Une visite comme il y en a presque chaque jour à la CIA. Pour l'Agence, il est important de bien recevoir ses partenaires étrangers afin d'approfondir les liens pour s'appuyer régulièrement sur leur coopération et leurs informations. La délégation a droit à une visite rapide des lieux, un déjeuner copieux dans un restaurant huppé de Washington, une photo souvenir avec le directeur, des cadeaux, mais aussi toute une série de briefings sur le Hezbollah, la Chine ou encore la Russie. Un autre est prévu sur la menace Al-Qaïda. Alors qu'habituellement, de simples analystes de rang intermédiaire sont réquisitionnés pour mener ces briefings en fonction de leurs sujets, cette délégation a droit à une exception. Alfreda Frances Bikowsky, la cheffe des opérations d'Alec Station, et même Cofer Black, le puissant patron du Centre de contre-terrorisme, viennent en personne. Dès qu'il s'assoit autour de la table, après avoir salué ses visiteurs, Cofer Black ne mâche pas ses mots : « Quelque chose de terrible va se passer. On ne sait pas exactement où et quand, mais ce sera quelque chose de massif. » Outre les informations reçues de la DGSE et d'autres services, des interceptions de conversations téléphoniques entre jihadistes ont enregistré des phrases inquiétantes du type « il va y avoir un grand mariage » ou « le marchand de miel arrive bientôt et il y aura beaucoup de miel ». Il s'agit de codes pour prévenir d'une attaque, mais la CIA ne parvient pas à en savoir beaucoup plus. Cofer Black implore alors la délégation moyen-orientale : « Si vous avez des sources au sein d'Al-Qaïda, je vous en prie, aidez-nous. »

Un mois plus tard, jour pour jour, la CIA rédige un mémo adressé au président George W. Bush et au titre on ne peut plus limpide : « Ben Laden déterminé à frapper aux États-Unis ». L'hypothèse de détournement d'avions y est évoquée.

L'ATTAQUE

Le 10 juillet 2001, le directeur de la CIA demande l'organisation d'une réunion d'urgence à la Maison-Blanche autour de Condoleezza Rice, la conseillère à la sécurité nationale. George Tenet veut alerter une nouvelle fois l'administration sur les menaces imminentes qui pèsent sur les États-Unis et la pousser à agir. Tenet est venu accompagné de Cofer Black et de Richard Blee, le patron d'Alec Station. Richard Clarke, le conseiller de George Bush pour l'antiterrorisme, est également présent. Clarke assure qu'aucun des représentants de la CIA présents n'a mentionné la présence de deux terroristes d'Al-Qaïda aux États-Unis.

« On se demande alors pourquoi ils ne l'ont pas fait, explique Richard Clarke dans une interview accordée à des journalistes indépendants[5]. Il n'y a qu'une seule raison concevable que j'ai pu trouver. Lorsque Cofer Black est arrivé à la tête du Centre de contre-terrorisme (CTC), il était furieux que la CIA n'ait pas de source infiltrée au sein d'Al-Qaïda et il m'a dit qu'il allait essayer d'en avoir. Je peux imaginer que, peut-être, lorsqu'ils ont vu ces deux membres d'Al-Qaïda entrer aux États-Unis ils se soient dit : "Voilà notre chance de les retourner et d'avoir des informateurs au sein d'Al-Qaïda. Et pour y arriver, on ne peut en parler à personne en dehors de la CIA." »

Si cette hypothèse était juste, l'Agence aurait mené une action illégale puisqu'elle ne peut mener des opérations qu'en dehors des frontières américaines. Mais rien n'est venu confirmer cette théorie.

Avec plusieurs mois de retard, le FBI apprend finalement que deux membres connus d'Al-Qaïda, Al-Hazmi et Al-Mihdhar, sont sur le sol américain. Mais à défaut d'avoir pu les interpeller ou les surveiller de près dès leur arrivée, les agents du bureau fédéral ne parviennent pas à les retrouver. Les deux hommes feront partie des pirates de l'air du 11-Septembre…

« La seule chose que nous savions d'eux, c'était qu'ils avaient participé à une réunion en Malaisie, se défend maladroitement un officier de la CIA[6]. On reçoit des milliers d'informations de ce type chaque jour et on ne sait pas toujours quoi en faire. Nous ne savions pas quelles étaient leurs intentions, ce qu'ils allaient faire, ce à quoi ils participaient déjà. Mais nous avions leurs noms parce que nous savions qu'ils avaient rencontré d'autres terroristes lors d'une réunion en Indonésie. »

Certains à la CIA tentent même de retourner la situation et de reprocher au FBI son manque de clarté, en remontant à des affaires vieilles de plus de dix ans. Lorsque le rabbin extrémiste Meir Kahane a été assassiné à New York en novembre 1990 par un Américain d'origine égyptienne, El Sayyid Nosair, le FBI a fait une découverte. Des documents retrouvés chez le tueur laissaient penser qu'un attentat était en préparation pour faire exploser des gratte-ciel de New York.

« Parmi les associés de Nosair figurait un agent double d'Al-Qaïda du nom d'Ali Mohamed, explique Ric Prado, ancien membre d'Alec Station. Il s'agissait probablement du premier effort naissant d'Al-Qaïda aux États-Unis. Ben Laden a ensuite payé les frais de justice de Nosair. Le FBI n'a pas informé la CIA de tout cela. L'Agence ne l'a découvert qu'après le 11-Septembre. Si nous l'avions su en 1995, ces pièces du puzzle auraient pu nous éclairer davantage[7]. »

Le 22 août 2001, John O'Neill, victime de son caractère et de luttes internes, est poussé à la démission par le FBI. Il retrouve rapidement du travail en tant que chef de la sécurité… du World Trade Center à New York ! Le 11 septembre, alors qu'il se démène pour faire évacuer les bâtiments et sauver un maximum de vies, il décède lors de l'effondrement des tours.

2.

« On enlève les gants »

Les analystes de la cellule de la CIA dédiée à l'Iran n'ont pas tellement la tête au travail ce 11 septembre 2001. Leur bureau accueille ce matin… une *baby shower** ! Cynthia**, enceinte de huit mois, s'apprête à partir en congé maternité à la fin de la journée. L'un de ses collègues, John Nixon, quitte prématurément la petite célébration pour gérer quelques dossiers à son bureau. Les deux s'entendent à merveille mais Nixon ne goûte guère les fêtes imposées où il ne se sent pas très à l'aise. Une fois arrivé à son poste, il décroche son téléphone pour joindre un autre service de l'Agence. L'accueil est expéditif :

« Désolé John, je ne peux pas te parler pour l'instant, il faut que je retourne devant la télé.

– Mais de quoi parles-tu ?

– Quoi, tu n'as pas vu ? Un avion vient de s'écraser sur le World Trade Center. »

Son interlocuteur raccroche et Nixon allume à son tour le poste de télévision, découvre les images retransmises en direct par CNN et voit le deuxième avion s'écraser dans

* Une *baby shower* est une fête organisée avant la naissance d'un enfant et pendant laquelle les invités offrent des cadeaux de naissance à la future maman.

** Le prénom a été modifié.

l'autre tour. Il retourne immédiatement à la *baby shower* : « Excusez-moi tout le monde, désolé je ne veux pas gâcher la fête mais écoutez-moi, c'est important. Deux avions viennent de percuter les tours jumelles à New York. Elles sont en feu ! »

Les quelques spécialistes de l'Iran posent leurs bagels et jus de fruits pour venir s'agglutiner devant l'écran autour de John. Lui qui a travaillé auparavant des années sur l'Irak s'interroge : « Et si c'était un coup de Saddam Hussein ? »

Le nouveau cœur du réacteur

Quelques étages plus bas se trouve le CTC de la CIA. Un service jusque-là considéré comme un placard pour les officiers dont on ne sait trop que faire et qui n'ont pas brillé. Leur chef, Cofer Black, est pourtant l'un des hommes les plus respectés de l'Agence*. Lors de ses années en poste au Soudan, il n'a pas que traqué Oussama Ben Laden (qu'il a croisé de très près) pendant son exil à Khartoum, il a également participé à la capture d'Ilich Ramirez Sánchez, dit Carlos, l'un des terroristes les plus célèbres de l'époque, avant qu'il ne soit transféré en France où il est toujours incarcéré**.

Le matin du 11 septembre 2001, Cofer Black a rendez-vous à la Maison-Blanche avec Condoleezza Rice pour parler de l'Europe, et notamment de la Grèce. L'escorte qui doit le conduire jusqu'au centre de Washington est prête, ses collaborateurs aussi. Parmi eux, John Kiriakou, spécialiste de l'organisation terroriste grecque baptisée « 17-Novembre ».

---

* Voir chapitre 1, p. 17.

** Carlos purge une peine de prison à perpétuité pour l'attentat du Drugstore Publicis à Paris qui avait fait deux morts et trente-quatre blessés en 1974.

Il attend Cofer Black devant son bureau pour faire le trajet ensemble. Les écrans de télévision montrent un nuage de fumée s'échapper de l'une des tours jumelles de New York. « Vous savez, c'est déjà arrivé dans les années 1930, lance-t-il à la secrétaire assise derrière son bureau. Mais à l'époque il pleuvait et il y avait du brouillard. Aujourd'hui, il n'y a pas un nuage, comment est-ce qu'on peut ne pas voir que l'on fonce tout droit sur le World Trade Center ? » À la seconde où Kiriakou prononce ces mots, un autre avion se précipite contre la deuxième tour. « Vous avez vu ça vous aussi ou j'ai rêvé ? », interroge la secrétaire. « Oui, j'ai vu, et je crois bien qu'on est attaqués », répond John Kiriakou.

Immédiatement, des dizaines d'officiers se rassemblent devant le bureau de Cofer Black. Les écrans diffusent CNN, BBC ou encore Al Jazeera. Le monde entier a désormais les yeux rivés sur Manhattan. Alors que soixante à soixante-dix officiers de la CIA sont plantés devant ces téléviseurs, l'un d'eux se met à hurler : « Est-ce que quelqu'un va prendre les choses en main ici s'il vous plaît ? »

Cofer Black sort alors de son bureau et se met à aboyer des ordres de tous côtés : « Toi, fonce prévenir le directeur ! », « Toi, va informer la sécurité ! », « Vous cinq, allez rejoindre la direction des opérations », etc.

L'un des hommes présents s'approche et lui demande : « C'est Al-Qaïda, n'est-ce pas ? C'est ce qu'on attendait ?

– Oui, c'est Al-Qaïda », assure immédiatement Black, qui a tenté depuis des mois d'alerter sur le danger que posait cette organisation. Au sein du CTC, les groupes terroristes sont classés par ordre d'importance en fonction du nombre d'Américains qu'ils ont déjà tués et de la menace qu'ils font toujours peser. Le Hezbollah libanais est en première position. L'organisation d'Oussama Ben Laden arrive juste derrière.

La CIA savait qu'Al-Qaïda allait frapper mais n'a pas su l'éviter. Le pouvoir politique, lui, a pris le sujet à la légère depuis trop d'années pour permettre à ses services secrets d'avoir les moyens d'éviter de telles attaques.

« Nous disposons d'une excellente agence de renseignement. Mais nous ne sommes pas encore les meilleurs au monde. Et pourquoi ? interroge Porter Goss, alors président de la commission du renseignement au Sénat et futur directeur de la CIA. Parce que nous n'avons pas à l'être, nous ne sommes pas les Israéliens. Nous ne sommes pas attaqués de toutes parts. Nous sommes une société libre, démocratique et ouverte, avec une frontière ouverte au sud. C'est une question de bon sens. Qu'est-ce qui pourrait aller de travers ? Et tout à coup, nous découvrons que le diable existe[1]... »

Une traque mondiale

Aux États-Unis, c'est l'alerte générale. Personne ne connaît le nombre d'autres avions détournés et encore en vol, ou combien d'autres infrastructures potentielles peuvent être touchées. Langley fait évidemment partie des cibles possibles. Ramzi Youssef, le responsable du premier attentat contre le World Trade Center en 1993*, prévoyait aussi de faire s'écraser un avion sur le quartier général de la CIA. Au siège, personne n'a oublié. Des responsables de la police de l'Agence débarquent dans chaque bureau, notamment au centre de contre-terrorisme. Ils ordonnent à tous les employés présents de quitter immédiatement le

* Le 26 février 1993, le World Trade Center à New York est frappé par un attentat. Une voiture piégée explose dans le parking de l'immeuble. Six personnes sont tuées, et plus de mille blessées.

bâtiment. Mais personne ne bouge. Les espions américains ont trop à faire et ne veulent pas quitter le navire en pleine tempête. Une heure plus tard, les policiers reviennent à la charge et assurent que tous ceux qui refuseront d'évacuer seront placés en détention. Le personnel de la CIA se résigne à quitter les lieux… Mais ils sont des milliers à fuir en même temps. À l'entrée du complexe, un embouteillage monstre se forme et constitue désormais une nouvelle cible facile si des terroristes souhaitaient s'en prendre au principal service de renseignement du pays. Certains employés abandonnent leur voiture sur le bas-côté et terminent le chemin à pied pour regagner leur domicile. Les autres mettront des heures avant d'arriver à bon port.

Une fois rentré chez lui, John Kiriakou retrouve sa petite amie, elle aussi employée de la CIA. Le jeune couple monte alors sur le toit de leur immeuble et découvre le Pentagone en feu. Le siège du département de la Défense vient à son tour d'être attaqué par un avion de ligne détourné. John et sa future épouse anticipent l'afflux de blessés dans les hôpitaux et décident d'aller donner leur sang. Des unités mobiles pour accueillir les donneurs ont rapidement été mises en place dans différents lieux stratégiques de la capitale américaine et de ses environs mais les files d'attente sont si longues que les deux espions finissent par renoncer et décident en fin d'après-midi qu'ils n'ont décidément rien à faire loin du quartier général en ces temps si troublés. Entre-temps, Cofer Black a obtenu du directeur George Tenet une dérogation pour que ses équipes chargées du contre-terrorisme puissent rester ou revenir dans le bâtiment. Ils reprennent alors la route de Langley et, comme de nombreux autres, y passeront les quatre jours suivants sans même rentrer se changer.

« Je pensais que l'Agence serait préparée pour ce genre d'événement, mais en fait pas du tout[2] », regrette un analyste.

Peu à peu, tous les employés de l'Agence reviennent au siège de la CIA. Chacun s'installe derrière son ordinateur et s'attelle à lancer des recherches approfondies car les stations et bases de la CIA autour du monde font remonter des milliers de noms de terroristes potentiels, mais aussi de nouvelles sources sur lesquelles s'appuyer et dont il faut vérifier les profils en profondeur. Personne ne compte ses heures, rares sont ceux qui rentrent chez eux embrasser leurs proches avant de revenir aussi vite à Langley. John Kiriakou ne quitte plus son poste. Il roule sa veste pour faire office d'oreiller et se reposer une heure de temps en temps sous son bureau. Ses collègues en font autant. Se pose alors un problème logistique : il faut nourrir ces milliers de personnes qui campent littéralement sur place. Le service de cafétéria de la CIA est assuré par la société Marriott, mais leurs employés ont évacué les lieux après les attentats. Les espions américains récupèrent une pince coupante et font sauter les cadenas qui entravent l'entrée des cuisines. Des tables pliantes sont installées à la va-vite dans le couloir du CTC. Toute la nourriture trouvée dans les frigos et les placards y est mise à disposition de chacun. La direction fera un chèque de 10 000 dollars à Marriott pour rembourser les dégâts et ce qui a été consommé.

Réveil tardif

Dans les heures qui suivent les attentats du 11-Septembre, l'organisation terroriste Al-Qaïda et son chef, le Saoudien Oussama Ben Laden, sont immédiatement pointés du doigt. Dans les couloirs de Langley, la stupéfaction passée, c'est la colère qui prédomine.

« On était furieux, témoigne Sam Faddis, un officier qui a parcouru le Moyen-Orient pour la CIA. Et ça s'est très vite suivi d'un “OK, pouvons-nous enfin enlever les gants et nous mettre au boulot maintenant ? Pouvons-nous avoir le feu vert pour faire toutes les choses que nous avons tenté vainement de vous convaincre de faire ? Il est trop tard. Des milliers de personnes sont mortes. Mais pouvons-nous enfin être autorisés à faire ce qui est nécessaire ?”[3] . »

Les espions américains impliqués dans la surveillance d'Al-Qaïda ou déployés au Moyen-Orient et en Asie centrale ont souvent été frustrés ces dernières années par le manque d'entrain de leurs chefs, et encore plus des dirigeants politiques, à vouloir traquer les terroristes. Al-Qaïda s'en est pourtant déjà prise à plusieurs occasions aux États-Unis.

Malgré cela, Al-Qaïda n'était pas encore vue comme la priorité absolue à Washington. Quelques années avant le 11-Septembre, Sam Faddis est parvenu à recruter une source au sein de l'organisation terroriste. L'officier traitant a longuement travaillé pour obtenir la coopération de cet homme. Mais au quartier général, un chef lui ordonne alors de couper tout contact : « Il s'agissait du citoyen d'un pays avec lequel nous entretenions des relations amicales et, si nous étions surpris en train de rencontrer cet homme, mes chefs craignaient davantage que nos relations diplomatiques soient compromises avec ce pays plutôt qu'ils ne voyaient l'intérêt d'avoir une source au sein d'Al-Qaïda. J'ai donc dû rompre le contact[4] », regrette Faddis.

Mais à partir du 11-Septembre, plus question de faire de sentiments. Toutes les archives sont disséquées pour trouver la moindre piste et pénétrer d'urgence la nébuleuse Al-Qaïda. Un membre du CTC vient alors trouver Faddis à Langley : « Sam, comment est-ce que l'on pourrait entrer en contact avec ton ancienne source ? Où peut-on trouver ce type ? » Mais Faddis n'en a pas la moindre idée.

« Quelle question ridicule ! fulmine-t-il aujourd'hui. Ce type était un terroriste. Ce n'était pas mon ami, ni mon frère, nous n'avions pas de contacts sociaux. Il n'a d'ailleurs jamais su mon vrai nom. Il est évident qu'on ne fréquente pas les sources terroristes comme lui en rentrant du boulot ou pendant nos vacances. On ne leur envoie pas de cartes de vœux à Noël. Où est-il ? Si je devais parier, je dirais qu'il est en train d'organiser des opérations pour tuer des Américains. C'est ce que je pense[5]. »

La guerre contre le terrorisme

« Je n'avais pas eu l'autorisation d'informer le président George W. Bush sur le terrorisme [...] jusqu'à ce jour du 11 septembre 2001, tempête Richard Clarke, responsable de ces questions sous les administrations Clinton et Bush. En janvier, j'avais demandé la convocation en urgence d'une réunion du cabinet quelques jours après l'investiture du président Bush afin de faire approuver un plan d'attaque destiné à traquer Al-Qaïda[6]. Il avait fallu tout ce temps pour l'obtenir. »

Désormais une seule chose compte : la lutte contre le terrorisme et anéantir Al-Qaïda.

La semaine qui suit les attentats, la direction de la CIA réorganise complètement ses priorités. Des salles ont été réquisitionnées par le CTC dans toutes les divisions. Des fonds sont prélevés de plusieurs missions et directions pour être alloués au contre-terrorisme.

Chaque bureau doit laisser partir une partie de son personnel pour le Centre de contre-terrorisme. À la direction des opérations, la Russia House, qui gère la collecte de renseignements dans le monde sur la Russie et ses activités, perd vingt de sa centaine d'employés.

L'administration Bush n'était obsédée que par Pékin depuis son arrivée à la Maison-Blanche en début d'année. Ironie du sort, même le bureau de la CIA dédié à la Chine doit désormais laisser certains de ses officiers rejoindre le CTC. Certains avaient été très longuement formés, parlaient couramment le mandarin et s'apprêtaient à partir en mission à Pékin, Hong Kong ou Taïwan.

Les effectifs de plusieurs bureaux jugés moins prioritaires sont même divisés par quatre. Il ne reste par endroits que deux officiers à travailler sur une thématique ou un pays. Dès le 12 septembre 2001 au matin, le CTC devient le lieu où il faut absolument être. Au total, les effectifs du centre triplent en l'espace d'une nuit. Ils passent de 600 à 1 800 employés. Ceux d'Alec Station atteignent désormais 150, contre 35 la veille.

Mais il va aussi falloir gonfler les rangs avec de nouveaux profils qui prennent du temps à être formés comme l'explique Porter Goss qui, depuis le Sénat, surveille l'ensemble des activités de l'Agence : « Il faut se souvenir que dans les années 1990, nous vivions sur ce que l'on appelle les dividendes de la paix. Le mur de Berlin était tombé et nous avons réduit de manière drastique nos investissements dans le domaine du renseignement. Et tout d'un coup, nous nous sommes rendu compte que nous n'avions pas assez d'arabophones. Nous n'avons pas assez de personnes qui parlent persan et d'autres langues ou dialectes. Oh, mince, nous n'avons pas assez de tout ce dont nous avons besoin[7] ! »

Les limitations budgétaires sont levées. Chaque piste doit être creusée et vérifiée. Peu importe son coût. Fin septembre, John Kiriakou a un projet d'opération. Il l'évoque avec son chef direct qui le redirige vers Cofer Black. En recevant Kiriakou, le patron du CTC lève les bras au ciel et lui lance : « Écoute, peu importe ce que tu veux faire, fais-le. J'ai tellement d'argent que je ne pourrai même pas tout dépenser ! » Kiriakou mène donc son opération qui débouche sur le recrutement d'une nouvelle source sur laquelle l'Agence pourra s'appuyer.

Le terreau est fertile pour ces recrutements. Les suspects de terrorisme ont compris que les États-Unis allaient frapper fort pour se venger et tenter de neutraliser la menace islamiste.

« Beaucoup d'entre eux avaient tellement peur que nous soyons là pour les tuer que lorsqu'ils comprenaient que nous n'étions pas là pour ça, mais pour leur parler, ils coopéraient immédiatement, témoigne un officier. Le discours, c'était : “Vous pouvez choisir le côté des bons ou des méchants, mais vous avez cinq secondes pour prendre une décision.” La réponse était souvent rapide[8]... »

Règlements de comptes à Alec Station

À Alec Station, les analystes sont installés dans des box séparés par une allée centrale. Comme le reste des employés de l'Agence, eux aussi reçoivent l'ordre d'évacuer les lieux immédiatement après les attaques. L'une des analystes de la station, Susan Hasler, se tourne alors vers ses collègues pour leur transmettre l'ordre de partir. Susan entend bien rester et assure aux autres qu'elle s'occupera de tout. Les employés de la CIA restent des humains qui doivent s'occuper de leurs enfants, se préoccupent de la sécurité de leurs proches... et de leur propre vie. Mais pas un membre d'Alec Station ne quitte la pièce.

Une charge de travail colossale s'abat sur eux. Certains rentrent chez eux se doucher, pleurer à l'abri des regards, dormir quelques heures avant de revenir à l'aube à Langley pour reprendre le travail.

Pendant plus d'un mois après les attaques le rythme est harassant. Les espions tiennent le coup par fierté, culpabilité, par peur qu'un autre attentat leur échappe, par amour pour leur pays aussi. Mais en novembre, quand le rythme commence à ralentir légèrement… les critiques commencent, elles, à fuser. Les accusations de négligence se multiplient et les membres d'Alec Station enragent. Ils ne comprennent pas que l'on puisse leur faire porter le chapeau alors qu'ils estiment avoir tout fait pour prévenir du danger sans recevoir le moindre écho en retour.

Pourtant, tout n'a pas été parfait. La CIA a refusé de partager certaines informations avec le FBI*. Et une enquête interne à l'Agence pointera nommément du doigt plusieurs membres de la station.

Cette situation crée des tensions. Jennifer Matthews, analyste au sein d'Alec Station, décroche son téléphone pour appeler sa collègue Cindy Storer, qui n'est pourtant qu'à quelques mètres d'elle dans une autre pièce, et lui hurle dessus, l'accusant d'être responsable, de ne pas avoir fait ce qu'il fallait. Storer hurle à son tour et lui raccroche au nez. Les deux femmes ne se parleront plus jamais.

La confirmation

Au Yémen, l'équipe du FBI déployée dans le pays avant le 11-Septembre pour enquêter sur l'attaque contre le navire

* Voir chapitre 1, p. 17.

américain *USS Cole* a reçu des ordres. Elle doit immédiatement quitter le pays, par peur que ces Américains soient pris pour cible. Alors que l'embarquement est presque bouclé et l'ensemble des agents du FBI à bord de l'avion, l'un d'eux reçoit un appel. Il s'agit d'Ali Soufan, arrivé depuis peu dans l'unité I-49 où il officie sous les ordres de John O'Neill. On lui demande de ne finalement pas monter dans l'appareil et de rester sur place pour interroger un ancien garde du corps de Ben Laden détenu par les autorités locales, Nasser Al-Bahri, *alias* Abou Jandal. Une fois arrivé au centre de détention, Ali Soufan lui présente un album de photos des membres présumés d'Al-Qaïda. Ce dernier tourne les pages, fait mine de collaborer en disant reconnaître certains suspects mais il s'agit des plus célèbres comme Oussama Ben Laden ou son numéro deux, Ayman Al-Zawahiri. Autrement dit des terroristes déjà connus du FBI. Une fois arrivé à la dernière page, l'ancien garde du corps de Ben Laden referme l'album et dit ne reconnaître personne d'autre. « Regarde une nouvelle fois s'il te plaît », lui demande Ali Soufan. Abou Jandal rechigne mais reprend l'album depuis le début, sans donner un nom de plus.

L'agent du FBI se met à rire et se tourne vers son collègue Bob : « Tu vois, je te l'avais dit !

– Pourquoi tu dis ça ? Qu'est-ce qu'il y a ? lui demande le détenu, interloqué.

– J'avais dit à mon collègue Bob que tu faisais semblant et que tu ne collaborerais pas du tout. J'ai gagné mon pari. » Abou Jandal proteste, assure coopérer et faire de son mieux. « Tu crois que je viens de Washington pour parler avec toi de broutilles que je connais déjà ? Tu crois que je ne te connais pas ? Que je ne sais pas ce que tu sais ? » répond Soufan. L'agent du FBI sort la photo d'un homme. « Celui-là, par exemple. Tu l'as hébergé en 1999. Il était malade, tu l'as soigné, nourri. Et tu prétends aujourd'hui ne pas le connaître ? Je sais tout de ton organisation ! Je connais la réponse à la plupart des questions que je te pose. Comme ça, je sais si tu coopères vraiment ou pas. Alors du coup, tu veux reprendre depuis le début ou pas ? » Abou Jandal, un peu sonné, accepte. Il repasse en revue chaque page de l'album photos et identifie la quasi-totalité des suspects comme étant membres d'Al-Qaïda. Certains ont participé aux attaques contre les ambassades américaines au Kenya et en Tanzanie en 1998, ou contre l'*USS Cole*. Et surtout, huit des pirates de l'air du 11-Septembre. Mais Abou Jandal affirme que Ben Laden n'aurait jamais mené de tels attentats.

« Pourtant c'est bien lui qui l'a fait, explique Soufan.

– Ben Laden ? Qui te l'a dit ?

– C'est toi. Tu m'as dit toi-même que c'était Al-Qaïda. »

L'agent du FBI attrape une enveloppe kraft et en sort les photos de tous les pirates de l'air. Il les dispose devant Abou Jandal. « Voilà qui a mené ces attentats. Et tu viens tout juste de les identifier comme étant membres d'Al-Qaïda… »

Le Yéménite n'en croit pas ses yeux, il est pétrifié, se met à trembler et demande à faire une pause. Les agents du FBI quittent la pièce avant de revenir cinq minutes plus tard. L'ancien garde du corps de Ben Laden les regarde : « Je crois que le cheikh* est devenu fou… »

* Le cheikh est un chef tribal, ou au moins une personne respectée pour ses connaissances ou son âge. C'est par ce nom que les membres d'Al-Qaïda appelaient Oussama Ben Laden.

La CIA en première ligne

Pendant ce temps à Langley, on ressort tous les plans abandonnés par le passé pour s'attaquer à Oussama Ben Laden ou plus largement à Al-Qaïda. Des plans souvent enterrés sur décisions politiques ou jugés trop audacieux, à la limite du légal. Tout est minutieusement étudié. Les milliers d'employés au siège de l'Agence et dans les stations autour du monde rassemblent le maximum d'informations utiles en un temps record. Les services de renseignement étrangers ne ménagent pas leur peine non plus. Ce travail s'organise autour de Cofer Black. Après cette défaite cuisante qu'est le 11-Septembre, la prochaine étape doit être un succès retentissant. Le chef du CTC réunit les meilleurs spécialistes du contre-terrorisme et de la mouvance islamiste au sein de l'Agence. « On vient de vivre une tragédie, mais désormais on y va franchement et on va vaincre Al-Qaïda. On va tuer Ben Laden et gagner cette guerre », lance le patron du CTC à son équipe.

Les principaux chefs d'Al-Qaïda sont retranchés en Afghanistan. Même si ce pays est en grande partie coupé du monde, sans présence occidentale et sans réseau téléphonique mobile, les espions de la CIA y ont des contacts parmi les taliban, et surtout parmi les groupes qui s'opposent à eux.

Au Pentagone aussi tout le monde s'active. Les armées du monde entier, notamment les plus importantes, anticipent en permanence tous les scénarios possibles (guerre, insurrection, attaque nucléaire, etc.) et travaillent sur des plans d'interventions militaires adaptés à chaque situation. L'armée américaine est en pointe sur la question. Le secrétaire à la Défense demande donc à son état-major de lui présenter immédiatement les différents plans de guerre qu'ils ont dans les tiroirs sur l'Afghanistan. Mais les généraux n'ont rien à lui montrer. Et une opération militaire, si elle était ordonnée par la Maison-Blanche, comme c'est le plus probable, prendrait un temps fou à être mise en œuvre. « Nous n'avions aucun plan, reconnaît le lieutenant général Michael DeLong, chef de l'armée américaine pour la région. Pour être honnête, il y avait des plans opérationnels pour différentes parties du monde et il n'y en avait pas pour l'Afghanistan[9]. » Donald Rumsfeld, le secrétaire à la Défense, est furieux.

Lors des toutes premières réunions autour de George W. Bush, le président américain demande des options de riposte à son équipe de sécurité nationale. Rumsfeld n'a aucune solution rapide à mettre sur la table. George Tenet, accompagné de Cofer Black a, lui, des options concrètes qui peuvent être mises en œuvre dans un délai très court. Ces plans sont ceux préparés par Black et ses hommes. Il s'agit notamment de déployer des officiers paramilitaires de la CIA dans plusieurs pays voisins de l'Afghanistan pour leur permettre de pénétrer dans le pays au plus vite et d'appuyer les chefs de guerre locaux alliés opposés aux taliban et à Al-Qaïda. George W. Bush signe une autorisation pour que la CIA puisse engager une guerre clandestine internationale. C'est l'Agence qui prend désormais les choses en main.

3.

Opération Jawbreaker : trois millions en poche

Le matin du 11 septembre 2001, Gary Schroen se rend à Langley le cœur serré. Après une carrière bien remplie et de nombreuses missions palpitantes à travers le monde, il est temps pour lui de raccrocher. Cette légende de la division Proche-Orient vient de rejoindre le programme de départ à la retraite de la CIA pour préparer sa sortie et sa nouvelle vie loin de la clandestinité.

L'espion, qui va avoir 60 ans dans deux mois, connaît parfaitement l'Afghanistan et ses acteurs, il a travaillé sur le sujet de nombreuses années et s'y est rendu plusieurs fois pour rencontrer les groupes opposés aux taliban depuis que le mouvement fondamentaliste a pris le pouvoir dans le pays. Il a également dirigé la station de la CIA à Islamabad, au Pakistan voisin. Trois jours après les attentats, Cofer Black, le chef du Centre de contre-terrorisme, le convoque dans son bureau : « Je sais que tu pars à la retraite mais je veux que tu conduises la première équipe en Afghanistan. Personne n'est mieux qualifié que toi pour cette mission. » Le 11-Septembre a profondément choqué les Américains. À la CIA, chaque officier rêve d'être le premier à mener la riposte. Alors, retraite ou pas, Gary, 59 ans, accepte sur-le-champ et décide de rempiler.

Son épouse Betsy est furieuse : « Mais enfin, tu viens de prendre ta retraite ! Pourquoi est-ce qu'ils n'envoient personne d'autre ? » Schroen attrape l'exemplaire du *Washington Post* posé sur la table de la cuisine et lui montre la photo d'un pompier en uniforme effondré lors de funérailles de collègues. « C'est pour ça que j'y vais. Je ne peux pas refuser. Nous voulons tous nous venger de ces salauds qui ont fait ça à l'Amérique, ajoute-t-il. On m'a donné l'occasion de le faire. Et si je refusais cette mission, je ne serais pas l'homme dont tu es tombée amoureuse, ni l'homme que j'ai voulu être en travaillant comme un dingue toute ma vie. Je dois y aller, tout simplement. »

Gérer l'impact de leurs absences, mais aussi les peurs et critiques de leurs familles fait partie du quotidien des espions. Beaucoup tombent d'ailleurs amoureux au sein même de l'Agence. Les autres ne révèlent bien souvent leur véritable métier qu'à leur conjoint ou conjointe, parfois à leurs parents, et s'inventent un emploi fictif pour le reste du monde, y compris pour leurs propres enfants.

Les éclaireurs

Gary Schroen se voit attribuer un adjoint, le talentueux Phil Reilly. Il a connu une trajectoire fulgurante au sein de la CIA et est l'un des plus jeunes cadres supérieurs de l'Agence. Les deux hommes ne se connaissent pas mais c'est le coup de foudre professionnel. Après dix minutes de discussion, ils savent qu'ils feront un bon tandem.

Cofer Black leur ordonne de monter une équipe solide pour se rendre dès que possible en Afghanistan auprès des combattants de l'Alliance du Nord* dont le chef mythique, le commandant Ahmad Shah Massoud, a été tué deux jours avant les attentats du 11-Septembre par des membres d'Al-Qaïda. Massoud militait depuis des années pour obtenir l'aide de la communauté internationale et mettre en garde contre le danger que représentaient les taliban et Oussama Ben Laden pour le monde, en vain. Quelques mois plus tôt, il s'était même rendu au ministère français des Affaires étrangères à Paris, ville où il avait également rencontré discrètement Gary Schroen et un autre membre de la CIA, puis au Parlement européen de Strasbourg. Dans l'une de ses dernières interviews, le 5 août 2001, il assurait que « si Oussama Ben Laden n'est pas occupé en Afghanistan, [son] réseau fera beaucoup de dégâts à l'extérieur[1] ».

« Les responsables du 11-Septembre sont les mêmes que ceux qui sont responsables de l'assassinat de mon père[2] », dit aujourd'hui son fils, Ahmad Massoud.

Les combattants de l'Alliance du Nord ont réussi ces dernières années avant le 11-Septembre à maintenir le Panjshir, une vallée au nord de Kaboul, hors de contrôle des taliban et s'opposent fermement à eux. C'est là que la première équipe de la CIA, menée par Gary Schroen et baptisée Jawbreaker, doit se rendre en priorité. D'autres se déploieront ensuite dans différentes zones du pays.

L'équipe Jawbreaker a deux missions. La première est de mobiliser un maximum de combattants prêts à s'opposer aux taliban et les convaincre, par tous les moyens, d'accueillir des forces américaines chez eux pour que les États-Unis s'en servent comme base pour leurs opérations. Il s'agit dans un premier temps pour Gary et son équipe de

* L'Alliance du Nord est alors l'un des rares mouvements armés à résister aux taliban en Afghanistan.

préparer le terrain pour que les forces spéciales de l'armée américaine puissent ensuite se déployer rapidement dans le pays et aider à identifier les cibles à viser lors de la campagne de bombardements à venir.

La seconde est de retrouver les responsables des attentats.

Il faut donc des hommes expérimentés pour accomplir cette mission. Schroen et Reilly se mettent très rapidement d'accord sur la composition de leur équipe et recrutent cinq nouveaux membres. L'un des premiers contactés, David Philips, est surnommé « Doc ». Il est justement en train de rentrer d'Afghanistan lorsque son avion est détourné le 11-Septembre à la suite de la fermeture du trafic aérien. Plus aucun avion ne peut alors survoler le territoire américain et Philips est coincé à Terre-Neuve, au Canada. Son épouse, Sue, l'appelle :

« Tu penses rentrer quand ?

– Je ne rentre pas finalement. Un avion vient me chercher et je serai probablement de retour dans un mois ou deux. »

Doc travaille sur l'Afghanistan depuis les années 1980. Même s'il ne le lui dit pas, Sue comprend immédiatement où il se rend[3].

Un militaire doit se joindre à l'équipe Jawbreaker mais le Pentagone juge finalement la mission trop dangereuse pour ses hommes et renonce à y participer. La CIA sera dans un premier temps seule sur le terrain.

Un départ précipité mais millimétré

Au quartier général, l'équipe se prépare. Pendant que John, chargé des communications, rassemble deux caisses de matériel pour pouvoir envoyer des messages cryptés à Langley et aux stations ou bases de la CIA dans la région, le reste de l'équipe se rend dans un lieu tenu secret où la

CIA stocke toutes sortes d'armes dans un hangar. Une sorte d'hypermarché de l'armement où ils peuvent choisir ce qu'ils souhaitent pour leur mission. Chacun récupère un AK-47 (une kalachnikov) et une arme de poing, un Browning 9 mm Hi-Power automatique, avec de nombreuses munitions.

Mais vêtements et chaussures ne sont pas prévus dans l'équipement fourni par la CIA. Ils font alors un détour de trois heures par un magasin de sport pour s'équiper et prendre tout le matériel nécessaire qui leur permettra de tenir plusieurs semaines dans les montagnes afghanes où le froid intense va vite arriver. Chacun a reçu une avance de 1 200 dollars pour s'équiper. Les Américains vont partir très chargés : armes, matériel de communication, ordinateurs, caméras, imprimante, vêtements, chaussures de marche, nourriture déshydratée, kits d'analyse et de purification de l'eau, outils de tranchée, couteaux, boussoles, instruments de mesure, etc. Problème, la place va être limitée dans l'hélicoptère qui les fera entrer clandestinement en Afghanistan.

Gary sait que son équipe part sans filet de sécurité. En cas d'embuscade ou d'offensive des taliban sur leur position, aucun soldat américain ne pourra leur venir en aide rapidement comme lors d'une opération militaire où des équipes baptisées *Search and Rescue** sont toujours en alerte à proximité pour intervenir rapidement. Aucune de ces équipes ne sera là pour assurer les arrières de Jawbreaker. En cas d'énorme difficulté, il faudra attendre de longues heures, peut-être quelques jours, pour qu'un hélicoptère arrive du Tadjikistan voisin. Avant de quitter Langley, Gary Schroen et son équipe sont briefés sur le protocole simple mais précis qu'ils devront suivre dans une telle situation. Ce protocole, tenu bien évidemment secret, permet à l'hélicoptère venu en

* Recherche et secours.

secours de s'assurer que les hommes qu'il vient récupérer sont bien des Américains et pas une unité ennemie.

Gary et ses hommes pourront aussi compter sur un petit objet roulé et glissé dans chacun de leur sac. Un plan très détaillé de leur zone d'action d'ordinaire utilisé par les militaires. Une fois déployé, ce plan imperméable peut servir de couverture de survie, de tapis de sol ou même de bandage. Sur les bords du plan sont indiquées des instructions de survie pour apporter les premiers soins, allumer un feu sans briquet ou allumette et se repérer sans boussole. Les espions américains ne seront pas logés dans un hôtel cinq étoiles. Ce plan vient leur rappeler dans quelle mission ils se lancent.

Les hommes de la CIA doivent emporter un dernier élément crucial pour leur mission : de l'argent, beaucoup d'argent. C'est « le lubrifiant qui fait avancer les choses en Afghanistan[4] », estime Gary Schroen. De fortes sommes en dollars vont être nécessaires pour prouver aux chefs de guerre afghans que les États-Unis sont sérieux et pourront financer les équipements nécessaires sur place. Schroen négocie avec Ben Bonk, l'un des adjoints de Cofer Black, le montant à emporter. Les deux hommes se mettent d'accord sur un chiffre : trois millions de dollars.

« C'était à peu près le montant maximum d'argent liquide que nous pouvions transporter facilement, explique Schroen dans ses Mémoires. Je savais par expérience qu'un million de dollars est encombrant et lourd et qu'il ne tient pas dans une de ces petites mallettes en métal que portent les méchants dans les films[5]. »

À défaut d'une petite mallette, Gary Schroen récupère trois boîtes en carton sans aucune inscription et qui, pleines, pèsent 6 kilos chacune. Elles contiennent des billets de cent dollars déjà utilisés et sans numéro qui se suivent, emballés par liasses de 10 000 dollars.

LA TÊTE DE BEN LADEN DANS UNE GLACIÈRE

Avant de partir vers la base aérienne de Dover, Gary descend au sous-sol du quartier général de Langley et s'installe devant un ordinateur. Il sait que, compte tenu de la situation particulièrement instable en Afghanistan et de la fragilité de l'Alliance du Nord qui vient de perdre son chef charismatique, il y a des chances qu'il ne revienne jamais. Devant cet écran de la salle informatique de la CIA, il rédige pendant plus d'une heure son testament et des mots à destination de chacun de ses proches à n'ouvrir qu'en cas de décès.

Gary et Phil se rendent une dernière fois dans le bureau de Cofer Black avant de partir. Le chef du Centre de contre-terrorisme réitère son discours : « Je ne veux pas que Ben Laden et ses hommes de main soient capturés, je les veux morts. Vivants et en prison ici aux États-Unis, ils deviendront un symbole, un point de ralliement pour d'autres terroristes. Ils ont planifié et exécuté le meurtre de milliers de nos citoyens. Ils doivent être tués. Je veux voir des photos de leurs têtes sur des piques. Je veux que la tête de Ben Laden soit envoyée dans une boîte remplie de glace carbonique. Je veux pouvoir la montrer au président, je lui ai promis de le faire. Me suis-je bien fait comprendre ? »

Gary et Phil se regardent, échangent un sourire et acquiescent. « C'est parfaitement clair Cofer, répond Gary. Je ne sais pas où nous trouverons de la glace carbonique en Afghanistan, mais je pense que nous pouvons certainement fabriquer des piques avec ce que l'on trouvera sur le terrain. »

C'est la première fois selon lui, en trente ans de carrière à la CIA, que Gary Schroen reçoit l'ordre d'exécuter quelqu'un plutôt que de le remettre à la justice.

Sur la route du Panjshir

Le 19 septembre, l'équipe s'envole pour l'Allemagne où elle fera une escale d'une nuit à Francfort avant de rejoindre Tachkent, en Ouzbékistan. Les membres de l'équipe n'ont pas de visa officiel pour leur permettre d'entrer dans le pays mais, après une certaine confusion à leur arrivée, les autorités les laissent pénétrer sur le sol ouzbek. Ils déposent leur matériel sensible dans un endroit sûr, au sein de l'ambassade américaine, avant de retrouver Doc Philips, le septième et dernier membre de l'escouade à l'hôtel Sheraton où il est donc arrivé depuis Terre-Neuve sans passer par Washington.

Depuis une semaine, les stations de la CIA en Ouzbékistan et au Tadjikistan, deux pays voisins de l'Afghanistan au nord, négocient des autorisations de survol de leurs territoires respectifs avec les autorités locales. Ces négociations sont capitales pour permettre à l'équipe Jawbreaker de rejoindre le plus facilement (ou plutôt le moins difficilement) possible la vallée du Panjshir et éviter de survoler des zones tenues par les taliban. À Washington, la diplomatie pousse également la Russie à jouer de son influence considérable sur ces deux pays pour obtenir les autorisations.

L'équipe Jawbreaker patiente plusieurs jours à Tachkent, attendant l'accord final des autorités. Ils en profitent pour vérifier tout le matériel de communication, établir de nouveaux contacts en Afghanistan… et acheter une grande valise dans laquelle ils décident de réunir les trois millions de dollars en liquide.

Le 25 septembre, tous les feux sont enfin au vert. Les autorités ouzbèkes et tadjikes ont accepté que les Américains utilisent leur espace aérien. Le plan de vol est arrêté. Après une dernière nuit dans le confort d'un bel hôtel, la vraie mission démarre. Ironie de l'histoire, c'est à bord d'un hélicoptère russe Mi-17 que les Américains embarquent. Lui seul peut monter suffisamment en altitude pour franchir les cols de l'Hindou Kouch, notamment celui d'Anjuman, pour rejoindre le Panjshir. Ils quittent Tachkent à l'aube pour Douchanbé, au Tadjikistan, où ils refont le plein de carburant et passent récupérer deux représentants de l'Alliance du Nord qui les attendent sur place.

En temps habituel, un départ en mission se prépare de longue date. Les officiers envoyés sur le terrain partent souvent après une longue formation qui leur permet de parler la langue et d'appréhender les spécificités locales. Cette fois-ci, les premiers hommes de la CIA posent le pied en Afghanistan quinze jours seulement après les attentats du 11-Septembre.

En descendant de l'hélicoptère, Gary reconnaît cinq visages familiers parmi la délégation de l'Alliance du Nord venue les accueillir. Il est en terrain ami mais retrouve une organisation ébranlée par la mort de Massoud. Tout l'enjeu est désormais de conserver l'unité de ces combattants et d'éviter les guerres d'ego et de territoire.

L'équipe Jawbreaker prend ses quartiers. En complément des rations militaires et de la nourriture déshydratée, elle a également ramené 18 kilos de pommes de terre et autant d'oignons. Mais dès leur arrivée, ils auront un premier aperçu de la légendaire hospitalité afghane et seront reçus chaleureusement autour d'un plat de poulet et de riz. Les repas ne varient guère mais Gary et ses hommes se nourriront finalement essentiellement de nourriture locale en compagnie de leurs hôtes tout au long de leur séjour.

Dès le premier soir, Gary Schroen rencontre Aref Sarwari, surnommé « l'ingénieur Aref », le chef du renseignement de l'Alliance du Nord. L'homme a déjà rencontré Schroen à plusieurs reprises, à Paris avec Massoud mais aussi dans les montagnes afghanes. Il l'accueille à bras ouverts mais avec de nombreuses questions. Il veut comprendre la mission précise des Américains, ce que les États-Unis entendent faire avec les taliban et combien de temps ils comptent rester. Schroen tente d'envoyer un message fort dès son arrivée : le président Bush a été très clair, les taliban doivent être écrasés militairement et chassés durablement du pouvoir, les membres d'Al-Qaïda doivent être traqués, et tout sera fait pour soutenir politiquement, financièrement et militairement l'Alliance du Nord. En guise d'acompte, et pour l'impressionner, Gary et Phil lui remettent un sac contenant un demi-million de dollars en liquide.

Aref et Schroen décident ensemble de créer immédiatement un « centre de fusion » du renseignement avec des représentants de la CIA et des hommes de l'Alliance du Nord chargés de collecter des informations et d'écouter les liaisons radio des taliban pour en faire ensuite des comptes rendus à leurs responsables.

Pendant des semaines, l'équipe de Gary Schroen mobilise l'Alliance du Nord, prépare l'arrivée des forces spéciales américaines et relève les coordonnées GPS des positions talibanes. Elle le fait grâce à des technologies laser permettant de déterminer les coordonnées d'une cible à distance, et même en se rendant en personne régulièrement au plus près des lignes de front, à Kunduz et Bagram notamment. Ces informations vont s'avérer précieuses pour l'offensive à venir de l'armée américaine.

Mais en parallèle de ce travail de fourmis de l'équipe Jawbreaker, de l'autre côté de la frontière, au Pakistan, une négociation secrète a été amorcée pour tenter d'éviter une guerre massive…

4.

En tête-à-tête avec les taliban : la négociation de la dernière chance

Le 11 septembre 2001, le général Mahmoud Ahmad, chef des services de renseignement militaires pakistanais, est en visite à Washington. Il est reçu au département d'État par Richard Armitage, bras droit du secrétaire d'État Colin Powell et numéro deux de la diplomatie américaine. Ahmad tente d'expliquer à Armitage qu'il doit comprendre l'histoire des taliban. « Non, général, l'histoire commence aujourd'hui », lui répond l'Américain au physique d'haltérophile en lui tendant une feuille de papier. « Voici sept demandes que le secrétaire Powell et moi-même avons rédigées. Maintenant, s'il vous plaît, prenez contact avec votre président, Pervez Moucharraf, parlez-lui de tout cela. Nous avons besoin de réponses positives pour chacune de ces demandes. Pas des “oui, peut-être”, seulement des “oui”. » Mahmoud Ahmad fulmine et traîne des pieds, il refuse de s'engager. Richard Armitage le conduit alors dans une pièce privée attenante à son bureau où il a installé quelques souvenirs. Sur le meuble trône notamment une décoration qu'il a reçue pendant la guerre contre les Soviétiques pour avoir soutenu les moudjahidine du Pakistan. « Savez-vous ce que c'est ? » demande Armitage. Le général Ahmad dit qu'il reconnaît bien entendu l'étoile du Pakistan.

« C'est exact, répond le diplomate, remonté comme jamais. Et si vous n'acceptez pas nos exigences, je vous promets que plus aucun Américain ne recevra jamais une de ces décorations. » Selon Pervez Moucharraf, Richard Armitage aurait même menacé directement le général Mahmoud Ahmad en lui disant : « Soit vous êtes avec nous, soit nous allons vous renvoyer à l'âge de pierre. »

« J'aurais adoré lui dire ça, s'amuse et se défend aujourd'hui Richard Armitage. Toute ma carrière, j'ai attendu de pouvoir dire une chose pareille, mais aucun président ne m'a autorisé à le faire. Mais j'ai été assez ferme pour dire qu'aucun Américain n'aurait plus jamais quoi que ce soit à faire avec le Pakistan s'ils ne nous soutenaient pas en ces temps difficiles[1]. »

Le message est en tout cas bien passé. Dès le lendemain, le général Mahmoud Ahmad revient rencontrer Richard Armitage pour l'informer que le président Moucharraf a accepté toutes les demandes.

Et l'effet se ressent immédiatement sur le terrain pour les équipes de la CIA déployées au Pakistan. La relation de la station à Islamabad avec l'ISI*, le puissant et principal service de renseignement pakistanais, prend un tournant à cent quatre-vingts degrés. L'ISI répond désormais favorablement à toutes les demandes des Américains concernant Al-Qaïda. La coopération, très étroite, permet l'arrestation de nombreux hauts cadres de l'organisation terroriste**, dont certains sont toujours détenus sur la base américaine de Guantanamo.

En revanche, dès qu'il s'agit des taliban, la machine s'enraye et les informations ne passent plus. Les Pakistanais

---

* Inter-Services Intelligence.

** Voir chapitre 5, p. 69.

ne veulent pas que Washington s'en prenne à ceux qu'ils soutiennent ardemment depuis bientôt une décennie. À défaut de convaincre les Pakistanais de les aider à régler le problème, ou de s'en charger eux-mêmes, les Américains vont tenter de diviser les taliban et de les éloigner d'Al-Qaïda, seule option pour éviter une guerre.

Canal secret

Akbar, un Américano-Afghan basé à Houston mais qui se rend régulièrement en Afghanistan, entretient des contacts privilégiés avec le régime taliban. Notamment avec le ministre des Affaires étrangères Wakil Ahmed Muttawakil, et surtout son adjoint, le mollah Abdoul Jalil Akhund, plus connu sous le nom de mollah Jalil. Akbar est initialement un contact de l'ambassade et les hommes de la CIA, habitués aux opportunistes qui gravitent autour des régimes autoritaires, s'en méfient. Mais l'homme a démontré à plusieurs reprises qu'il tenait ses engagements. En janvier 2001, il a permis à Robert Grenier, le chef de station à Islamabad, de rencontrer secrètement le mollah Jalil. Ce jour-là, Grenier et Jalil sont convenus de rester en contact direct, sans en informer Akbar, pour plus de discrétion. Tout au long de l'année, l'espion appellera le taliban régulièrement sur le téléphone satellitaire Inmarsat qu'il lui a fourni. Ils se parlent à des heures fixes prédéfinies pour s'isoler et éviter les oreilles indiscrètes. Ces échanges permettent au chef de station de la CIA de mieux comprendre certaines intrigues et tendances au sein du mouvement taliban, elles viennent compléter les informations qui remontent d'agents infiltrés au sein du mouvement. L'Américain aimerait recruter Jalil, faire de lui un informateur régulier de la CIA. Mais le ministre adjoint des Affaires étrangères reste fidèle aux siens.

Quelques heures après le 11-Septembre, Robert Grenier insiste auprès du mollah Jalil pour le rencontrer très rapidement. Le chef de station de la CIA reçoit vite une réponse, mais par un canal de communication qui le surprend. C'est en effet Akbar, mis sur la touche depuis des mois, qui l'appelle. L'intermédiaire propose à Grenier de rencontrer rapidement Jalil mais aussi le mollah Akhtar Mohammed Osmani. Les deux taliban sortiraient de Kandahar, leur fief situé dans le sud de l'Afghanistan, pour retrouver l'espion de l'autre côté de la frontière, dans la ville pakistanaise de Quetta. Grenier accepte immédiatement. Osmani est un adjoint du mollah Omar, le fondateur et chef suprême des taliban, désigné « commandeur des croyants » par une assemblée d'oulémas* en 1996.

Certains cadres du mouvement n'apprécient guère les activités d'Oussama Ben Laden et que leur pays, l'Afghanistan, soit désormais dans l'œil du cyclone par sa faute. Et les renseignements glanés par la CIA sont formels : Osmani serait l'un de ces taliban furieux contre Ben Laden. En privé, il aurait régulièrement des mots très durs contre le fondateur d'Al-Qaïda. Alors, les espions américains tentent un coup de poker.

Hors de question que les services secrets pakistanais, qui refusent de soutenir les Américains dans leurs pressions sur les taliban, aient connaissance de cette rencontre. Le 15 septembre donc, Grenier ne prend pas un avion commercial pour se rendre dans la région du Baloutchistan. Il se glisse avec Tom, son interprète, dans le petit appareil utilisé par l'attaché de défense américain qui, par chance, doit s'envoler pour

* Un ouléma est un docteur de la loi musulmane, juriste et théologien.

Quetta le même jour. Robert et Tom ne s'enregistrent pas auprès des autorités portuaires et voyagent clandestinement.

Une fois arrivés discrètement en fin de matinée à l'hôtel Serena de Quetta, le plus luxueux de la ville, les Américains attendent avec impatience de pouvoir entamer les discussions. Akbar est le premier sur place. Il assure que Jalil et Osmani sont sur la route. Grenier fait les cent pas pendant plusieurs heures dans sa chambre. Akbar finit par venir frapper à sa porte : les taliban sont enfin arrivés. « Parfait, allons les voir », lance Grenier. « Non, non, ils doivent d'abord prier, répond l'intermédiaire. La route a été longue et difficile, ensuite ils vont manger et se reposer un peu. On se retrouve à 21 heures. » Pendant ce temps, à Washington, tout le monde est sur le pied de guerre et prépare une intervention militaire en Afghanistan.

Lorsqu'ils se retrouvent dans la soirée, autour d'une grande table ronde, le mollah Jalil prend immédiatement la parole. Il informe les Américains que le mollah Osmani et lui-même ont rencontré le mollah Omar, le chef des taliban, la veille, qu'il a donné son accord pour cet entretien et tenter de trouver des solutions. La négociation oscille entre analyses réfléchies et coups de sang.

« Si vous nous attaquez, nous allons vous détruire, s'enflamme le mollah Osmani en fixant Robert Grenier droit dans les yeux. Exactement comme nous avons chassé les Soviétiques dans les années 1980 ! »

Mais Grenier ne le laisse pas dérouler son argumentaire et coupe immédiatement la parole au religieux : « C'est *haram*[*] ce que vous dites ! lance-t-il. Un homme n'a pas le droit de prévenir l'avenir, que nous soyons victorieux ou défaits, c'est entre les mains de Dieu. »

* Interdit par la religion musulmane.

L'Américain explique qu'en réponse aux attentats du 11-Septembre, les États-Unis vont venir dans la région d'une manière ou d'une autre. Il fait plusieurs propositions. Idéalement, Washington aimerait que les taliban condamnent publiquement les actes de Ben Laden en expliquant qu'ils sont contraires à l'islam et qu'ils vont donc eux-mêmes retrouver ceux qui ont participé, d'une manière ou d'une autre, aux attentats et sont retranchés en Afghanistan. Grenier a bien conscience que cette option ne sera pas retenue. Il propose une seconde possibilité : pour éviter d'être embarrassés publiquement, les taliban pourraient neutraliser les principaux responsables d'Al-Qaïda et fermer leurs camps d'entraînement discrètement. Mais Osmani est convaincu que l'information fuiterait et mettrait son mouvement en difficulté.

L'Américain propose alors que les taliban facilitent les contacts avec des chefs de guerre locaux qui, contre une forte rémunération, pourraient aller chercher Ben Laden. Nouveau refus d'Osmani. « Alors, enfin, vous pourriez nous laisser intervenir directement et discrètement dans le pays pour aller chercher ceux qui nous ont attaqués, souffle le chef de station de la CIA. Vous diriez à vos hommes de ne pas s'interposer et de nous laisser agir. »

Après cinq heures de pourparlers stériles, les taliban quittent la pièce sans avoir accepté la moindre proposition de Grenier, ni amené eux-mêmes d'autres options sur la table. L'Américain rumine dans sa chambre, convaincu que la seule possibilité est d'être seul avec le mollah Osmani, sans témoin qui fera un compte rendu détaillé au mollah Omar par la suite. Après tout, il n'aime pas Ben Laden, il doit bien y avoir une faille pour le convaincre.

Robert ne parvient pas à trouver le sommeil.

« Soudain, je me suis rendu compte qu'en face de moi, dans une chambre d'hôtel tout aussi dépouillée, se trouvait un tueur que je menaçais depuis plusieurs heures, bien que poliment, d'anéantir, témoigne-t-il. Compte tenu du niveau de tension de notre discussion, il était sûrement aussi bien réveillé que moi. Je ne pouvais pas être sûr de son degré de maîtrise de ses pulsions, mais ce que j'avais vu de lui jusqu'à présent n'était pas rassurant[2]. »

L'Américain entend les gardes taliban armés dans le couloir. Il n'a pas la moindre arme et seulement un traducteur de 55 kilos pour lui venir en aide si la situation dégénère. Il positionne un gros fauteuil devant sa porte. Rien qui n'empêche un assaillant éventuel d'entrer, mais cela aura au moins le mérite de le réveiller et de le prévenir.

Personne vient perturber le très court sommeil de l'espion. Et avant que le soleil se lève, Grenier appelle la chambre d'Osmani. Mais le taliban a déjà quitté la ville.

En rentrant à Islamabad ce 16 septembre 2001, Robert Grenier décide finalement d'informer ses homologues de l'ISI. Après tout, depuis l'intervention de Richard Armitage, le président Moucharraf leur a donné ordre de coopérer et la rencontre directe avec Osmani n'a pas permis d'avancer. Le général Mahmoud Ahmad le reçoit au quartier général du renseignement pakistanais. Mahmoud se dit impressionné que le mollah Osmani, bien qu'il ait rejeté toutes les options proposées, ait manifesté son souhait de trouver une solution au problème Ben Laden. Le général doit rencontrer le mollah Omar le lendemain en Afghanistan, il s'engage à pousser pour que le chef taliban fasse un geste. Ce que ne dit pas le général Mahmoud Ahmad, c'est qu'en quittant Quetta ce matin-là, les mollahs Osmani et Jalil ne sont pas rentrés à Kandahar mais qu'ils ont eux aussi pris la direction d'Islamabad... et qu'il va les recevoir une fois que Robert Grenier aura quitté les lieux.

L'ultimatum

Le président George W. Bush a lancé un ultimatum public aux taliban, réitéré à plusieurs reprises, notamment dans un discours martial prononcé devant le Congrès le 20 septembre : ils doivent remettre Ben Laden et ses complices aux Américains immédiatement s'ils ne veulent pas être considérés, eux aussi, comme des ennemis et subir les foudres de la vengeance américaine. Le chef d'Al-Qaïda et ses hommes sont des hôtes du régime taliban depuis 1997. Et dans le pachtounwali, le code d'honneur des Pachtounes, ethnie majoritaire dans le sud de l'Afghanistan et dont sont issus la quasi-totalité des taliban, l'hospitalité est une notion presque sacrée. Il est impensable donc pour le mollah Omar de chasser Ben Laden et ses troupes. D'autant que des liens forts se sont créés entre les deux hommes et les deux mouvements qui partagent une vision ultra-radicale de l'islam.

Le lendemain du discours du président américain, le chef suprême des taliban déclare qu'il ne chassera pas le leader d'Al-Qaïda du pays par la force et ne lui demandera pas non plus de partir volontairement.

Renverser le Mollah Omar

Pour le chef de la CIA à Islamabad, il est temps d'essayer une dernière tentative diplomatique secrète. Il reprend contact avec le mollah Osmani, cette fois par l'intermédiaire de l'ISI. Les services pakistanais mettent à disposition une modeste villa, toujours à Quetta, dans le sud du pays. Robert et Tom arrivent en premier. Ils craignent que l'ISI n'ait mis toute la maison sur écoute. Alors, après avoir pris possession des lieux, Robert se lance dans une chasse aux micros espions. Lui-même habitué à en placer, il connaît les lieux stratégiques où les dissimuler. Il vérifie dans chaque pièce, sous chaque meuble. Aucun mouchard n'est trouvé. Il démonte un poste de radio qui traîne, enlève la batterie et l'enferme dans un tiroir de la salle de bains, par précaution.

Lorsque les deux responsables taliban arrivent enfin, ils découvrent que les Américains n'ont prévu que trois sièges autour de la petite table. Robert a retenu la leçon et veut parler à Osmani en tête-à-tête. Le troisième siège est réservé à Tom, le traducteur. Le mollah Jalil digère mal l'affront, mais quitte la pièce sans un mot. Le mollah Osmani explique alors que le mollah Omar ayant déjà dit publiquement qu'il ne se débarrasserait pas de Ben Laden, il n'est plus possible de revenir en arrière. Au bout d'un certain temps de discussion, le numéro deux des taliban afghans comprend que les États-Unis vont s'engager dans une guerre massive et s'en prendre directement à tous les responsables de son mouvement, lui compris. Le mollah enlève son turban et le dépose sur la table à côté. L'Américain n'avait jamais vu un chef de tribu pachtoune, un religieux donc, faire un geste si symbolique auparavant. « Il semblait désespéré, car il savait quel désastre les attendait s'ils entraient en guerre avec les États-Unis[3] », raconte Robert Grenier.

Le taliban demande à l'espion américain ce qu'il propose.

« Nous savons parfaitement que le mollah Omar ne peut pas, pour de nombreuses raisons, rompre avec Ben Laden, lui explique Grenier. Mais nous savons aussi que vous, vous pouvez le faire. Vous êtes très respecté, puissant et vous avez de l'influence. C'est à vous de sauver le mouvement.

Personne ne dit qu'il faut chasser le mollah Omar ou lui faire le moindre mal, mais il faut l'assigner à résidence et lui retirer tout moyen de communication. »

Osmani contrôle les troupes dans la région de Kandahar, où est installé le pouvoir afghan et où vit le mollah Omar. Grenier lui demande de se servir de ces troupes pour reprendre le contrôle de toute la province, de retrouver Ben Laden, puis de faire une annonce sur la radio du mouvement. Il lui remet une liste de quatorze combattants arabes d'Al-Qaïda présents dans le pays et qui doivent être capturés puis remis aux Américains.

Le mollah Osmani écoute attentivement, argumente, et, trois heures après le début de la rencontre, finit par donner son accord. Il se lève, pose sa main sur l'épaule de Robert et lui dit : « Très bien, je vais le faire. »

Les deux hommes sont soulagés d'avoir trouvé un terrain d'entente. « Il fallait beaucoup de courage pour faire une telle proposition à un tueur comme Osmani[4] », commentera plus tard George Tenet, le directeur de la CIA.

L'espion américain sort de son sac un nouveau téléphone satellitaire qu'il remet au taliban pour qu'ils puissent communiquer directement. Il n'existe alors aucun réseau cellulaire en Afghanistan. Et les rares lignes téléphoniques terrestres ont été mises sur écoute par les Pakistanais. Osmani et Grenier conviennent d'horaires précis pour se joindre. Le taliban sort un billet de banque pakistanais de sa poche et le déchire en deux. « Tenez, gardez-le bien, dit-il au responsable de la CIA. Si l'un de nous doit envoyer un émissaire à l'autre, il faudra qu'il ait sa moitié pour prouver que ce n'est pas un usurpateur. » Après un copieux repas, tous les participants quittent la villa.

L'OCCASION MANQUÉE

Quatre jours plus tard, le 6 octobre 2001, Osmani s'isole avec le téléphone satellitaire remis par Robert et appelle l'Américain. Le taliban traîne des pieds et explique que le mollah Omar réfléchit à des mesures qu'il pourrait annoncer. « C'est trop tard pour ça, l'interrompt Grenier. Le mollah Omar ne fera pas ce que nous avons exigé, vous le savez très bien. L'Afghanistan va être détruit, c'est votre responsabilité de prendre le pouvoir maintenant, comme nous l'avons évoqué ensemble l'autre jour[5]. »

Le représentant de la CIA dans la région met d'autant plus la pression qu'il sait que les premières frappes américaines seront lancées le lendemain et que le quartier général du mollah Omar fait partie des toutes premières cibles. Mais Osmani explique qu'il a besoin de la nuit pour réfléchir et promet de le rappeler ensuite à midi. Il ne tiendra pas parole.

La dernière opportunité d'éviter la guerre vient de s'envoler. Ce sont désormais les armes qui vont parler…

LA CAVALERIE AMÉRICANO-AFGHANE

Pendant trois semaines, l'équipe Jawbreaker a été la seule présence de la CIA sur le sol afghan[*]. Le 17 octobre, une deuxième équipe, baptisée Alpha, rejoint à son tour le nord du pays. Menée par J. R. Seeger, elle débarque dans la vallée de Darya Suf où elle rejoint le chef de guerre Abdul Rachid Dostom. À leur arrivée, Dostom prévient

* Voir chapitre 3, p. 45.

Seeger : « Votre véhicule blindé ici, c'est un cheval. » Si l'Américain a grandi dans une ferme et sait monter à cheval depuis sa plus tendre enfance, ce n'est pas le cas du reste de l'équipe.

À quelques centaines de kilomètres de là, dans le Panjshir, Gary Schroen termine sa mission le 4 novembre et rentre à Washington. Cette fois-ci, l'heure de la retraite a vraiment sonné*. Une deuxième équipe Jawbreaker prend le relais avec un autre Gary, Berntsen cette fois, à sa tête.

Le 10 novembre, face à la poussée des hommes de Dostom, accompagnés par la CIA, les taliban abandonnent Mazâr-e Charîf, la grande ville du nord du pays, sans combattre. L'heure est à l'euphorie sur place. À des milliers de kilomètres de là, en revanche, le secrétaire américain à la Défense Donald Rumsfeld ne décolère pas dans son bureau du Pentagone. Kaboul est à deux doigts de tomber à son tour et ses équipes sont toujours dans l'incapacité de mener une vaste opération militaire terrestre et de déployer de nombreux hommes sur le terrain. La mécanique de l'armée américaine est lente à se mettre en place. À son grand dam, le début de riposte américain aux attentats du 11-Septembre est un immense succès… de la CIA !

L'Alliance du Nord décide de pénétrer dans Kaboul le 14 novembre et dit aux équipes de l'Agence et des forces spéciales qui l'ont rejoint de les attendre en périphérie. Mais les espions américains n'entendent pas rester à distance, ils accompagnent la prise de la ville. Dès la première nuit de l'offensive, les taliban fuient la capitale par convois

* Gary Schroen est décédé après une chute le 1er août 2022 à l'âge de 80 ans. Il était considéré par les siens comme une légende de la CIA pour sa longue carrière bien sûr, mais aussi pour cette dernière mission restée dans les annales. Fait rarissime, l'Agence rédigera même un communiqué pour annoncer son décès et saluer publiquement sa carrière.

entiers. Comme à Mazâr-e Charîf, ils savent le combat perdu d'avance et abandonnent sans résistance.

Jawbreaker a permis à l'Alliance du Nord de mettre en déroute les taliban et de prendre la capitale et le nord du pays en moins de deux mois. Kaboul étant désormais sous contrôle, la CIA déploie davantage d'hommes et installe sa nouvelle station pour le pays au sein de l'hôtel Ariana, l'un des plus grands de la ville. Les espions américains y aménagent un bar qu'ils appellent le « Tali-Bar », en référence aux taliban… qui n'acceptaient pas la moindre goutte d'alcool !

Mais si chacun crie victoire car le pouvoir taliban est tombé et qu'Al-Qaïda a été en bonne partie chassée du pays, Oussama Ben Laden court toujours… Tout comme son adjoint, Ayman Al-Zawahiri.

5.

Le premier prisonnier

John Kiriakou ronge son frein dans les couloirs de Langley. Cet officier de la CIA d'origine grecque, d'ordinaire très jovial, se désespère de se voir attribuer une mission pour participer à la réponse aux attaques du 11-Septembre. Il répète à qui veut l'entendre qu'en dehors de ce qu'il a appris à la Ferme, le centre d'entraînement de l'Agence, il n'est certes pas un paramilitaire mais il parle l'arabe. Début janvier 2002, il reçoit enfin l'appel tant attendu. C'est son mentor, Dan Praig, le directeur adjoint du CTC : « Est-ce que tu peux aller au Pakistan très rapidement ? On a besoin de quelqu'un pour prendre en charge les opérations de lutte contre le terrorisme dans ce pays. » Le lendemain, John est dans l'avion pour Islamabad, la capitale. Sur place, l'équipe travaille d'arrache-pied, quinze à seize heures par jour, sept jours sur sept.

Un samedi matin très tôt, six semaines après son atterrissage, John Kiriakou est réveillé par un appel de Robert Grenier, le chef de station de la CIA dans le pays. Il lui ordonne de sauter dans ses baskets et de rappliquer au bureau au plus vite. À son arrivée, tout le monde est déjà réuni autour de Robert qui vient d'obtenir une information capitale. La NSA* a réussi à localiser le téléphone portable d'Abou Zoubaydah, présenté comme l'un des principaux chefs d'Al-Qaïda. Le terroriste se cacherait au Pakistan.

« La vérité, c'est que je ne savais pas qui était Abou Zoubaydah, reconnaît John Kiriakou. J'avais entendu ce nom, mais je ne l'avais pas retenu. Je venais d'arriver après des années à travailler sur le communisme grec. Et je me dis "Abou Zoubaydah, Abou Zoubaydah, ce nom me dit quelque chose... Qui est ce type ?" Et puis je me souviens avoir lu un article dans le magazine *Time* qui disait qu'il était le numéro trois d'Al-Qaïda. Et je me suis dit : "Oh, c'est vrai, je me souviens de ce gars !"[1] »

Et c'est donc à John Kiriakou que revient la charge de capturer cet associé d'Oussama Ben Laden. « Ce pays surpeuplé fait la taille du Texas et il y a 150 millions d'habitants ! Comment est-ce que je suis censé le retrouver ? » lance-t-il à la petite assemblée.

Kiriakou se met au travail, rassemble tous les renseignements disponibles au sein de la CIA. Il finit par apprendre qu'Abou Zoubaydah ferait des allers-retours réguliers, quasi quotidiens, entre les villes de Lahore et Faisalabad. L'étau se resserre légèrement. Mais l'une des villes compte douze millions d'habitants et l'autre, sept. John décide de partir sur place avec un de ses hommes. C'est la première fois qu'il se rend dans cette région. Il découvre que Lahore et Faisalabad sont reliées par une seule véritable route très encombrée et que celle-ci est payante.

À son retour à la station de la CIA à Islamabad, John propose un premier plan : « Puisque Abou Zoubaydah emprunte cette route tous les jours ou presque, remplaçons

* L'Agence nationale de sécurité (NSA, pour National Security Agency) est l'agence américaine chargée du renseignement d'origine électromagnétique, comme les écoutes téléphoniques.

les agents de péage par nos hommes, et dès qu'on l'aperçoit on sort nos armes et on l'arrête. » Robert Grenier et les autres responsables se mettent tous à secouer la tête et rejettent la proposition. Trop risquée pour les nombreux automobilistes à proximité. « C'était vraiment une très mauvaise idée », reconnaît après coup John Kiriakou[2].

Décision est prise de se concentrer sur le téléphone portable de la cible. Le numéro trois d'Al-Qaïda écoute ses messages vocaux de temps en temps mais jamais plus de trente secondes d'affilée. Une fois le message écouté, il éteint le téléphone et retire sa batterie. Cela ne laisse pas assez de temps aux espions américains pour le localiser. D'autant que le terroriste, l'un des plus recherchés de la planète, est en mouvement constant pour éviter de se faire repérer. Kiriakou a besoin de renfort. Il veut faire venir au Pakistan un analyste spécialisé dans la traque de personnalités. La CIA les appelle des *targeters*[*]. Quarante-huit heures plus tard, Rick Romanski atterrit à Islamabad. Il est présenté comme l'un des meilleurs de l'Agence. Romanski a peu d'éléments à sa disposition si ce n'est le numéro de téléphone d'Abou Zoubaydah.

L'ÉTAU SE RESSERRE

Le *targeter* commence par relever chaque numéro qui appelle ou a appelé le portable du terroriste. Localise ceux qu'il peut. Se rapproche peu à peu de sa cible. Après quelques semaines d'un travail méticuleux, Rick débarque dans le bureau de John et déroule un plan sur sa table : « J'ai recensé treize lieux où il pourrait être. Je ne peux

* « Celui qui cible », en français.

pas faire plus précis. » Mais l'équipe conjointe chargée d'attraper Abou Zoubaydah ne compte que douze personnes, six de la CIA et six du FBI. Impossible dans ces conditions de mener des raids sur les treize sites suspects en même temps. Jamais ils n'en ont mené plus de deux la même nuit. John écrit alors un câble à Langley. Sa « liste de courses » est longue comme le bras : il réclame l'arrivée de trente-six hommes supplémentaires, des millions de dollars en liquide, des armes et munitions, des outils de communication sécurisés, des lunettes de vision nocturne, des béliers pour enfoncer les portes, des matraques de police, etc. Deux jours plus tard, un avion Boeing 737 banalisé, sans la moindre inscription sur la carlingue, se pose à l'aéroport d'Islamabad avec les hommes, le matériel et l'argent demandés. À cette époque, Washington est prêt à tout pour arrêter les membres d'Al-Qaïda et ne compte pas à la dépense.

La CIA loue dans un premier temps un étage entier d'un hôtel pour établir une base de commandement temporaire. Avec l'argent reçu, John Kiriakou loue ensuite deux maisons : une de dix chambres à Lahore, l'autre de sept chambres à Faisalabad. Un autre site secret est également utilisé à Lahore. Le chef de l'équipe chargé du contre-terrorisme a besoin de place, il anticipe les nombreuses arrestations que son équipe s'apprête à mener et les installations nécessaires pour conduire les interrogatoires dans la foulée. Les services de renseignement locaux de l'ISI sont informés et coopèrent avec les Américains.

Il ne reste que quelques heures avant de mener les assauts simultanés. Une équipe élargie part en reconnaissance à bord d'un bus loué pour l'occasion et passe discrètement, sans s'arrêter, devant chacun des treize sites suspects recensés. Sur l'un de ces sites, la ligne téléphonique repérée est une cabine téléphonique située dans un stand de kebabs fermé la nuit. Les sympathisants d'Al-Qaïda ne pourront donc pas y avoir accès. Les espions le rayent immédiatement de leur liste. Il reste douze sites à prendre d'assaut.

L'ASSAUT

John Kiriakou réunit toutes les équipes dans le hall de l'une des deux maisons. Il monte sur une table basse pour être vu et entendu par la quarantaine d'hommes qui l'entoure. « Au risque de paraître mélodramatique, nous allons devoir synchroniser nos montres messieurs », annonce-t-il avant de réexpliquer le plan point par point une dernière fois. Chaque équipe se prépare. À 1 h 30 du matin, tout le monde part à bord de voitures de location pour être en position à 1 h 45. Chacun doit s'assurer d'avoir une vue directe sur sa cible à 1 h 55 avant de sortir des voitures à 1 h 58 et d'enfoncer les portes des bâtiments suspects à 2 heures très précisément. Objectif : embarquer toutes les personnes présentes et les ramener dans les deux maisons louées par la CIA.

Les Pakistanais qui accompagnent les Américains dans leur mission ont insisté pour être les premiers à entrer dans les bâtiments. Mais ils sont aussi les seuls à ne pas porter de gilet pare-balles. Leurs tee-shirts portent l'inscription « KGB, force d'élite » dans le dos…

John Kiriakou est avec un autre officier de la CIA et deux Pakistanais. Alors qu'ils approchent de leur site, derrière l'université de Faisalabad, le téléphone de Kiriakou sonne, c'est la station d'Islamabad : « Écoute, je viens de recevoir un appel d'un service de renseignement ami. Ils me disent qu'ils ont eu un *walk in.* » Dans le jargon du renseignement, un *walk in* est une personne qui se présente spontanément à l'entrée d'une ambassade, prête à trahir son pays et à fournir des informations importantes contre de l'argent ou un visa.

« Il affirme qu'il y a une grande maison jaune à Faisalabad et qu'elle est remplie de mecs d'Al-Qaïda, poursuit l'analyste basé à Islamabad.

– D'accord, je veux parler à cet informateur tout de suite, répond Kiriakou.

– Nous avons déjà demandé. Ils m'ont dit qu'ils ne voulaient pas mettre leur source à notre disposition. »

Lorsqu'il raccroche le téléphone, John lève la tête et s'aperçoit que leur cible, située à quelques mètres devant eux, est une énorme maison jaune. « C'est pour nous, lance-t-il en se tournant vers ses trois partenaires. Finalement, l'information semble fiable.

– Je peux en tout cas vous dire que des choses pas très jolies se passent à l'intérieur de cette maison, répond l'un des Pakistanais. Il fait 43 °C et tous les volets sont fermés, ils doivent cuire là-dedans mais ils essayent de ne pas attirer l'attention. »

Tout cela n'augure rien de bon au goût de John qui décide de rentrer à la base pour revenir plus tard avec une équipe plus importante, tant pis pour l'assaut synchronisé sur tous les sites en même temps. Mais alors qu'il se met en route avec ses hommes pour renforcer l'équipe chargée du site suivant, son téléphone sonne. C'est à nouveau l'analyste en poste à Islamabad : « Abou Zoubaydah a fait une grave erreur. » Le numéro 3 d'Al-Qaïda vient de se connecter à son adresse mail depuis une connexion terrestre localisée. Et l'adresse correspond à l'un des sites identifiés. Non pas la maison jaune, mais le suivant sur la liste. John et son équipe sont d'ores et déjà en route. À leur arrivée, ils découvrent un champ vide, sans la moindre maison. Ils pensent à une erreur mais l'un des Pakistanais rigole et lui explique : « Non, non, ce n'est pas une erreur. C'est très courant au Pakistan. Un numéro de téléphone est attribué à chaque parcelle de terrain et il est câblé au sommet du poteau téléphonique le plus près. Les gens pauvres grimpent au sommet de ces poteaux, coupent le fil et font passer une autre ligne téléphonique du poteau jusqu'à leur propre maison pour ne pas avoir à payer la facture. La facture va au propriétaire du terrain. »

Un jeune technicien de l'ISI est appelé à la rescousse. L'homme a tout juste une vingtaine d'années. Il grimpe au sommet du poteau, se plonge dans cet entrelacs de fils, jongle avec jusqu'à en ressortir un qu'il tient dans sa main. Il le suit en redescendant du poteau, puis encore sur quelques mètres dans l'allée avant de désigner une maison du doigt : « C'est celle-là ! »

Les Américains et les Pakistanais rentrent à leur camp de base et préparent leur assaut avec une équipe renforcée pour la nuit suivante.

Le lendemain, John reste à la base, non loin de la cible, pendant que son équipe se rend sur place. À 2 heures du matin, alors que ses hommes défoncent la porte de la maison jaune, John est sur le toit de la *safe house* de la CIA à Faisalabad. Il entend le son des coups de bélier à distance. Des coups de feu sont tirés. John prend sa radio : « Qu'est-ce qui se passe là-bas ? demande-t-il.

– Coups de feu ! Coups de feu ! » Son interlocuteur semble paniquer. Les talkies-walkies tombent en rade. « Malgré les milliards qu'on donne à la NSA, ils n'ont toujours pas été foutus d'inventer des batteries qui tiennent la charge suffisamment longtemps », peste John. Alors, avec son collègue, ils descendent quatre à quatre les escaliers, sautent dans leur voiture et foncent rejoindre le lieu de l'assaut. Les ordres étaient clairs : il faut attraper tout le monde vivant et éviter de tirer sur qui que ce soit.

Sur place, c'est le chaos. Un homme mort gît dans la rue. Un autre, extrêmement mal en point, est à proximité. Un troisième hurle, recouvert de sang. John se tourne vers l'agent pakistanais qui était déjà sur les lieux et lui demande ce qui s'est passé. « On a eu votre gars », lui répond-il en désignant le type mal en point. John n'y croit pas. Le visage et la morphologie ne correspondent pas aux renseignements dont dispose la CIA et à la dernière photo connue d'Abou Zoubaydah. Elle avait été récupérée il y a six ans sur son passeport. L'homme, qui peine à respirer, fait vingt kilos de plus, ses cheveux sont bien plus longs, il est rasé de près. Alors John Kiriakou appelle l'analyste à la station d'Islamabad pour demander quoi faire. L'analyste a besoin d'une photo de l'œil de l'homme blessé pour l'identifier. John lui hurle en arabe d'ouvrir les yeux, mais pas de réponse. Il essaye alors de soulever sa paupière mais ses yeux sont révulsés, si bien qu'il est impossible d'avoir une photo correcte de la rétine. Alors l'analyste à Islamabad lui demande de prendre une photo de son oreille à la place. Les oreilles sont presque comme des empreintes, chacun en a une version unique. John prend la photo et l'envoie immédiatement. L'analyste transfère l'image au quartier général à Langley. La réponse revient rapidement. Et elle est formelle : c'est lui ! John et ses hommes soulèvent alors Abou Zoubaydah, toujours inconscient et qui continue de se vider de son sang. Ils l'installent à l'arrière de leur pick-up Toyota. Le troisième blessé recouvert de sang était son garde du corps, il est également embarqué. Direction l'hôpital de Faisalabad. « Le pire endroit sur terre », selon un membre de l'équipe[3]. Des chiens et des chats courent dans les couloirs de l'établissement, envahi de moustiques pour le moins agressifs. Un médecin s'approche du véhicule à son arrivée. « Vous devez sauver cet homme », lui intime l'espion américain. Abou Zoubaydah est envoyé directement au bloc pour se faire opérer.

Mais les combattants d'Al-Qaïda sont nombreux dans cette ville pakistanaise. Et ils apprennent rapidement que les services locaux et la CIA ont mené des raids contre des membres de leur groupe et détiennent l'un de leurs principaux chefs. Beaucoup font déjà route vers l'hôpital et ouvrent le feu contre le bâtiment. John se tourne vers son partenaire pakistanais : « S'ils découvrent à quel point on est peu armés, on est morts. Est-ce que vous pouvez faire venir un hélicoptère ?

– Je pense que oui », répond le Pakistanais qui téléphone immédiatement à son quartier général. Vingt minutes plus tard, un hélicoptère se pose sur le parking de l'hôpital. John entre brusquement dans la salle d'opération : « Il faut tout arrêter. Remballez tout ça, refermez-le aussi vite que possible, on doit l'embarquer. » Les médecins s'exécutent et transportent Abou Zoubaydah à bord de l'hélicoptère. L'autre membre d'Al-Qaïda blessé dans le raid est également emmené. Tous décollent vers une base militaire pakistanaise à 48 kilomètres de Lahore. George Tenet, le directeur de la CIA, fait transmettre un message à ses hommes sur place : ils ne doivent pas quitter Abou Zoubaydah des yeux une seule seconde, au moins une personne de l'Agence doit se tenir à ses côtés vingt-quatre heures sur vingt-quatre. John est debout depuis près de vingt-cinq heures et n'a désormais qu'une crainte : s'endormir. Il n'a pas de menottes à disposition, alors il attache Abou Zoubaydah à son lit avec des draps qu'il noue autour de ses chevilles et ses poignets.

Le terroriste reste dans le coma une journée entière. Lorsqu'il commence à se réveiller péniblement, John Kiriakou, qui porte un tee-shirt à l'effigie de Bob l'Éponge, célèbre personnage de dessin animé, se lève et se penche vers lui. Abou Zoubaydah panique, son cœur s'emballe si fort que les infirmières entrent en urgence et le choquent avec deux palettes métalliques sur son torse pour faire ralentir son rythme cardiaque. Il replonge dans le coma.

Le tête-à-tête

À son réveil, six heures plus tard, il aperçoit Kiriakou qui n'a toujours pas quitté la chambre, et bouge les doigts comme pour exprimer une volonté de parler. L'espion américain s'approche, lui retire son masque à oxygène et s'adresse à lui en arabe : « Quel est ton nom ? » Abou Zoubaydah refuse de répondre d'un geste de la tête. John Kiriakou insiste et lui redemande de confirmer son identité. « Je ne te parlerai pas dans la langue de Dieu, dit-il dans un anglais parfait.

– Pas de souci, Abou Zoubaydah, on sait très bien qui tu es. Qu'est-ce que je peux faire pour toi ?

– Je veux un verre de vin rouge. »

L'Américain n'est pas sûr d'avoir bien compris. « Quoi ?

– Je veux un verre de vin rouge. »

Le médecin entre dans la pièce et assure que le patient est en train d'halluciner. Il lui remet le masque à oxygène sur le nez et lui administre un médicament qui le fait replonger aussitôt dans un sommeil profond.

Lorsqu'il rouvre les yeux quelques heures plus tard, John Kiriakou n'a pas dormi depuis presque deux jours. Abou

Zoubaydah lui fait de nouveau signe pour lui parler alors l'espion lui enlève une nouvelle fois son masque à oxygène.

Le troisième personnage le plus important d'Al-Qaïda, gravement blessé et attaché à son lit, se met à pleurer : « S'il te plaît mon frère, tue-moi. Prend un coussin et tue-moi.

– Non, personne ne va te tuer. On t'a cherché pendant très longtemps, ce n'est pas pour te tuer.

– Qu'est-ce qui va se passer pour moi maintenant ?

– Honnêtement, je ne sais pas. Mais je vais te donner un conseil. Je suis le gars le plus gentil que tu vas rencontrer dans toute cette histoire. Mes amis que tu vas bientôt voir ne sont pas aussi sympas que moi. Donc s'il y a une chose que tu dois faire, c'est coopérer.

– Tu as l'air d'être un bon gars mais vous êtes l'ennemi et je ne coopérerai jamais.

– Très bien, comme tu veux.

– Vous allez me tuer ? M'exécuter ?

– Je ne sais pas ce qui va t'arriver. En tout cas tu vas bénéficier des meilleurs soins que le gouvernement américain puisse fournir et tu vas te remettre de ces blessures. Mais ta vie est finie. Et ce qu'il te reste de temps à vivre peut être simple ou ça peut être l'enfer. Ça ne dépend que de toi.

– Je ne coopérerai jamais. »

John Kiriakou restera cinquante-six heures au chevet d'Abou Zoubaydah pour lui parler et le surveiller. Le terroriste d'Al-Qaïda et l'espion de la CIA continuent à discuter longuement dans l'intimité de cette chambre d'hôpital. Le Saoudien, islamiste fondamentaliste, demande à John s'il est chrétien, parle de religion, compare l'islam et le christianisme. Il pleure, beaucoup. Et s'effondre en expliquant qu'il ne connaîtra jamais la joie d'être père. « Tu n'es pas la victime ici, lui répond John. Il y avait 50 000 personnes dans ces tours à New York. Qu'est-ce que tu croyais qu'on allait faire ? Tu ne pensais pas qu'on allait vous traquer, toi, Ben Laden et les autres, pour vous arrêter ou vous tuer ?

– Je ne voulais pas attaquer les États-Unis le 11 septembre, assure Abou Zoubaydah. Je voulais qu'on s'en prenne à Israël. Tout ce que j'ai toujours voulu, c'est tuer des juifs. Mais la décision a été prise d'attaquer les États-Unis, c'est Ben Laden qui a pris cette décision. »

Et le sang continue de couler, les compresses et le fin matelas peinent à tout absorber, une flaque rouge s'est formée sous le lit. La chambre n'a pas d'air conditionné, toutes les fenêtres sont grandes ouvertes pour tenter d'obtenir un filet d'air et les moustiques sont présents par dizaines. Le bruit soudain et assourdissant d'un avion qui se pose fait trembler la pièce. C'est un appareil de la CIA qui vient d'arriver sur la piste de la base militaire, juste sous les fenêtres de la chambre d'un Abou Zoubaydah effrayé. Alors que le brancard l'emmène vers l'avion, le terroriste demande à l'espion de lui tenir la main. John accepte. Trois agents du FBI les accompagnent jusqu'au pied de l'appareil. Ils le mettent debout pour le faire monter dans l'engin, le portent à l'arrière et l'étendent sur le porte-bagages avant de l'attacher. Abou Zoubaydah serre la main de John une dernière fois. « Je te souhaite sincèrement bonne chance, lui lance l'Américain, recouvert de sang. Mais tu dois coopérer. »

L'avion décolle, Abou Zoubaydah part vers l'inconnu. John ne le reverra jamais.

6.

Black Sites

Jusqu'au 11-Septembre, une certaine insouciance régnait aux États-Unis. La population américaine ne se sentait pas menacée sur son propre sol. Dès le lendemain des attaques, plus personne ne veut prendre le risque de laisser passer le moindre renseignement qui pourrait être utile pour déjouer un éventuel attentat. Les informations arrivent par dizaines de milliers. La CIA et les autres agences fédérales sont persuadées que d'autres attaques sont à prévoir, peut-être même chimiques ou nucléaires. Tout le monde est sur les dents. Jusque-là, si les Américains trouvaient un terroriste et participaient à sa capture quelque part dans le monde, ils l'envoyaient dans un pays allié pour qu'il y soit interrogé par les services locaux. Ces derniers informaient la CIA du résultat des interrogatoires. Mais désormais, les Américains veulent interroger eux-mêmes leurs plus grosses prises, leurs prisonniers les plus importants.

Le 17 septembre 2001, moins d'une semaine après les attentats, le président George W. Bush signe un mémorandum qui offre à la CIA une autorité sans précédent dans la lutte contre le terrorisme, y compris la capture et la détention d'individus qui font peser une menace sur les États-Unis. À l'automne, les Américains décident alors de créer un réseau de prisons secrètes. La piste de centres de détention clandestins sur des bases américaines est d'abord envisagée mais elle poserait un problème de droit, et la CIA veut absolument éviter de déclarer ses futurs prisonniers au Comité international de la Croix-Rouge, étape incontournable en cas de présence de détenus sur une base militaire. Il est donc décidé de s'adresser secrètement à des pays alliés. La presse ne doit surtout pas être tenue informée, ni les populations locales. L'Agence s'engage dans un programme pour lequel elle n'a pas de compétence ni d'expérience. Elle ne demande ni avis, ni conseil aux autorités habituées à interroger des suspects, comme le FBI. La CIA, très sûre d'elle, ne commencera à dispenser des formations à ses officiers… que sept mois après l'arrivée du premier prisonnier dans ses geôles[1].

Abou Zoubaydah, premier torturé

Lors de l'arrestation du premier membre important d'Al-Qaïda au Pakistan, Abou Zoubaydah*, les espions de la CIA ont retrouvé son journal intime. Un journal très spirituel, avec des poésies. Un journal introspectif aussi avec des lettres adressées à l'enfant qu'il avait pu être. « Ne commets pas les mêmes erreurs, s'écrit-il à lui-même. Respecte ta mère et ne te dispute pas avec ton père[2]. » Ce cahier ne s'avère pas être une source d'informations très utile sur le plan opérationnel. Les Américains n'ont donc pas le choix, ils doivent le faire parler. Et cela tombe bien, Abou Zoubaydah est « mort de peur[3] », selon un témoin.

---

* Voir chapitre 5, p. 69.

Après avoir récupéré pendant six semaines de la blessure par balle subie lors sa capture, le détenu est ballotté d'une prison secrète à une autre*, en Thaïlande notamment. Gina Haspel dirige cette prison secrète dont le nom de code est « Cat's Eye ». Jennifer Matthews, une analyste issue d'Alec Station, est envoyée sur place alors qu'elle est enceinte pour préparer les questions que les officiers poseront à Abou Zoubaydah.

Mais dans un premier temps, c'est une équipe du FBI, menée par l'agent arabophone Ali Soufan, qui interroge Abou Zoubaydah et obtient des résultats. La CIA présente alors le détenu comme le troisième ou quatrième personnage le plus important d'Al-Qaïda. Le FBI n'y croit pas une seconde et estime qu'il est bien moins haut dans la hiérarchie. Une différence d'appréciation majeure qui va avoir un impact sur les attentes des uns et des autres lors des interrogatoires.

Soufan a su instaurer un dialogue avec le jihadiste et le faire parler. Abou Zoubaydah est toujours sévèrement blessé lorsque Soufan et lui commencent à dialoguer, en avril 2002. Il est déshydraté alors Soufan lui passe de la glace sur les lèvres. Les intestins du prisonnier ne fonctionnent plus, les agents du FBI vont jusqu'à le nettoyer. Cette sollicitude a permis à Soufan et à ses collègues de créer un lien en très peu de temps avec Abou Zoubaydah. Le prisonnier, grâce à ses confessions, permet d'identifier le cerveau des attentats du 11-Septembre, un certain Khaled Cheikh Mohammed. Mais, à la demande de Langley, le FBI est rapidement mis à l'écart pour faire place à la CIA qui s'improvise spécialiste des interrogatoires.

---

* Son avocat assurera des années plus tard qu'Abou Zoubaydah est passé par les prisons secrètes de la CIA en Pologne, Lituanie, Maroc et Thaïlande. D'autres *Black Sites* seront recensés en Afghanistan et en Roumanie notamment.

« Il nous a donné quelques informations au début puis dès qu'il a repris confiance, il s'est tu, prétend Jose Rodriguez, le nouveau chef du Centre de contre-terrorisme de la CIA. C'est à ce moment qu'on a compris qu'il fallait changer de stratégie, que ça ne marchait pas[4]. » Rodriguez fait appel à deux psychologues, James Mitchell et Bruce Jessen (qu'un ancien officier très impliqué qualifie de « monstres sociopathes[5] »), en tant que consultants pour développer le programme de « techniques d'interrogatoires renforcées ». Une formule très policée pour éviter de reconnaître ce en quoi ces techniques consistent : la torture de prisonniers. Un mémo avec ces techniques est présenté à la Maison-Blanche pour validation. Le président Bush en supprime deux, mais accepte les autres.

Dans les mois qui suivent, Abou Zoubaydah subit à quatre-vingt-trois reprises des simulacres de noyade, appelés *waterboarding*, pour le forcer à avouer tout ce qu'il sait. Peu importe que les hommes du FBI et de la CIA qui l'ont d'abord rencontré et interrogé pensent qu'il a déjà dit tout ce qu'il savait. Privation de sommeil, claques, nudité forcée, *wallings* (le fait de jeter violemment le détenu contre un mur) et *waterboarding* donc, les hommes et femmes de la CIA profitent du secret de Cat's Eye pour lui faire endurer toute une série de mauvais traitements. Ces tortures ont notamment aggravé sa blessure par balle et lui ont fait perdre connaissance, son corps restant un temps sans réponse, avec des bulles sortant de sa bouche ouverte. Mais la CIA a donné des directives claires à son personnel : les interrogatoires d'Abou Zoubaydah priment sa santé. Après tous ces sévices, il a certes parlé, mais a-t-il dit aux interrogateurs ce qu'ils voulaient entendre pour faire cesser le supplice ou a-t-il fourni des renseignements vitaux comme le prétendent certains cadres de la CIA ? Les agents du

FBI qui ont suivi le dossier de près sont convaincus que le jihadiste a fourni aux interrogateurs « des informations de plus en plus douteuses[6] » au fur et à mesure que le mauvais traitement de la CIA s'intensifiait à la fin de l'année 2002. D'autres affirment que tous les aveux importants confessés par le terroriste l'ont été lors de ses interrogatoires « classiques » avec le FBI.

« Ali Soufan obtenait plein d'informations d'Abou Zoubaydah, assure John Kiriakou, de la CIA. Il les retranscrivait noir sur blanc et les envoyait au siège du FBI par leurs propres moyens de communication. Le FBI ne les partageait pas avec la CIA. Du coup, à Langley, nous ne savions pas ce qu'Abou Zoubaydah avait raconté. Sur le site de la prison secrète, il y avait des copies des câbles envoyés par Ali. Après son départ forcé et celui du FBI, James Mitchell suggère de commencer à torturer Abou Zoubaydah. Et comme il cesse complètement de parler, Mitchell suggère de reprendre les câbles du FBI écrits par Ali et de les retaper dans des câbles de la CIA comme si ça venait d'eux. Ils disent : "Oh mon Dieu, nous lui avons fait subir le *waterboarding* une fois et regardez toutes les choses qu'il nous avoue." Ce n'étaient que des mensonges[7] ! »

Si Abou Zoubaydah est le premier à être torturé, il ne sera pas le dernier. Khaled Cheikh Mohamed, considéré comme le cerveau du 11-Septembre, subira le simulacre de noyade à cent quatre-vingt-six reprises. Les documents internes de la CIA évoquent une « série de quasi-noyades ». Parmi les cent dix-neuf prisonniers détenus par la CIA entre 2002 et 2008, trente-neuf ont été victimes de torture. Certains se verront injecter de fortes quantités d'eau dans l'anus, d'autres seront jetés dans de l'eau gelée. Un interrogateur assurera à l'un des prisonniers qu'il ne sera jamais jugé car « on ne pourra pas avouer au monde ce que l'on t'a fait subir ». Des menaces sur les familles des détenus sont également proférées à l'encontre d'au moins trois terroristes. Leurs interrogateurs leur promettent d'abuser sexuellement de leur mère, de lui couper la gorge ou encore de s'en prendre à leurs enfants[8].

La CIA efface les preuves

La bombe est tombée le 2 novembre 2005. C'est un article de la journaliste Dana Priest, publié dans le *Washington Post*, qui révèle pour la toute première fois que des terroristes présumés sont envoyés dans des centres de détention clandestins dans plusieurs pays, y compris en Europe.

Le vent commence à tourner pour l'Agence. Afin de se couvrir et de protéger leurs amis, Jose Rodriguez et son bras droit Gina Haspel (ancienne cheffe de la prison secrète en Thaïlande) bataillent depuis trois ans en interne pour supprimer les enregistrements vidéo des interrogatoires. Rodriguez et Haspel multiplient les demandes car ils craignent que les officiers de la CIA qui ont fait subir ces mauvais traitements aux prisonniers soient identifiés et poursuivis en justice. Eux aussi pourraient en subir personnellement les conséquences. L'affaire remonte jusqu'au Congrès et à la Maison-Blanche. Rodriguez ne parvient toujours pas à obtenir le feu vert. Alors que les fuites dans la presse ont commencé et qu'il s'inquiète de plus en plus, il envoie personnellement l'ordre de détruire les enregistrements le 8 novembre, quelques jours seulement après l'article du *Washington Post*. Il en prend l'initiative sans avoir reçu l'accord de sa direction ou des autorités politiques. « Je ne privais personne d'informations sur ce qui avait été fait ou dit, se défend Jose Rodriguez dans ses Mémoires. Je me débarrassais simplement de quelques images hideuses qui pouvaient mettre la vie de mon peuple en danger[9]. » Rodriguez fait ainsi effacer les preuves les plus marquantes et toutes les images qui, si elles avaient été rendues publiques (ce qui n'aurait pas manqué d'arriver), auraient eu un effet dévastateur pour l'Agence. Aucun enquêteur ne pourra jamais les visionner. Bien pratique…

Le lendemain, 9 novembre, il reçoit un câble confidentiel des prisons secrètes lui confirmant que « le travail a été fait ». Les quatre-vingt-douze cassettes vidéo ont été passées dans les broyeurs surpuissants dont chaque station ou base de la CIA dispose. Ces machines sont capables de réduire en micro-confettis des centaines de kilos de matériel (DVD, téléphones portables, cartes de crédit, etc.) en une heure.

Pendant que certains s'arrangent avec le droit et tentent de se couvrir, d'autres vivent avec leurs traumatismes. Jennifer Matthews, l'analyste dépêchée dans la prison secrète de Thaïlande pour travailler sur les interrogatoires d'Abou Zoubaydah, en fera des cauchemars réguliers pendant des années, fondant parfois en larmes lorsque le sujet est évoqué. D'autres employés de la CIA impliqués dans le programme vivent avec des angoisses et traumatismes similaires.

« Jamais auparavant dans l'histoire de l'Amérique un président des États-Unis n'a autorisé la torture d'êtres humains, dénonce Lawrence Wilkerson, bras droit du secrétaire d'État Colin Powell. Et c'est ce que George W. Bush a fait, sous la forte influence du vice-président Dick Cheney et du conseiller de celui-ci, David Addington. Nous avons violé nos lois intérieures, nous avons violé le droit international lorsque nous avons torturé ces gens. Aucune responsabilité n'a été retenue. Ce sont des criminels de guerre. Si cela veut dire que je dois aller en prison en tant que criminel de guerre, tant qu'eux y vont aussi en tant que criminels de guerre, ça m'ira[10]. »

Le lanceur d'alerte emprisonné

Lorsqu'il a mené la capture d'Abou Zoubaydah au Pakistan, début 2002, John Kiriakou ne s'est pas contenté de cette prise. Lui et ses hommes ont mené des raids simultanés sur plusieurs sites et arrêté un grand nombre de suspects qu'ils ont ramenés dans les maisons louées comme bases temporaires afin de les interroger. Quand le premier groupe de dix jihadistes présumés arrêtés entre dans la pièce prévue pour les accueillir, tous ont une cagoule sur la tête. Kiriakou demande alors au collègue qui les amène pourquoi les hommes ont ces cagoules. « Pour qu'ils ne voient pas nos visages », répond l'officier. Kiriakou explose : « C'est un putain de crime de guerre ! Tu vas me dire que tu es ici et que tu n'as jamais lu la convention de Genève ? Enlève ces cagoules immédiatement.

– Ne les enlève pas, sinon je le signalerai à la direction, menace le collègue.

– C'est moi qui vais leur expliquer que tu commets des crimes de guerre », répond Kiriakou, avant d'enlever lui-même les cagoules.

Les deux hommes se plaindront mutuellement l'un de l'autre auprès de leur hiérarchie… et Kiriakou passera en conséquence à côté d'une promotion initialement prévue. Lorsqu'il est reçu par sa hiérarchie, Kiriakou se fait sermonner : « C'est un nouveau monde, avec de nouvelles lois. On est en guerre contre le terrorisme. » Il apprendra plus tard que certains collègues le surnomment désormais « le mec des Droits de l'homme ». Tout sauf un compliment à leurs yeux…

Kiriakou ne supporte pas de voir l'Agence devenir une industrie de la torture. Il décide de parler à la presse pour dénoncer cette situation. Discrètement puis à visage découvert. Langley ne lui pardonne pas et le poursuit en justice. Kiriakou, présenté comme un lanceur d'alerte par ses soutiens, doit être un exemple aux yeux de la direction de la CIA.

« Il était important que quelqu'un dise quelque chose, témoigne-t-il aujourd'hui. Et n'oublions pas qu'en 1946, nous avons exécuté des soldats japonais qui avaient torturé des prisonniers de guerre américains avec des simulacres de noyades. En janvier 1968, cette pratique était passible de la peine de mort. Le *Washington Post* a publié en première page une photo d'un soldat américain en train de torturer un prisonnier nord-vietnamien. Le secrétaire à la Défense de l'époque a immédiatement ordonné une enquête et le soldat a été arrêté. Il a été accusé de torture et condamné à vingt ans de prison. La loi n'a jamais changé. Alors pourquoi était-ce un délit passible de la peine de mort en 1946, passible de vingt ans de prison en 1968, mais dans les années 2000 pas de problème, là vous pouvez torturer qui vous voulez[11] ? »

Barack Obama une fois arrivé au pouvoir rassurera les employés de la CIA impliqués dans le programme de torture : aucun ne sera poursuivi en justice. John Kiriakou, lui, sera condamné en 2013 et passera deux ans et demi derrière les barreaux…

Une efficacité très contestée

Jose Rodriguez prétend que les informations obtenues grâce à la torture ont été primordiales dans la lutte contre le terrorisme et pour déjouer de nouveaux attentats. Une affirmation battue en brèche par de nombreux responsables du FBI et même de la CIA. Un analyste, chargé de lire et de creuser chaque compte rendu d'interrogatoire assure même que ça a été contreproductif : « Parfois les interrogateurs nous faisaient remonter une information présentée comme cruciale, très fiers d'eux. Je vérifiais et rien ne venait corroborer les aveux du prisonnier torturé. Je leur disais que le détenu leur avait seulement dit ce qu'ils voulaient entendre pour faire cesser les sévices[12]. »

En tentant de présenter la torture comme indispensable à la sécurité des États-Unis, Jose Rodriguez et les autres responsables de l'Agence, comme le directeur George Tenet, bien que convaincus du bien-fondé de leurs actions, tentent surtout de s'éviter le même sort que le soldat américain condamné pour avoir torturé un prisonnier nord-vietnamien. Les documents de la CIA reconnaissent que la torture pratiquée sur sept des trente-neuf détenus torturés n'a débouché sur absolument aucune information de leur part. Pour les autres, le résultat est très disputé.

« La CIA et le FBI se détestent, on s'est toujours détestés, reconnaît un officier de Langley. Il s'agit d'une haine culturelle profonde. Ce n'est plus aussi grave qu'avant, mais nous nous détestions vraiment. Et il faut reconnaître que la CIA était jalouse des progrès réalisés par Ali Soufan avec Abou Zoubaydah[13]. » Plusieurs membres de l'Agence entraînés à subir ces interrogatoires renforcés affirment même qu'ils ne fonctionnent pas.

Selon l'agent du FBI Ali Soufan, toutes les informations livrées par Abou Zoubaydah l'ont été lors de son interrogatoire par la CIA puis par le FBI, mais avant de subir la torture. Soufan affirme que dans le cas d'Abou Zoubaydah, comme pour les autres, les techniques traditionnelles d'interrogatoire sont bien plus efficaces.

« Que vous pensiez que cela a été productif ou pas, c'était extrêmement embarrassant pour les États-Unis d'Amérique et pour la CIA, tranche Doug Wise, ancien cadre de l'Agence devenu directeur adjoint du renseignement militaire. Il s'agissait d'un programme qui, à l'époque, était considéré comme nécessaire pour protéger les vies américaines et internationales. En réalité, il était incompatible avec les valeurs fondamentales des États-Unis. Les interrogatoires des détenus de la CIA ont été brutaux et bien pires que ce que la CIA a déclaré aux décideurs politiques et à d'autres[14]. »

Même si Jose Rodriguez affirme que la torture a permis d'obtenir des résultats impressionnants, force est de constater qu'elle n'a pas permis d'attraper l'ennemi public numéro un. « Le prochain qui me demande où est Ben Laden je lui balance un "*fuck you*" comme il en aura rarement entendu ! » lâche-t-il un jour devant son équipe. Rodriguez fulmine. Le chef du centre de contre-terrorisme ne supporte plus qu'on lui pose cette sempiternelle question. Le soir même, au détour d'une conversation à la table familiale, son épouse Patti lui demande soudain : « Mais pourquoi vous n'avez toujours pas mis la main sur Ben Laden ? » Rodriguez ne dévoile pas ce qu'il a répondu…

7.

L'obsession irakienne

Dès le lendemain du 11-Septembre, les néoconservateurs du Pentagone ne pensent qu'à l'Irak, obsédés par ce pays depuis la première guerre du Golfe (1990-1991). Le lendemain des attentats, lorsqu'il arrive à la Maison-Blanche après être passé une heure chez lui pour se doucher et se changer, le coordinateur de la lutte antiterroriste Richard Clarke n'en revient pas : « Je m'attends à une flopée de réunions non-stop chargées d'examiner à quoi pourraient ressembler les prochaines attaques et quels sont nos points faibles, ce qu'on peut faire pour y remédier à brève échéance. Au lieu de cela, voilà que je tombe sur une série de discussions sur l'Irak[1]. » Le secrétaire à la Défense Donald Rumsfeld et son adjoint, Paul Wolfowitz, estiment qu'Al-Qaïda n'a pas pu commettre de tels attentats seuls. La CIA et Richard Clarke avaient déjà dû rappeler à Wolfowitz quelques mois plus tôt que, contrairement à ses affirmations régulières, il n'existait pas la moindre activité terroriste soutenue par l'Irak contre les États-Unis depuis 1993. Mais cette petite musique se fraie un chemin jusqu'à l'oreille du président. Dans la soirée du 12 septembre, ce dernier demande à plusieurs collaborateurs de vérifier si Saddam Hussein ne serait pas à l'origine des attentats. Richard Clarke est présent et lui répond qu'ils vérifieront une nouvelle fois, mais que c'est bien Al-Qaïda qui a commis ces attentats et que, malgré leurs multiples recherches ces derniers mois et ces dernières années, aucun élément concret n'est jamais venu prouver l'existence d'un lien entre l'organisation terroriste et Bagdad. « Cherchez du côté de l'Irak de Saddam », insiste George Bush avant de partir, irrité.

Les néoconservateurs de l'administration ont manifesté par le passé leur souhait d'un changement de régime à Bagdad, sans avoir la possibilité ou l'excuse nécessaire pour le concrétiser. Ils voient les attentats de 2001 comme l'opportunité de s'en prendre à Saddam Hussein. Et la CIA expliquant, dans l'indifférence générale jusque-là, que le régime irakien possède très probablement toujours des armes de destruction massive, un début de justification est trouvé. Mais fin 2001 et pendant toute l'année 2002, ils chercheront surtout à trouver – ou à inventer – ce fameux lien entre Bagdad et Al-Qaïda.

« Le bureau de Dick Cheney et celui de Donald Rumsfeld pensaient que le régime irakien et l'organisation d'Oussama Ben Laden partageaient peut-être des technologies sur les armes de destruction massive ou ce genre de choses, explique un membre de la CIA. Ils ont donc vraiment insisté sur cette ligne d'analyse. Mais nos analystes de l'antiterrorisme ont répliqué en disant qu'ils ne trouvaient pas un tel lien et que même si ces deux entités se sont déjà parlé, elles ne coopèrent pas sur le plan opérationnel. Elles ne se font pas confiance[2]. »

Qu'à cela ne tienne : les faucons de l'administration continuent leur lobbying en coulisses. Quinze jours plus tard, le Congrès a enfin validé la nomination de John Negroponte en tant qu'ambassadeur à l'ONU. Une nomination qui restait bloquée depuis de longues semaines. Dès son premier jour en poste à New York, Negroponte se voit assigner une tâche inattendue… Washington lui demande de rencontrer le représentant irakien aux Nations unies pour lui signifier que si Bagdad espère profiter du fait que les États-Unis ont les yeux rivés sur l'Afghanistan en cette période, alors des mesures très fortes seront prises. « C'était un message très menaçant, confie le diplomate américain. On est en octobre 2001 et cette administration est déjà en train de penser à l'Irak ! Et, franchement, je pense qu'elle cherche des moyens de blâmer l'Irak pour ce qu'il s'est passé[3]. »

« La décision a été prise »

En coulisses, très rapidement, d'autres mesures discrètes sont prises. À la CIA, l'année 2002 vient tout juste de commencer et le bruit commence à courir : la Maison-Blanche préparerait une invasion de l'Irak. Lorsque Sam Faddis, un officier de terrain qui a déjà abondamment travaillé dans la région et notamment avec les Kurdes, entend la rumeur, il monte immédiatement à l'étage où est installé le groupe des opérations irakiennes. Le chef de groupe est un ami et lui confirme l'information. La première étape est d'envoyer une équipe au Kurdistan. Faddis a multiplié les séjours au Kurdistan irakien ces dernières années. Il a recruté un certain nombre de sources en Irak, dont certaines ont été capturées, torturées et mêmes tuées. Si Saddam Hussein devait être renversé, Faddis ne veut pas rester sur la touche. Il ne candidate pas, il estime être le mieux placé et réclame ouvertement le poste, qu'il obtient.

« La décision a déjà été prise par le président des États-Unis, George W. Bush, que nous allons envahir, assure Sam Faddis. Et je veux dire exactement cela, ce n'est pas "nous allons peut-être envahir si l'on trouve des armes de destruction massive", non, la décision a été prise. On va envahir. Et mon travail consistait à emmener la première équipe sur place pour préparer l'invasion de l'Irak. »

Et pour cela, l'Agence veut s'assurer du soutien de groupes kurdes dans le nord du pays en leur fournissant des équipements et des armes, à commencer par des missiles anti-char Javelin. Ces armes devront passer par la Turquie, seul pays limitrophe considéré comme ami par les États-Unis. Les autres voisins étant l'Iran et la Syrie. Sam Faddis pointe alors du doigt un problème de taille : que va penser Ankara d'un tel plan ? Les Turcs sont en guerre larvée avec les Kurdes même si un cessez-le-feu a été signé en 1999. Et même si le conflit est avec les Kurdes de Turquie, ces derniers sont en lien étroit avec ceux d'Irak, zone où ils ont des bases et se replient. Ankara ne verra donc pas d'un bon œil que les Américains fournissent des armes sophistiquées aux Kurdes irakiens. « On n'a pas encore posé la question aux Turcs mais on pense que ça ne posera pas de problème », lance un membre de la direction de la CIA. Sans l'exprimer ouvertement, Sam Faddis est dépité par tant de naïveté : « Je me suis dit qu'ils ne connaissaient vraiment rien des Turcs. Évidemment qu'ils vont avoir un très, très gros problème avec le fait que vous armiez leurs ennemis ou les personnes qu'ils considèrent comme leurs ennemis[4]. »

Ankara traîne des pieds et ne leur facilite pas la tâche. À tel point que Langley se résout à solliciter une coopération de la Syrie pour survoler son territoire avant de se rendre en Irak. Mais Damas refuse d'apporter le soutien que la Maison-Blanche exige. Cette position est vécue comme un revers important à la CIA. Un cadre de l'Agence en regrette les conséquences : « Nous avions un certain niveau de coopération avec le gouvernement syrien sur des questions d'intérêt mutuel, en particulier la lutte contre le terrorisme. Et tout cela a disparu à cause de cette dispute sur la politique, sur cette bataille Bush-Assad pour savoir si les Syriens nous soutiendraient ou non en Irak[5]. »

Pour l'administration Bush, il n'y a pas de juste milieu possible : « soit vous êtes avec nous, soit vous êtes contre nous ».

Lorsqu'ils arrivent au Kurdistan à l'été 2002, Sam Faddis et les sept autres espions qu'il a recrutés sont les premiers Américains à mettre le pied sur le sol irakien en vue de l'invasion. Ils débarquent, comme l'a fait l'équipe Jawbreaker en Afghanistan, avec des millions de dollars en poche à distribuer à leurs alliés locaux et au réseau d'informateurs qu'ils vont développer. Après qu'ils ont pris leurs quartiers, Sam réunit ses hommes : « Il est évident que beaucoup de monde à Washington voudrait que nous produisions des renseignements indiquant que Saddam Hussein et Oussama Ben Laden coopèrent. Et si nous trouvons ces renseignements, je serai le premier à appuyer sur le bouton et à transmettre ce message à Washington. Cela ne me pose aucun problème. Ce sont tous les deux des monstres. Mais le fait que Washington veuille cela ne change rien au fait que nous effectuons notre travail, comme toujours. Nous ne leur disons pas ce qu'ils veulent entendre mais ce qui se rapproche le plus de la vérité. »

Les Américains qui l'entourent connaissent leur métier, mais les pressions politiques sont si fortes que le message n'est pas superflu.

À la même période à Langley, John Kiriakou, l'homme qui a traqué et capturé Abou Zoubaydah au Pakistan, est de retour au quartier général. Après quelques semaines à Washington, il apprend que son ancien patron à Islamabad, Robert Grenier, surnommé Bob, est promu directeur adjoint associé des opérations. Un titre pompeux. Sa mission concrète est de faire le lien avec les autorités politiques (Maison-Blanche et Congrès, essentiellement). Et il a besoin d'un assistant exécutif. Kiriakou lui envoie un message de félicitations. « Si tu as besoin de quelqu'un, je serai ravi de travailler à nouveau à tes côtés », lui glisse-t-il dans son courrier électronique. Grenier invite Kiriakou à déjeuner et lui offre le poste. John est ravi et enthousiaste : « Sur quoi va-t-on travailler en priorité ?, lui demande-t-il. Je ne peux même pas te le dire pour l'instant, répond Grenier. Il faut d'abord que l'on signe une série d'accords de confidentialité. »

Le 1er août, jour de sa prise de fonction, John Kiriakou, bien qu'étonné par la démarche au sein d'une agence où le secret règne déjà, monte au sixième étage du bâtiment avec Bob Grenier. Les deux hommes pénètrent dans la division des opérations irakiennes et sont reçus dans le bureau du directeur de cette division. « Alors, de quoi s'agit-il ? » s'impatiente Grenier. L'homme refuse d'en dire plus tant qu'ils n'ont pas signé les fameux accords de confidentialité. Il y en a six déposés sur la table devant eux. Une fois les documents paraphés, le directeur des opérations irakiennes se lance :

« En début d'année prochaine, nous allons attaquer l'Irak, renverser Saddam Hussein, ouvrir la plus grande base aérienne du monde dans le sud du pays et y déplacer tous nos moyens aériens hors d'Arabie Saoudite afin de priver Oussama Ben Laden de la possibilité de dire que nous piétinons la terre des deux saintes mosquées*.

– Nous allons envahir l'Irak ? interroge Grenier.

---

* Il s'agit de l'un des prétextes avancés par Oussama Ben Laden, qui est de nationalité saoudienne, pour s'en prendre aux États-Unis. Avec La Mecque et Médine, l'Arabie Saoudite abrite deux des principaux lieux saints de l'islam.

– C'est une affaire réglée, Bob. La décision a déjà été prise.

– Ce n'est pas un peu prématuré ? Nous n'avons pas encore capturé Ben Laden.

– Peu importe, la planification est terminée, tout est en place. Ça ne sera pas comme l'Afghanistan où nous avons mené la danse. Cette fois-ci, la CIA viendra en soutien. Et je le répète, la décision a été prise. »

Ordre est désormais donné d'augmenter la pression sur la question des armes de destruction massive. Discuter un ordre ne fait pas partie des options, et les deux hommes n'ont pas d'éléments à ce stade pour s'offusquer formellement auprès de leur hiérarchie.

Grenier et Kiriakou acquiescent et repartent. En attendant l'ascenseur qui doit les ramener à leur bureau, John Kiriakou, toujours sonné, se tourne vers son chef : « Est-ce qu'ils ont perdu la tête, Bob ? l'interroge-t-il.

– Oui, c'est exactement ça, répond Grenier. Mais notre boulot est de suivre les consignes, alors nous allons nous préparer à envahir l'Irak. Un membre de la direction m'a prévenu il y a quelques mois déjà que la Maison-Blanche y réfléchissait…

– C'est fou, s'exclame Kiriakou. Ils se rendent compte à quel point on est déjà sous l'eau en Afghanistan et au Pakistan ? Ils savent à quel point l'année à venir va être chargée ? Ce sera l'enfer !

– Je ne suis même pas sûr de savoir comment procéder. Pour l'instant, nous sommes exactement deux. Comment allons-nous nous organiser ?

– C'est assez simple, tu es le patron et je travaille pour toi. À nous deux, nous allons travailler quatre-vingts à cent heures par semaine et accomplir la moitié du travail. Les longues heures ne posent pas de problème ; c'est la perspective de ne pas finir le travail qui fait mal. »

Dans l'après-midi ce jour-là, le supérieur hiérarchique de Bob le convoque. Il est officiellement nommé responsable de la mission en Irak. Tout ce qui concerne le pays doit désormais passer par lui et il aura à présent un accès direct au directeur de l'Agence, George Tenet. Il surveille également désormais de très près, avec John Kiriakou à ses côtés, toutes les informations qui remontent des différents services de l'Agence pour savoir si, oui ou non, Saddam Hussein possède des armes de destruction massive et s'il a le moindre lien avec Al-Qaïda.

La manipulation Chalabi

Jerry Watson a intégré la division WINPAC, le Centre de renseignement de la CIA sur la non-prolifération et le contrôle des armes, quelques jours avant le 11-Septembre. Il est chargé de couvrir les armes biologiques irakiennes. Pour se préparer à assumer ce poste, l'officier a dû retourner sur les bancs de l'université et y obtenir un diplôme en microbiologie. Pendant un an, il conjugue études le soir et travail à l'Agence le jour. Il suit également des formations internes très poussées, comme il l'avait fait quelques années plus tôt sur la technologie nucléaire. Jerry est un spécialiste de l'armement de l'Irak, sujet qu'il traite à divers postes depuis 1995. Comme nombre de ses collègues, il est persuadé que Saddam Hussein possède des armes de destruction massive. C'est une conviction partagée… mais pas prouvée. Aucun élément formel ne permet d'assurer que ces armes existent dans le pays.

Jusqu'au 11-Septembre, personne ne prête attention à cette conviction des analystes du WINPAC. Rapidement après, en revanche, ces mêmes analystes sont fortement encouragés à creuser la question et appelés par la Maison-Blanche pour présenter des briefings réguliers.

« Je tiens à préciser que l'administration Bush ne nous a pas poussés à affirmer que Saddam avait des armes de destruction massive, témoigne Jerry Watson. Il faut bien dire qu'à ce moment-là, juste après le 11-Septembre, c'est notre état d'esprit. C'est notre jugement, nous pensons que Saddam possède ces armes[6]. »

Au sein du pouvoir américain, ce n'est pas tant George W. Bush qui pousse pour une guerre en Irak mais son vice-président Dick Cheney, son secrétaire à la Défense Donald Rumsfeld et leurs conseillers respectifs. Cette petite bande voue une haine farouche à Saddam Hussein et s'appuie sur les témoignages d'Irakiens qui ont quitté leur terre et sont membres de l'opposition en exil. Depuis le départ d'Irak des inspecteurs de l'UNSCOM, la mission de l'ONU, en 1998, les Américains n'ont presque plus d'informations qui remontent directement de Bagdad et s'appuient sur ces Irakiens en exil.

« En 1998, on était devenu aveugle en Irak, et la communauté du renseignement avait de moins en moins de données, témoigne Charles Duelfer, bien introduit à la CIA et ancien chef adjoint de l'UNSCOM. Cela pose un problème de proportion : on donne alors trop d'importance aux rares personnalités qui font défection et acceptent de parler[7]. »

La CIA se fait en partie intoxiquer par ces témoignages. Les analystes du WINPAC ont même utilisé les fausses informations fournies par ces exilés dans certains de leurs rapports avant le 11-Septembre, d'où leur conviction que les armes de destruction massive existent bel et bien.

L'un des intermédiaires les plus actifs pour mettre en relation des exilés irakiens et les services de renseignement américains est un certain Ahmed Chalabi. Lui-même exilé de longue date, il a passé l'essentiel de sa vie entre le Royaume-Uni et les États-Unis, et a fondé un parti d'opposition à Saddam Hussein. Il rêve de retourner en Irak et de prendre la tête du pays. Et tous les moyens sont manifestement bons à ses yeux pour y parvenir… À Langley, la CIA avait de longue date mis en garde contre Chalabi. Notamment lorsqu'elle avait été sollicitée par la diplomatie américaine qui souhaitait en savoir plus sur cet ambitieux opposant.

« J'ai écrit un câble en mars 1991 disant de ne pas s'approcher de lui, témoigne un ancien membre de la CIA. J'expliquai dans ce message que c'est un très mauvais gars, un menteur pathologique, un voleur et qu'il sera mauvais pour nous. Mais le département d'État a refusé de nous suivre et a répondu qu'ils allaient continuer à lui parler comme ils parlent à tout le monde. Et puis, bien sûr, l'Agence lui a donné des millions et des millions de dollars pour son mouvement d'opposition, qu'il s'est empressé de voler pour s'acheter une résidence de six millions de dollars dans le quartier chic de Mayfair, à Londres, et une Lamborghini[8]. »

Peu de temps après, une *burn notice* a été émise contre Chalabi. Il s'agit d'une note interne aux services américains pour mettre en garde contre une personne jugée peu ou pas fiable, et proscrire tout contact avec elle.

Des années plus tard, ce n'est plus le Département d'État mais Donald Rumsfeld et Dick Cheney, au Pentagone, qui s'appuient sur l'Irakien. Ce dernier prétend commander une mini-armée en Irak et il fournit régulièrement des témoignages d'exilés qui accablent Saddam Hussein et l'accusent de détenir et de développer des armes de destruction massive. Il sait exactement ce que les néoconservateurs de l'administration Bush veulent entendre et il le leur fournit pour obtenir des financements en échange. Lorsqu'à la CIA on a vent de ce rapprochement avec Ahmed Chalabi et que Dick Cheney envisagerait de le nommer comme chef d'État pour remplacer Saddam après l'invasion, un nouveau message est rapidement envoyé au bureau du vice-président. Cette nouvelle mise en garde de l'Agence précise que Chalabi n'a pas mis un pied en Irak depuis des décennies, qu'il ne parle même pas arabe comme un Irakien mais le dialecte jordanien, qu'il ne contrôle aucune armée et que tout est inventé. Mais face au manque de preuves trouvées sur l'existence d'armes de destruction massive ou de liens entre Saddam Hussein et Al-Qaïda, Cheney et Rumsfeld ignorent l'avertissement. Chalabi et ses mensonges leur sont trop précieux.

Les Irakiens qui ont fait défection et sont présentés par Chalabi aux autorités américaines ont un discours jugé consistant, et conforme à ce qu'avaient trouvé les inspecteurs de l'ONU des années plus tôt. « Mais personne ne s'est posé la question dans l'autre sens, regrette un officier de la CIA chargé de ces questions. Et si au lieu de se demander si ce qu'ils racontent est cohérent avec les documents de l'ONU, on se demandait plutôt si ces gens n'avaient pas pu lire les documents des anciennes missions d'inspection de l'ONU, qui étaient en accès libre sur Internet, pour fabriquer leur propre histoire en se basant sur ces documents ? Parce que du coup, bien sûr que ça devient cohérent, bien sûr que certaines choses sont vraies. Mais dans le lot, ils extrapolent[9]. »

CURVEBALL

Si la CIA évite soigneusement Ahmed Chalabi, elle cherche de son côté de nombreux exilés qui pourraient l'aider à y voir plus clair sur l'état d'armement de l'armée irakienne. L'Agence apprend en janvier 2000, par l'intermédiaire de ses collègues de la DIA, l'agence américaine de renseignement militaire, que les services secrets allemands du BND ont l'un de ces exilés sous la main. L'homme affirme être ingénieur chimiste et avoir vu des laboratoires chimiques mobiles. La CIA lui attribue le nom de code « Curveball* » et demande immédiatement à le rencontrer, mais l'Allemagne refuse. Le BND souhaite continuer à l'interroger lui-même et explique que l'Irakien parle mal anglais. Les services allemands proposent en revanche aux Américains d'envoyer leurs questions. Berlin, en retour, leur fera parvenir les réponses fournies par Curveball avec des comptes rendus d'interrogatoire.

Le premier contact ayant été établi avec la DIA, c'est toujours à elle que le BND fait parvenir ses informations sur Curveball avant qu'elle ne les partage à son tour avec les autres agences de la communauté américaine du renseignement. Entre janvier 2000 et septembre 2001, la DIA transmettra ainsi à Langley près de cent rapports concernant Curveball. Ces rapports affirment que l'Irak dispose de plusieurs unités de production chimique mobiles et que l'une d'entre elles a commencé à produire des agents biologiques dès 1997[10].

Mais les Allemands restent très prudents sur la fiabilité de Curveball. À plusieurs reprises, et par plusieurs canaux,

* « Curveball » désigne une balle difficile à attraper au baseball.

ils expriment leurs doutes. August Henning, directeur du BND, prend même directement la plume pour écrire à son homologue américain George Tenet. Il le met en garde sur la fiabilité de Curveball en soulignant que ses affirmations n'ont pu être vérifiées*. Tenet assure n'avoir jamais reçu cette lettre. C'est Tyler Drumheller, le chef de la division Europe, qui l'aurait reçue et ne la lui aurait pas transmise.

Drumheller est pourtant l'un de ceux, en interne, qui tentent de tirer la sonnette d'alarme au sujet de Curveball. Il estime que son témoignage n'a aucune valeur car personne n'a pu vérifier les dires de cet informateur. Or, chacun sait dans le monde du renseignement que l'on ne se fie jamais à une source unique.

À Berlin, où la chancellerie est opposée à une entrée en guerre, on est gêné aux entournures. On ne veut pas cacher aux Américains des informations sur d'éventuelles armes de destruction massive irakiennes, mais on ne veut pas non plus que des informations à la fiabilité non avérée venant d'Allemagne permettent de déclencher une guerre… à laquelle les dirigeants du pays sont opposés. L'affaire Curveball remonte au niveau politique. « Notre position a toujours été de dire que [Curveball] avait peut-être raison, et peut-être pas. Qu'il peut être un menteur ou qu'il peut dire la vérité[11] », assure Joschka Fischer, le ministre allemand des Affaires étrangères.

Mais à Washington, ceux qui doutent des allégations de Curveball ne sont pas écoutés.

* George Tenet assure n'avoir su qu'en 2005 que Curveball était un menteur.

La conviction plutôt que les faits

Le 26 août 2002 à Nashville, dans le Tennessee, le vice-président Dick Cheney monte sur scène pour s'adresser aux vétérans de guerre. Le deuxième personnage le plus important des États-Unis exprime sa conviction que Washington ne peut pas attendre que l'Irak obtienne une bombe nucléaire pour agir et empêcher Saddam Hussein d'agir. « Ce qu'il veut, c'est du temps et encore du temps pour utiliser ses ressources afin d'investir dans les programmes d'armes chimiques et biologiques en cours et de s'emparer d'armes nucléaires », assure Cheney à la tribune. Selon lui, ne rien faire serait bien plus risqué que de détrôner le président irakien. Ses affirmations vont bien plus loin que les estimations de la CIA et les informations fournies par l'UNSCOM, l'organe de l'ONU chargé d'enquêter sur le sujet.

Ce discours est un tournant. La course vers la guerre a officiellement commencé.

« Il y a eu une véritable poussée, assure Jerry Watson, analyste chargé des armes biologiques irakiennes. C'était un peu comme un train qu'on ne pouvait pas arrêter et qui s'engouffrait partout. Et tous ceux qui avaient des doutes n'étaient pas écoutés. »

Dick Cheney multiplie les visites à Langley. Les analystes y voient une pression monumentale mise sur leurs épaules. Les dirigeants aussi. La direction des opérations demande à ses officiers partout dans le monde de trouver des Irakiens qui ont eu des postes à responsabilités pour leur proposer de travailler pour l'Agence et obtenir des bribes d'informations. Pendant ce temps, en Irak, l'équipe de la CIA met en place un réseau d'informateurs de plus en plus étendu dans le pays.

Des hangars vides

Au fil des mois, Sam Faddis et ses hommes opèrent dans des conditions spartiates et dangereuses, mais sans se plaindre malgré des nuits extrêmement courtes. Ces équipes font un minutieux travail de terrain crucial pour préparer l'entrée en guerre. À l'automne 2002, ils sont désormais une cinquantaine d'espions déployés dans le pays. Leurs efforts acharnés permettent d'établir des relations de confiance avec de nombreux groupes, notamment kurdes, qui ne s'apprécient pas toujours entre eux. Les Américains développent ainsi des dizaines de nouvelles sources sur le terrain et tentent de mettre la main sur les armes de destruction massive prises par Washington comme excuse pour menacer Bagdad d'une invasion. Mais malgré d'intenses recherches, Faddis et son équipe ne trouvent rien qui vienne corroborer les accusations de la Maison-Blanche et du Pentagone. Ils parviennent pourtant à interroger des généraux ou des chefs de bases militaires. Certains leur assurent que l'Irak possède bien des armes de destruction massive, ils indiquent même parfois l'endroit précis où certaines seraient stockées. Mais ils ne les ont jamais vues de leurs propres yeux et lorsque les espions américains parviennent à pénétrer d'une manière ou d'une autre sur ces sites, ils ne trouvent rien, si ce n'est des hangars vides ou des armements standards. Tout comme les inspecteurs de l'ONU qui, à la suite des intenses pressions diplomatiques, ont finalement été autorisés par Bagdad à revenir dans le pays. Ces inspecteurs sont menés par le Suédois Hans Blix. Mais eux non plus ne parviennent pas à trouver la moindre arme de destruction massive.

« Les armes chimiques, ce n'est pas de la confiture, ironise Blix. Ça laisse des traces. Donc vous devez avoir des archives. Mais quand on est allés dans les palais de Saddam lors de l'une de nos inspections, on a tout fouillé, les inspecteurs ont ouvert les réfrigérateurs. Ils n'ont trouvé que de la confiture, et pas d'armes chimiques sous les confitures[12]. »

En janvier 2003, la direction de la CIA décide de renforcer considérablement les équipes dédiées à l'Irak au quartier général de Langley. Les officiers qui suivent des cours de langue avant d'être déployés dans une station à l'étranger sont réquisitionnés et intégrés au bureau des affaires irakiennes qui devient une ruche en perpétuelle agitation. Le bureau est organisé en *open space*, à l'image de la rédaction d'un grand journal américain comme le *Washington Post* ou le *New York Times*. George Tenet s'y rend régulièrement, cigare au bec, pour prendre le pouls. Ce renforcement du personnel est jugé exagéré par certains alors que les militaires sont aux manettes. Mais l'Irak est devenu la priorité de l'Agence, au détriment de la lutte contre Al-Qaïda, même si celle-ci n'est pas abandonnée.

En ce début d'année en tout cas, les responsables de la CIA ont désormais tous les éléments pour douter. Les analystes sont divisés. Lors d'une réunion, la tension monte entre ceux qui sont convaincus que le régime irakien possède des armes de destruction massive et ceux qui demandent des preuves formelles. John Kiriakou, le bras droit du responsable de la mission Irak, assiste à cette joute en silence, mi-amusé mi-dépité. Il prend des notes et s'aperçoit que les représentants du département de l'Énergie dépêchés sur place sont tout aussi divisés entre eux que les spécialistes de la CIA. Quand ils sont d'accord sur la présence confirmée de certains matériels, ils s'écharpent sur leur vétusté et le fait que cela confirme ou non la volonté de fabriquer une bombe nucléaire.

En retournant à son bureau, John Kiriakou retrouve son chef Bob Grenier qui lui demande le verdict : « Alors, ils ont des armes de destruction massive ou pas ?

– Je n'en ai pas la moindre putain d'idée ! » s'exclame Kiriakou, épuisé par plusieurs heures de débats quasi stériles.

– Bon, c'est embêtant parce que j'ai reçu un brouillon de discours de la Maison-Blanche et le président va dire publiquement qu'ils en ont… » soupire Grenier.

Après plus d'un an de recherches intensives, aucune preuve formelle ne permet de trancher le débat. Mais la volonté politique de cette administration supplante les faits. « Vingt ans après les gens oublient, estime l'ancien inspecteur de l'ONU en Irak Charles Duelfer, mais à l'époque le 11-Septembre venait tout juste de se produire et la CIA était convaincue qu'une deuxième vague d'attentats se préparait. On avait des avions de chasse et de surveillance dans le ciel de Washington ! S'il y avait 1 % de chance que Saddam utilise des armes chimiques, les États-Unis estimaient qu'ils ne pouvaient pas se permettre de courir le risque[13]. »

À Langley, certains s'interrogent. Et si cette obsession irakienne n'était qu'un leurre pour détourner le regard et faire oublier que Ben Laden n'a toujours pas été retrouvé ?

8.

Les mensonges de Langley

Nabil M. est un journaliste libanais installé à Paris. Il frappe un jour à la porte de la Direction de la surveillance du territoire, la fameuse DST*. L'homme assure être en lien direct avec le ministre irakien des Affaires étrangères, Naji Sabri, et que ce dernier cherche à faire défection. Paris ne soutient pas la guerre alors la DST est peu intéressée par le fait d'accueillir et de gérer ce proche de Saddam Hussein. Elle contacte donc Bill Murray, le chef de la station de la CIA à Paris. Rendez-vous est pris. Pour cette première prise de contact avec les Américains, les responsables de la DST accompagnent Nabil, font les présentations puis laissent les deux hommes seuls. Bill Murray sent la bonne piste. Sabri est un membre important de la communauté sunnite et son propre frère a été assassiné par les sbires de Saddam. Il a le profil parfait pour se retourner contre le président irakien, transmettre des informations précieuses à la CIA et même, si Saddam venait à être renversé, jouer un rôle de premier plan dans le nouvel Irak. Mais dans le monde du renseignement, rien ne se passe aussi vite. Murray rencontre

* La DST et les Renseignements généraux ont depuis été fusionnés pour créer la Direction centrale du renseignement intérieur (DCRI), devenue ensuite Direction générale de la sécurité intérieure (DGSI).

d'abord à plusieurs reprises celui qui se présente comme un intermédiaire, le jauge, lui pose de nombreuses questions. Certaines dont il connaît déjà les réponses, en guise de test, pour vérifier si Nabil dit bien la vérité. D'autres pour tenter d'obtenir de premières informations... Le journaliste libanais réclame alors un million de dollars pour fournir des informations et jouer les courroies de transmission avec le ministre. Langley est désespérément à la recherche de transfuges irakiens alors que la Maison-Blanche lui a déjà fait savoir qu'elle entrerait bientôt en guerre. Washington accepte de rémunérer l'homme, mais hors de question de verser un tel montant. Au rendez-vous suivant, Murray apporte près de 200 000 dollars en liquide à Nabil. C'est la coquette somme que son agence est prête à payer. Le chef de station veut désormais du concret, un signe direct de Naji Sabri, une preuve formelle que les deux hommes sont bien en contact. En septembre 2002, le ministre doit se rendre à New York pour prononcer un discours devant l'Assemblée générale de l'ONU. Murray et Nabil piochent dans les 200 000 dollars pour acheter deux costumes chez un tailleur parisien. Ils décollent séparément à destination de New York. Une fois sur place, les Américains filent discrètement Naji Sabri. Ils suivent chacun de ses mouvements, notent où il se rend, qui il rencontre. Chacun de ses faits et gestes est épié. Nabil rejoint Sabri à la résidence de l'ambassadeur d'Irak où il loge pendant son séjour. Les deux hommes entament une courte discussion à l'écart des agents de sécurité irakiens, chargés autant d'assurer la sécurité du ministre que de le surveiller de près pour éviter toute dissidence, paranoïa dictatoriale oblige. Nabil remet à Naji Sabri les deux costumes et lui explique qu'il doit absolument porter l'un d'eux quelques heures plus tard lors de son discours devant l'Assemblée générale des

Nations unies, un show diplomatique annuel diffusé dans le monde entier.

Dans un hôtel à proximité, Bill Murray fait les cent pas. Nabil finit par le rejoindre et lui confirme qu'il a bien remis les costumes au ministre. Les deux hommes se parlent en français pour éviter que les agents du FBI installés à proximité ne comprennent leur conversation. Vient l'heure du discours. Les dizaines de délégations étrangères sont assises dans l'immense salle de l'Assemblée générale, au siège de l'ONU, lorsque Naji Sabri est appelé à la tribune. La porte s'ouvre et l'Irakien s'avance. Veste sombre aux fines rayures sur les épaules, cravate marron. Pas de doute, c'est bien l'un des costumes réalisés sur mesure pour lui quelques jours plus tôt à Paris. Bill Murray en a désormais la certitude, l'un des principaux dignitaires du régime irakien est prêt à transmettre secrètement des informations à la CIA et cherche à fuir le régime et son pays.

Les semaines passent et Bill Murray intensifie ses échanges avec Naji Sabri *via* l'intermédiaire libanais. La plupart des informations sont sans intérêt. « On nous disait avec qui Saddam avait couché cette semaine, ce genre de connerie. Mais nous, à ce moment-là, on n'en avait rien à foutre[1] », raconte un ancien officier de la CIA impliqué dans l'opération. À force de persévérance, les Américains parviennent à avoir des réponses à leurs principales questions, celles qui obsèdent la Maison-Blanche. Elles arrivent par bribes et le verdict tombe : selon Naji Sabri, le régime de Saddam Hussein n'a pas de stock de matière fissile*, ni de vaste programme d'armes de destruction massive ou de laboratoires biologiques mobiles. Le dictateur irakien s'en

* Matière contenant des nucléides fissiles et qui permet, dans certaines conditions, de réaliser une réaction nucléaire en chaîne.

est débarrassé depuis plusieurs années. Et le peu qu'il reste serait rudimentaire.

Murray s'envole pour les États-Unis. Il doit faire son rapport au directeur de l'Agence, George Tenet. Mais à Langley, à l'heure prévue, Tenet n'est pas là. Il est parti à la Maison-Blanche où on le voit quotidiennement traîner dans les couloirs, plus que n'importe lequel de ses prédécesseurs. C'est son adjoint, John McLaughlin, qui reçoit Murray. Et l'accueil est sans enthousiasme : « Ces informations ne sont pas concordantes avec celles que nous tenons de notre meilleure source », lance McLaughlin. Murray, sonné, ne connaît pas cette source et n'a pas à la connaître. Il reste dubitatif et repart sans un mot. L'espion découvrira plus tard que cette fameuse source est un transfuge irakien installé en Allemagne : nom de code « Curveball »*.

Un « moment Adlai Stevenson »

Quelques mois plus tard, la Maison-Blanche est plus déterminée que jamais à frapper l'Irak et à renverser Saddam Hussein. La seule question qui persiste est celle de la date à laquelle seront déclenchées les hostilités. Fin janvier 2003, le chef de la diplomatie américaine est à une réunion du Conseil de sécurité nationale. George W. Bush sait que l'invasion à venir ne fait pas l'unanimité dans le monde, ni même dans son propre pays. Il a donc décidé d'envoyer l'homme le plus crédible et populaire de son administration défendre publiquement ses arguments en faveur de la guerre : « Colin, il faut que vous alliez plaider notre cause en personne devant les Nations unies. » Le

* Voir chapitre 7, p. 93.

président américain sait qu'il s'adresse ainsi à la personne non pas la plus opposée à la guerre – Powell a fini par être convaincu de sa nécessité – mais la moins enthousiaste. « Il avait toute la crédibilité nécessaire, racontera plus tard George W. Bush dans ses Mémoires. Je savais qu'il ferait un bon travail, précis et complet[2]. » Powell a été conseiller à la sécurité nationale de Ronald Reagan à la fin des années 1980, un poste clé, puis chef d'état-major de l'armée américaine lors de la première guerre du Golfe. Ce vétéran du Vietnam se décrit en privé comme démocrate sur les questions sociales, et républicain pour ce qui relève de la politique étrangère. Mais, contrairement au vice-président Dick Cheney et au secrétaire à la Défense Donald Rumsfeld, il n'a jamais été un de ces néoconservateurs obnubilés par la guerre ou par l'Irak.

À la sortie de la réunion, ce jour-là, Condoleezza Rice, la très influente conseillère à la sécurité nationale, lui remet alors un dossier rédigé par Irve Lewis « Scooter » Libby et John Hanna, deux conseillers du vice-président. Powell rejoint son escorte pour rentrer immédiatement au département d'État, à quelques blocs de là. Sur le chemin, il parcourt les principaux arguments du dossier. Dans ces quarante-huit pages sont censées être regroupées toutes les preuves dont disposent les États-Unis sur le programme d'armes de destruction massive de Bagdad. Mais de sources, il n'en est presque pas fait état. De preuves convaincantes, non plus.

Dès son arrivée sur C Street, où siège le Département d'État, il grimpe au septième étage et entre dans le bureau de son adjoint Richard Armitage. Les deux hommes sont très proches, alors Powell n'y va pas par quatre chemins : « Franchement, ça a l'air d'être de la merde en barre tout ça ! Je vais aller passer les prochains jours à la CIA pour vérifier chaque renseignement évoqué dans ce dossier et m'assurer que tout cela tient vraiment la route. » Le secrétaire d'État parcourt alors les quelques mètres qui le séparent du bureau de son fidèle chef de cabinet, Lawrence Wilkerson, et entre sans prévenir dans la pièce. Wilkerson se lève, comme il le fait avec beaucoup de révérence à chaque fois que le secrétaire d'État fait son apparition. Plus mesuré qu'avec Armitage, Powell lui tend le document : « Voilà un dossier de quarante-huit pages qui démontrerait, selon le bureau de Cheney, que Saddam Hussein possède des armes de destruction massive. Phil Mudd, chargé du contreterrorisme à la CIA, va vous envoyer un autre document de vingt-cinq à vingt-six pages sur le soutien de l'Irak au terrorisme. Notre bureau chargé de la démocratie et des droits de l'homme va également vous rédiger une dizaine de pages sur les violations de ces Droits de l'Homme en Irak. »

Ce bureau du département d'État s'est déjà vu ordonner de travailler sur le sujet par Condoleezza Rice. La conseillère à la sécurité nationale a court-circuité le secrétaire d'État en donnant directement des instructions à ses propres équipes sans l'en informer en amont.

Lawrence Wilkerson regarde le dossier, incrédule : « Très bien, Monsieur. Mais qu'est-ce que je dois faire de tout ça ?

– Vous allez l'assembler pour en faire un discours que je donnerai devant l'ONU. Ils veulent m'utiliser et utiliser ma popularité pour vendre la guerre.

– Et ce sera quand ?

– Le 5 février. »

Face à l'ampleur de la tâche et aux forts doutes sur la crédibilité des éléments en leur possession, Wilkerson se laisse tomber comme un poids mort sur sa chaise. Jamais ce colonel ne se le permet devant le général cinq étoiles qu'est Powell. « Bon Dieu… Vous vous foutez de moi, c'est ça ? lâche-t-il.

– Pourquoi ? répond Powell.

– Ce n'est pas si simple, les informations ne sont pas si claires. J'ai lu l'estimation nationale du renseignement* d'octobre dernier sur le sujet, ça pue ! Et le 5 février c'est dans à peine une semaine…

– Vous avez raison, je vais rappeler Condi et lui dire d'annuler. »

Colin Powell revient trois heures plus tard. Mais le chef de la diplomatie n'a pas réussi à convaincre la Maison-Blanche. Des conseillers du président ont entre-temps fait fuiter l'information dans la presse. Annuler le discours sonnerait désormais comme une reculade. « Qu'est-ce qu'on a fait pour mériter ça ? demande Wilkerson.

– Vous n'avez pas besoin de vous poser la question, mettez-vous juste au boulot », lui répond Powell avant de tourner les talons et de franchir la porte qui le sépare de son propre bureau.

Wilkerson est sonné. Un peu vieille école, il se met immédiatement devant sa machine à écrire Olympia (probablement la toute dernière que l'on peut alors trouver au département d'État) et rédige une lettre de démission qu'il remet à son assistante pour la taper convenablement à l'ordinateur. Après avoir appelé sa femme, qui tempère ses ardeurs, il décide de ranger la lettre dans le tiroir de son bureau et de la garder éventuellement pour plus tard.

En octobre 1962, l'ambassadeur américain à l'ONU s'appelle Adlai Stevenson. Au plus fort de la crise des missiles

* Les estimations nationales du renseignements (ou *National Intelligence Estimate*, soit NIE) sont les rapports les plus poussés et complets réalisés par la communauté du renseignement aux États-Unis. L'ensemble des agences gouvernementales (CIA, FBI, NSA, etc.) travaille en commun sur un sujet précis.

à Cuba, il est missionné par son président, John Fitzgerald Kennedy, pour convaincre le monde du danger que pose l'URSS. Photos aériennes à l'appui, il présente devant l'ONU tous les éléments dont disposent les États-Unis sur l'installation de missiles soviétiques à Cuba.

Quarante et un ans plus tard, l'administration Bush veut son « moment Adlai Stevenson » pour justifier son entrée prochaine en guerre. Et c'est donc à Colin Powell qu'elle en a confié la lourde tâche. Le chef de la diplomatie n'entend pas se faire manipuler et, quitte à y aller, il faut que chaque élément soit solide. Il veut convaincre. Une équipe d'infographistes est réquisitionnée et tout élément probant (images satellitaires, enregistrements audio, etc.) sera utilisé et diffusé dans l'enceinte de l'ONU pendant le discours.

Six jours et six nuits

Colin Powell débarque donc à Langley, au siège de la CIA, flanqué de ses plus proches collaborateurs. Lawrence Wilkerson est chargé de coordonner tout le travail de l'équipe. Lynne Davidson, chargée de la rédaction des discours (après l'avoir été pour George Tenet à la CIA), est également présente. Mais Wilkerson est frustré : Powell a refusé sa demande d'intégrer à l'équipe Carl Ford, l'assistant secrétaire d'État pour le renseignement, un poste qui ne ressemble en rien à celui d'un « assistant » à la française. Il dispose, au contraire, de fonctions politiques importantes et d'une parfaite connaissance des rouages du renseignement. Ford est connu au sein de l'administration pour ses doutes sur les accusations contre Saddam. L'emmener à Langley serait perçu comme un affront par la CIA et les hommes de la Maison-Blanche, tous bien plus enclins à accuser le dictateur irakien de tous les maux que ne le sont Colin Powell et son équipe. Le secrétaire d'État pense alors que son statut et sa seule présence suffiront à faire face au jusqu'au-boutisme de la direction de la CIA. Pas de quoi convaincre Lawrence Wilkerson qui reste vingt-quatre heures sur vingt-quatre sur place, contrairement à Powell. « Quand je suis arrivé là-bas, je n'avais aucun expert du renseignement avec moi pour dire à Tenet d'aller se faire foutre. Tu sais, tu as tort George, désolé. Laisse-moi t'expliquer pourquoi tu as tort. C'était une terrible erreur[3] », regrette Wilkerson.

Par chance, un autre membre du département d'État est présent. Barry Lowenkron vient de quitter le Conseil national du renseignement (NIC), un organisme hébergé à la CIA et dont il est parti pour travailler avec Colin Powell. Et sa présence s'avère particulièrement précieuse. Une fois arrivé à Langley, Colin Powell prend possession de la salle de conférence du directeur de la CIA, au septième étage, tandis que son équipe s'installe dans les bureaux du Conseil national du renseignement, où Lowenkron travaillait donc encore il y a quelques semaines. Et Wilkerson navigue entre tout ce petit monde (et les infographistes installés au sous-sol) pour tenter de rassembler le tout et en faire un ensemble cohérent. Mais George Tenet refuse de leur donner accès à la base de données de l'Agence. « Cela va prendre du temps », explique-t-il. Wilkerson, furieux, se tourne alors vers Lowenkron : « Barry, tu as toujours ta carte d'accès ? Elle fonctionne ? »

Lowenkron sourit : « Je ne sais pas, essayons. » Il s'installe devant l'ordinateur, tente de se connecter… et bingo ! Ses autorisations n'ont pas été retirées. L'équipe peut se mettre au travail. Pendant six jours et six nuits, Wilkerson et son équipe décortiquent les mémos et rapports écrits par l'Agence, inspectent des photos aériennes et demandent même que des satellites soient repositionnés pour vérifier certaines allégations et mouvements en temps réel.

Deux interceptions téléphoniques sont présentées par les officiers de la CIA à Colin Powell et son équipe. L'une d'elles est une conversation entre Abou Zoubaydah, qui était donc un membre d'Al-Qaïda, et Abou Moussab Al-Zarqaoui, un Jordanien à la tête d'un groupe jihadiste installé dans le nord de l'Irak. Mais révéler publiquement cet enregistrement informerait Zarqaoui que son téléphone, censé être sécurisé, a été mis sur écoute par les Américains. George Tenet prévient qu'il est inenvisageable de parler publiquement de ces enregistrements pour ne pas dévoiler les sources et méthodes de la CIA. Powell n'insiste pas.

Les travaux lancés par le chef de la diplomatie américaine et son équipe confirment ce qu'ils soupçonnaient déjà. Un grand nombre d'affirmations présentes dans le dossier fourni par le bureau du vice-président ne sont que fiction et rumeurs. Des affirmations pourtant présentées par les proches de Cheney comme des renseignements sûrs. Powell les fait vérifier un par un par les spécialistes de la CIA. Tenet fait venir ses experts maison au fur et à mesure en fonction des points qui demandent à être éclaircis.

Les jours passent et le nombre d'heures de sommeil se compte sur les doigts des deux mains. Un soir, Lawrence Wilkerson s'approche du poste de Lynne Davidson pour lui demander une modification. Il la surprend au téléphone. Davidson tente de guider à distance son père de 80 ans pour qu'il retrouve ses médicaments et en prenne la bonne dose. « Lynne, rentre chez toi t'occuper de ton père », lui lance Wilkerson. Mais Davidson, bourreau de travail, refuse, assurant que son père ne s'en sort pas si mal.

Les deux conseillers de Powell décident alors de prendre une pause bien méritée. Ils sautent dans la voiture de Wilkerson et partent à quelques minutes de là, dans le centre de McLean, la ville où est implantée la CIA. Le temps de boire un café dans le Starbucks du coin et Wilkerson renvoie Davidson auprès de son père. Elle ne s'absentera que sept heures avant de retrouver le reste de l'équipe à Langley.

Mais les hommes et femmes du département d'État ne sont pas les seuls à avoir débarqué à Langley. Dick Cheney a envoyé un de ses sbires, John Hanna (le co-auteur, avec Scooter Libby, du dossier initial de quarante-huit pages), et la conseillère à la sécurité nationale Condoleezza Rice a fait de même en dépêchant Will Tobey. Et ces deux hommes vont s'avérer, sans surprise, être des freins permanents à l'équipe de Powell. « C'étaient des néoconservateurs par excellence, des pro-Israéliens jusqu'au bout des doigts. Ils avaient pour mission de me surveiller comme le lait sur le feu. Et c'est ce qu'ils ont fait. Hannah ne m'a pas lâché d'une semelle[4] », accuse Wilkerson.

Sans oublier la direction de la CIA qui a manifestement des convictions qui vont bien au-delà des faits et est déterminée à ne pas aller contre la Maison-Blanche. Elle entend affirmer au monde que Saddam Hussein possède des armes de destruction massive (ADM) qui menacent les États-Unis et qu'il est en lien direct avec des terroristes, notamment Al-Qaïda.

Le pari

Du côté de la CIA, seuls les analystes convaincus que l'Irak a toujours un arsenal d'ADM ont été autorisés à se mettre autour de la table avec le secrétaire d'État. Tous ceux qui ont émis des doutes ont été retoqués. Certains, pourtant spécialistes des armes chimiques irakiennes au sein de l'Agence, ne sont même pas mis au courant de la présence de Colin Powell dans le bâtiment. George Tenet et son adjoint John McLaughlin ont fait barrage.

Après avoir été longtemps, et jusqu'à très récemment, convaincu que Saddam détenait toujours des armes de destruction massive, l'analyste Jerry Watson commence à avoir des doutes. Sa dernière mission à l'étranger l'a convaincu qu'une partie de l'équation était faussée. Il va trouver John McLaughlin pour l'informer qu'un certain nombre de renseignements de la CIA, y compris ceux présents dans le *National Intelligence Estimate* (NIE) d'octobre, sont finalement faux. Il demande qu'ils soient retirés du système et du discours de Colin Powell. McLaughlin refuse. Face à l'incompréhension de Watson, il ajoute : « On ne veut pas donner l'impression à la Maison-Blanche que l'on fait volte-face. »

« George Tenet était dans une position très difficile, estime aujourd'hui Jerry Watson. En tant que directeur de la CIA, vous êtes au service du président. Et si vous le mettez suffisamment en colère, il peut vous démettre de vos fonctions[5]. » Pour autant, Watson et certains de ses collègues ne comprennent pas ce blocage de la direction. Ils se heurtent tous à un mur. Tenet et McLaughlin sont hermétiques à tout doute sur la question des armes de destruction massive. Tyler Drumheller, patron de la division Europe, les alerte sur le peu de crédibilité de Curveball. L'une de ses collaboratrices, la respectée Margaret Henoch, qui chapeaute les affaires allemandes, fait de même. Tous deux ont essayé d'obtenir des informations plus précises de la part des Allemands. Ils n'ont obtenu en retour que des doutes. Berlin a refusé de les laisser rencontrer Curveball et a même refusé de leur fournir les retranscriptions de ses déclarations. Ils sont convaincus que Curveball ment. Sans être de farouches opposants à la guerre, Watson, Drumheller, Henoch et d'autres sentent bien que tout ne colle pas et qu'il faut redoubler de prudence. Mais ils se heurtent tous à un mur à chaque fois qu'ils tentent d'alerter la direction.

Lorsque Colin Powell se tourne vers Tenet et McLaughlin pour leur demander la fiabilité des informations venant de Curveball, tous deux répondent par un mot : « Solide. »

C'est ce que voulait entendre la Maison-Blanche. Saddam avait déjà utilisé des armes chimiques quinze ans plus tôt, il n'y avait certes plus aucune preuve qu'il en ait toujours malgré tous les efforts pour les retrouver, mais la direction de la CIA a pris un pari : celui qu'elle trouverait ces armes chimiques une fois que les soldats américains auraient envahi l'Irak.

« Tout ça, ce sont des conneries ! »

Toujours installé dans la salle de conférence du directeur, devant l'immense table en bois, Colin Powell reste souvent jusqu'à 22 heures, parfois plus, avec ses équipes qui, elles, dorment sur place quelques heures sur des fauteuils ou des canapés dans la même pièce. Et l'ancien général commence sérieusement à s'agacer et s'impatienter. Le quatrième jour, il quitte la salle et tombe sur son chef de cabinet dans le couloir. Les deux hommes sont seuls. Powell agrippe Wilkerson par la chemise, le fait entrer dans une autre salle de réunion et claque la porte derrière lui. Les deux hommes se connaissent depuis quatorze ans, et jamais Wilkerson n'a vu son chef si furieux. Powell le pose sur la chaise en bout de table, attrape un autre fauteuil et s'assois en face de lui : « On est seuls ici ou on nous écoute ?

– C'est la CIA ici patron…

– Très bien. J'en ai plein le cul de cette merde sur le terrorisme ! J'en ai ras le bol de ces histoires de Zarqaoui par-ci, Abou machin par là... Tout ça, ce sont des conneries ! Ça n'a aucun sens, je ne les mettrai pas dans mon discours.

– Vous voulez dire les soi-disant liens entre Saddam Hussein et Al-Qaïda ?

– Oui, tout ça c'est de la merde, ce sont des conneries ! Il n'y a aucune preuve directe.

– Alors enlevons ce passage du texte, je suis d'accord. »

Le secrétaire d'État se fige un instant. Le soulagement se lit immédiatement sur le visage d'un Powell qui s'attendait à devoir argumenter. « Très bien, faites-le », ordonne Powell. Les deux hommes ressortent de la salle. Wilkerson fonce immédiatement rejoindre Lynne Davidson qui continue de travailler le texte sur un ordinateur déconnecté de tout réseau pour éviter les piratages. Wilkerson lui ordonne de supprimer tout le passage concerné sur les liens entre Saddam et Al-Qaïda. John McLaughlin est dans l'embrasure de la porte. Il surprend leur discussion avant de s'éloigner. Lawrence Wilkerson le retrouve quelques instants plus tard dans la salle de conférence du directeur. Tout le gratin de la sécurité nationale est présent. Colin Powell, bien sûr, mais aussi son adjoint et fidèle ami Richard Armitage. Powell, qui se sent bien seul face à la pression exercée par Condoleezza Rice, le bureau du vice-président et la direction de la CIA, l'a appelé la veille au soir pour lui demander de venir en renfort. Rice et son adjoint Steve Hadley sont également installés autour de la table. Il ne reste plus que quelques heures pour tout finaliser. Le groupe reprend chaque point du discours, décortique chaque ligne. Assis à la droite de Powell, George Tenet se lève soudainement et quitte la pièce. Son absence à un moment si crucial a le don de fortement irriter l'équipe du département d'État. Au bout de quelques minutes, Wilkerson s'apprête à se lever pour aller le chercher quand la porte s'ouvre. Tenet entre, fait signe à l'officier de renseignement qui s'exprime d'interrompre son explication et regarde Colin Powell dans les yeux : « Monsieur le Secrétaire d'État, nous venons d'apprendre lors de l'interrogatoire d'un agent d'Al-Qaïda qu'il existe des contacts importants entre les services secrets irakiens et cette organisation, y compris sur la formation des combattants d'Al-Qaïda à l'utilisation d'armes chimiques et biologiques.

– Quelle est cette source ?, demande Powell.

– Croyez-moi sur parole, la source est impeccable. C'est un membre important d'Al-Qaïda. »

Le chef de la diplomatie se tourne vers son chef de cabinet : « On remet tout le passage supprimé dans le texte ! »

La source en question est Ibn Cheikh Al-Libi, considéré comme une figure d'Al-Qaïda, capturé en novembre 2001 à la chute de Kaboul avant d'être envoyé au Caire où il a été interrogé et torturé par les services égyptiens. Aucun Américain n'était présent lors de ces interrogatoires. Al-Libi finira par se rétracter entièrement deux semaines après ses aveux. Il assure alors qu'il aurait dit n'importe quoi pour faire cesser la torture. Deux semaines plus tard, une *burn notice*, une alerte interne expliquant qu'une source n'est pas crédible et qu'il ne faut pas tenir compte de ce qu'elle dit, a été émise contre lui par la DIA, l'agence de renseignement militaire américaine. Mais tout cela, Colin Powell et son bras droit ne l'apprendront que plusieurs mois plus tard. Jamais cette alerte n'arrivera sur leur bureau…

Cinquième jour. La fatigue se lit sur les visages. John McLaughlin entre dans la salle de conférence, un tube en aluminium sous le bras. Le directeur adjoint de la CIA assure qu'il provient d'un pays tiers mais qu'il est destiné à l'Irak. Et qu'une telle qualité et un tel coût pour un simple tube ne peuvent avoir qu'une seule explication : Saddam Hussein veut s'en servir dans des centrifugeuses pour obtenir une arme nucléaire. Le tube fait le tour de la table, passe entre toutes les mains. Chacun le pèse, le soupèse, l'ausculte dans ses moindres détails… mais personne n'a les compétences suffisantes pour en tirer des conclusions. Pourtant, une personne pourrait être consultée à ce sujet. Elle travaille au département de l'Énergie et a déjà exprimé de sérieux doutes, au bas mot, sur la question. Mais son avis ne sera jamais entendu au septième étage du siège de la CIA car l'expert ne sera jamais invité à venir exposer ses conclusions devant le secrétaire d'État.

Dès son arrivée à Langley quelques jours plus tôt, Colin Powell a interpellé George Tenet devant témoins avec une requête précise : chaque élément ou accusation qui sera intégré dans son discours devra être corroboré par au moins trois sources indépendantes les unes des autres. Une demande réitérée régulièrement. Tenet et McLauglin ont soutenu que quatre sources venaient confirmer que les autorités irakiennes avaient bien des laboratoires chimiques mobiles.

Powell a imposé une autre consigne : aucune copie du discours ne doit circuler. Les rares versions imprimées pour relecture sont conservées dans un coffre fermé à clé. Mais l'équipe du secrétaire d'État découvrira plus tard que Tenet a conservé un brouillon et l'a fait circuler à de nombreux responsables en interne et aux chefs de stations de la CIA à travers le monde. Parmi eux, Tyler Drumheller*.

* Tyler Drumheller est décédé d'un cancer du pancréas le 2 août 2015 à l'âge de 63 ans.

Avec son impressionnante corpulence et son aspect peu soigné, ce germanophone de bientôt 60 ans supervise toute la division Europe de la direction des opérations. Il a vu toutes les informations remonter et tente de tirer la sonnette d'alarme. Il décroche son téléphone et appelle John McLauglin, le directeur adjoint : « Ces accusations sont spécieuses John, on ne peut pas les intégrer au discours du secrétaire d'État.

– Le pont est trop loin sur la route », lui répond McLauglin. Autrement dit, le train est lancé et il est trop tard pour l'arrêter. À aucun moment, il ne relaiera ces doutes à l'équipe réunie pour préparer le discours. La conversation entre Drumheller et McLaughlin est particulièrement houleuse.

« Il nous mentait et il savait qu'il mentait »

La veille du discours à l'ONU, Powell, Tenet, Rice et leurs équipes respectives s'envolent pour New York. Ils y retrouvent John Negroponte, leur ambassadeur aux Nations unies. La représentation américaine est logée dans un immeuble situé juste en face du siège de l'ONU. L'équipe se rassemble dans la cafétéria au onzième étage pour une répétition générale. Les lieux ont été réaménagés pour l'occasion, les tables déplacées et les noms des intervenants déposés devant chaque siège. Objectif : reconstituer, au plus proche, la salle du conseil de sécurité de l'ONU où le secrétaire d'État délivrera son discours le lendemain, devant ses homologues étrangers et les caméras du monde entier. Colin Powell s'installe derrière la table et intime l'ordre à tout le monde de rester silencieux. Il veut prononcer son discours entièrement, à voix haute et sans être interrompu pour la première fois.

Pendant une heure et vingt minutes, Powell lit son discours. Seul John McLaughlin, le directeur adjoint de la CIA, tente de dire un mot en cours de route. Le regard noir et désapprobateur de Powell le dissuadera de poursuivre. Une fois arrivé au bout, McLaughlin retente sa chance. « Monsieur le Secrétaire d'État vous devriez peut-être moins mettre l'accent...

– La ferme, John !, l'interrompt Powell. Je ne veux plus rien entendre venant de vous. »

Les derniers jours ont créé des tensions entre l'équipe du département d'État et McLaughlin accusé de détourner les faits pour coller au discours va-t-en guerre de la Maison-Blanche. « Il nous mentait et il savait qu'il mentait, s'insurge Lawrence Wilkerson. John McLaughlin était un membre machiavélique de la CIA. C'était un professionnel du renseignement, il se devait de faire mieux que ça[6]. »

Colin Powell se tourne vers sa droite où George Tenet est assis : « George, tu confirmes que tout ce qu'il y a dans ce discours est juste, n'est-ce pas ? » Le directeur de la CIA acquiesce, sans ambiguïté. « Tant mieux George, parce que demain tu seras assis derrière moi pendant le discours, face caméra », lui lance Powell. Jamais le chef d'une agence de renseignement ne prend place derrière son ministre ou secrétaire d'État dans la salle du conseil de sécurité. Le message est clair : tout ce qui est dit vient de la CIA et est validé par elle. Powell se couvre.

Dans la soirée George Tenet décroche son téléphone et appelle Tyler Drumheller, le directeur de la division Europe à la CIA, pour une question sur des informations fournies par les Britanniques. Drumheller en profite pour rappeler à Tenet tous les doutes qu'il a sur Curveball et qu'il a déjà fait remonter à John McLaughlin. « Oui, oui, oui, ne t'en fais pas pour ça. On est exténué, il faut que j'y aille[7] », répond le directeur de la CIA selon le compte rendu de cette conversation donné par Tyler Drumheller.

Pour la durée de leur séjour, le secrétaire d'État et ses diplomates ont pris leurs quartiers au très chic hôtel Waldorf Astoria, sur Park Avenue. Dans la nuit, à 2 heures du matin, installé devant son ordinateur dans sa chambre transformée en quartier général, Lawrence Wilkerson tente de raccourcir le discours. Powell lui a demandé d'enlever au moins quinze minutes dans sa présentation. Wilkerson décide de s'attaquer de nouveau à la partie sur les liens supposés entre Saddam et Al-Qaïda, qui évoque notamment Abou Zoubaydah. Mais il sent une présence au-dessus de son épaule. Phil Mudd, le directeur du contreterrorisme à la CIA, qui vient d'apprendre la chose, a les yeux rivés sur l'écran. C'est principalement lui qui a rédigé toute cette partie. « Tu as besoin de quelque chose, Phil ? lui demande Wilkerson.

– Je crois comprendre que tu enlèves des passages entiers de la présentation ?

– En effet.

– Eh bien on dirait que tu retires des parties qui relèvent de ma responsabilité.

– Oui.

– Tu ne devrais pas faire ça.

– Comment ça, je ne devrais pas faire ça ? Qu'est-ce que tu veux dire par là ?

– Tu n'es pas un spécialiste du renseignement. Moi, oui. Pourquoi est-ce que tu coupes ces parties du texte ?

– Eh bien non je ne suis pas un spécialiste du renseignement mais je les retire quand même et je n'ai pas besoin que tu sois derrière mon dos à me harceler. Le secrétaire d'État m'a demandé de raccourcir.

– Retire d'autres parties.

– Non, c'est celle-ci que j'enlève. »

Phil Mudd, proche de Tenet, ne digère pas l'affront et rejoint le directeur de la CIA dans un autre hôtel où il est descendu avec son équipe pour le prévenir. Après une nouvelle courte nuit de sommeil, les Américains pénètrent dans la salle du Conseil de sécurité de l'ONU à 8 heures le lendemain. Pendant que l'on installe le micro de Colin Powell, Lawrence Wilkerson sent un bras imposant se poser sur ses épaules et l'entraîner à l'écart. C'est George Tenet.

« Hier soir, tu n'étais pas du tout dans le coup Lawrence. Tu as sorti des éléments de la présentation…

– Tout à fait, le secrétaire d'État me l'a demandé.

– Mais le secrétaire d'État n'est pas un professionnel du renseignement…

– Non, et moi non plus. Mais il m'a dit de réduire le texte.

– Vous le réduisiez dans un domaine où vous n'auriez probablement pas dû le faire. »

Il est trop tard pour changer le moindre mot au texte et George Tenet le sait. Après un instant de silence, il sort son plus beau sourire et lance « Eh bien, ce sera tout de même toujours aussi fort », avant de partir s'asseoir aux côtés de John Negroponte, lui aussi d'origine grecque, juste derrière Colin Powell.

Les autres délégations s'installent progressivement. Parmi elles, celle d'Irak menée par Naji Sabri. L'équipe de Powell ne sait rien des liens, bien que ténus, tissés entre le ministre irakien des Affaires étrangères et la CIA. Tout le long du discours, Wilkerson ne le quittera pas des yeux. Se demandant s'il est effaré des mensonges américains ou si la CIA sait des choses que lui-même ignore.

En une semaine, le texte a considérablement évolué. Il est encore truffé d'erreurs et de mensonges, mais Powell et son équipe ont tenté de recouper toutes les informations directement à la source, en utilisant tous les moyens de la CIA. Et Langley a tenu la plume de cette version.

« Je suivais attentivement les efforts déployés par l'Irak en matière d'armes de destruction massive depuis un certain temps et les faits que je connaissais ne correspondaient tout simplement pas à ce que Powell venait de présenter, témoigne Valerie Plame Wilson, qui occupe un poste à responsabilité au sein de la division contre-prolifération de la CIA. Ce n'est pas que les preuves qu'il citait ne reposaient sur aucune base factuelle, mais nos renseignements contenaient tellement de réserves et de questions que ses conclusions semblaient, au minimum, beaucoup trop optimistes et presque désinvoltes. Il semblait n'avoir utilisé comme preuves que les éléments les plus sensationnels et les plus alléchants, sans aucune des mises en garde ou des avertissements appropriés[8]. »

« Si Powell avait lu à l'ONU le dossier remis par Scooter Libby et le bureau du vice-président, il ne serait pas resté secrétaire d'État, assure son fidèle adjoint Richard Armitage. Il aurait été viré dès le lendemain. Ce texte était risible[9]. »

Pourtant, la version prononcée par Powell va faire se lever quelques cheveux. Jean-Marc de La Sablière, l'ambassadeur de France aux Nations unies, se penche vers son ministre Dominique de Villepin et lui glisse à l'oreille que personne dans la salle ne croit à ce que dit l'Américain. Hans Blix, le chef des inspecteurs de l'ONU en Irak, est également présent. Et il se montre particulièrement sceptique. « Cela ne correspondait pas du tout à ce que l'on a vu sur le terrain. En même temps, je savais qu'ils avaient leurs sources propres mais ils n'avaient aucune preuve[10] », témoigne-t-il.

À 10 000 kilomètres de là, Sam Faddis est dans la base secrète de la CIA en Irak. Il a retrouvé certains de ses hommes devant un poste de télévision relié à une liaison satellite piratée pour suivre en direct le discours de leur secrétaire d'État. Et les espions américains tombent des nues. Ils sont pourtant aux premières loges. « Je me suis demandé : "Mais d'où tenez-vous ces informations ? Qui vous a dit ça ? Et pourquoi est-ce que nous, on n'arrive pas à trouver la moindre chose dont vous parlez alors que l'on est sur le terrain toute la journée, sept jours sur sept, depuis des mois, à travailler 16 à 18 heures par jour[11] ?" » témoigne Sam Faddis. L'équipe qu'il a montée en Irak gère désormais des centaines de sources dans tout le pays. En tant que chef de base, il voit également passer et décortique tous les mémos secrets envoyés par ses collègues concernant l'Irak, qu'ils aient été envoyés depuis la Jordanie, le Koweït, l'Allemagne ou n'importe quel pays. Mais absolument rien ne vient corroborer les accusations présentes dans le discours de Colin Powell.

Au fil des jours et des semaines, la pression de la Maison-Blanche pour lancer une invasion de l'Irak se fait de plus en plus forte. Pourtant, à la CIA, personne n'a la moindre preuve que Saddam dispose de ces fameuses armes de destruction massive, ni qu'il voudrait s'en prendre à l'Amérique ou qu'il aurait le moindre lien avéré avec Al-Qaïda. Le compte à rebours est enclenché. Et si certains tout en haut de la hiérarchie semblent prêts à tous les compromis pour donner à la Maison-Blanche la version qu'elle souhaite, d'autres ne l'entendent pas de cette oreille et font tout pour faire éclater la vérité.

La dernière chance

En ces fraîches journées de fin février 2003, Bill Murray, le chef de station de la CIA à Paris, est de passage pour quelques jours en famille à Washington. Arrivé la veille, il se rend au cinéma avec ses enfants dans la soirée. Son téléphone sonne. C'est un message d'un collègue de Langley. Naji Sabri, la source qu'il traite à distance depuis plusieurs mois dans le cercle rapproché de Saddam Hussein, vient de sortir du pays. Il est à Kuala Lumpur pour un sommet des nations non alignées. Une opportunité en or de rencontrer enfin en personne cette source si précieuse, qui sort rarement d'Irak, et tenter d'en tirer davantage d'informations, des preuves mêmes, avant que la machine militaire américaine n'entre en action. D'autant qu'en dehors de Nabil M., l'intermédiaire libanais, la CIA peine à trouver un autre moyen d'entrer en contact avec lui. Notamment depuis que Saddam Hussein a regroupé ses principaux ministres avec leurs familles dans une enceinte ultra-surveillée par peur d'en voir certains quitter le navire.

Dès l'aube le lendemain, Murray est dans l'avion. Après deux escales à Tokyo et Bangkok, le voilà en Malaisie. Un contact sur place tente de faire croiser inopinément la route des deux hommes. Nabil, l'intermédiaire habituel, n'a pas été mis dans la boucle. Manque de chance, Naji Sabri semble pressé et rejoint son avion avant que Murray ne puisse tenter une approche. L'espion apprend que l'Irakien vient de prendre la direction de la Jordanie. Il saute à son tour dans le premier vol. Mais une fois arrivé à l'aéroport international d'Amman, c'est une équipe de la CIA qui l'attend dans le hall avec de nouveaux billets en main : « Il n'a fait qu'un saut de puce ici, il est déjà parti pour Le Caire. Voilà un billet pour le prochain vol. » Quarante-cinq minutes plus tard,

Murray, qui ne sait plus où il habite, est dans l'avion pour l'Égypte. Enfin à destination, le jeu du chat et de la souris continue. Naji Sabri, qui ne sait pas que l'Américain tente désespérément de le rencontrer, est parti pour une conférence à Charm el-Cheikh, à 500 kilomètres de là, sur les bords de la mer Rouge. Cette fois, Murray décide d'attendre. Se montrer à Charm el-Cheikh serait trop imprudent. Les délégations y sont nombreuses, leurs espions aussi, et Murray a parcouru le Moyen-Orient depuis des décennies. Le risque est trop grand d'être reconnu. Il décide donc d'attendre au Caire le retour du ministre irakien. Mais pas de Sabri à l'horizon. L'officier de la CIA découvre que le chef de la diplomatie de Saddam Hussein a demandé au roi de Jordanie s'il accepterait de le déposer à Bagdad avec son avion. Une demande immédiatement acceptée par le souverain hachémite. Murray, bredouille et épuisé après six jours et vingt-deux heures de course à travers le monde, rentre dépité à son bureau de Paris.

C'était l'opération de la dernière chance pour empêcher la guerre. Plus rien n'arrêtera la Maison-Blanche, bien décidée à renverser Saddam. Quelques jours plus tard, le 20 mars, les premiers missiles américains pleuvent sur Bagdad. Naji Sabri* ne s'impliquera pas dans l'après-guerre, ne rejoindra finalement pas les Américains, mais sa collaboration lui aura au moins permis d'éviter de se retrouver dans le fameux jeu de cartes créé par les Américains avec les photos des principaux cadres du régime recherchés en priorité par Washington. Chaque Américain veut pouvoir tracer une grande croix sur ces cartes les unes après les autres, au fur et à mesure que ces dignitaires seront arrêtés ou tués. Saddam était l'as de pique…

* Naji Sabri vit désormais à Doha, au Qatar. Il a toujours démenti tout contact avec la CIA et n'a pas répondu à nos sollicitations.

9.

Trahie par les siens

Au pic de la guerre froide, il y avait le fameux téléphone rouge. Une ligne sécurisée qui reliait directement la Maison-Blanche et le Kremlin. Avec la CIA, c'est une « ligne verte » qui a été mise en place. En février 2002, c'est la ligne verte de Michelle* qui sonne. Michelle est une jeune officière de la branche Irak, dans la division de la contre-prolifération (CPD). Elles ne sont que deux officières à travailler sur l'Irak au sein de la CPD. Au bout du fil, le cabinet du vice-président, Dick Cheney : « Nous sommes intéressés par un rapport que vous auraient donné les services de renseignement italiens. Il contient des allégations sur l'Irak qui aurait acheté du yellowcake au Niger, en Afrique. On veut plus d'informations. » Le yellowcake est un concentré d'uranium utilisé pour l'enrichissement du même minerai qui sert, à partir d'un certain niveau, à fabriquer une bombe nucléaire.

Michelle est une employée de qualité, mais n'a ni l'ancienneté, ni la fonction de quelqu'un censée traiter directement avec le bureau du vice-président des États-Unis. L'appel la prend donc par surprise et crée chez elle une

* Le prénom a été modifié.

certaine panique. Tout juste a-t-elle raccroché qu'elle fonce dans le bureau de Valerie Plame Wilson, sa supérieure.

Les spécialistes de la région manquent cruellement. Les coupes budgétaires drastiques des années 1990 ont particulièrement impacté la division Afrique et contraint la CIA à fermer plusieurs de ses stations sur le continent, notamment celle de Niamey, la capitale du Niger. L'Agence fait régulièrement appel à des intermédiaires dans ce genre de cas. Des anciens de la maison qui travaillent désormais dans le privé et reviennent en tant que contractuels – on les appelle les *greenbadgers* car ils portent des badges verts lorsqu'ils viennent au quartier général –, d'anciens diplomates ou autres. L'équipe de la division contre-prolifération se réunit et s'interroge sur la bonne personne à envoyer sur place pour tenter de trouver des réponses et savoir si, oui ou non, le Niger a vendu du yellowcake à l'Irak.

Un officier présent suggère alors d'envoyer Joe Wilson, le mari de Valerie. Récemment retraité du département d'État, il a été en poste au Niger avant de devenir ambassadeur dans d'autres pays africains comme le Gabon. Il est le dernier diplomate américain à avoir rencontré Saddam Hussein lors de la première guerre du Golfe et, surtout, il est bien connu de l'Agence. La CIA l'a envoyé en mission en Afrique en 1999, déjà pour une question d'uranium…

Bob, le chef du bureau, propose de faire venir Joe Wilson et d'étudier la question directement avec lui et les personnes compétentes en interne. « Quand tu le verras ce soir, peux-tu lui demander s'il accepterait de venir ici la semaine prochaine s'il te plaît ? », lance-t-il à Valerie, qui acquiesce. « Et envoie un message à Scott (le chef de la division contre-prolifération) pour le tenir au courant de ce que l'on a en tête », ajoute Bob.

« Ce soir-là, entre le nettoyage de la vaisselle, le ramassage des jouets qui traînent par terre et le passage de nos jumeaux dans le bain, j'ai dit à Joe que mon bureau avait reçu un rapport d'un service de renseignement étranger, que je n'ai pas nommé, se rappelle Valerie Plame Wilson. Je lui ai dit que nous nous efforcions d'apporter des réponses au cabinet du vice-président le plus rapidement possible et je lui ai transmis la demande de mon patron de venir au siège pour discuter de l'affaire plus en détail[1]. »

La semaine suivante, Joe Wilson débarque donc à Langley. Son épouse le présente aux responsables de la CIA présents dans la salle de conférence puis retourne à son bureau. Une fois la réunion terminée, Joe passe voir Valerie avant de partir : « On m'a demandé si j'acceptais de partir au Niger. J'ai dit oui. » La mission n'est pas rémunérée, seuls ses frais sont pris en charge par l'Agence. Trois semaines plus tard, début mars 2002, Wilson est dans l'avion. Il arrive à Niamey, après une escale à Paris. Pendant neuf jours, il multiplie les rencontres, pose mille questions, tente de démêler le vrai du faux. À son retour, à peine a-t-il le temps d'embrasser Valerie et leurs jumeaux que deux officiers de la CIA sonnent à la porte. Ils souhaitent le débriefer immédiatement. Le couple les accueille chaleureusement, leur demande ce qu'ils souhaitent manger et commandent dans un restaurant chinois. Joe et les deux officiers s'isolent dans le salon pour passer en revue les détails du voyage et ce qui est ressorti de cette mission. Valerie ne les rejoint que le temps d'une pause lorsque les repas sont livrés pour dîner tous ensemble, avant de s'éclipser une nouvelle fois. Même si elle travaille à la CIA et en particulier à la division contre-prolifération, elle n'a pas à ce stade le « droit d'en connaître », expression utilisée par les espions et démocratisée en France par la série *Le Bureau des légendes*.

Autrement dit, lorsqu'une information est découverte, tous les employés de la CIA n'y ont pas accès, seuls ceux qui en ont réellement besoin peuvent en prendre connaissance. Dans une agence de renseignement, tout est très compartimenté. Valerie connaît la règle et ne veut pas s'imposer. Quelques jours plus tard, son supérieur lui permettra tout de même, par courtoisie, de lire brièvement le rapport écrit sur la base du voyage de son mari. Et les conclusions sont formelles : il ne manque aucune quantité de yellowcake et rien n'indique que l'Irak ait pu en récupérer pour, potentiellement, créer une bombe nucléaire.

Quelques semaines plus tôt, le département d'État avait reçu un rapport similaire. La diplomatie américaine avait demandé à son ambassadeur au Niger, Barbro Owens-Kirkpatrick, et au vice-commandant des forces armées américaines en Europe, le général Carlton W. Fulford Jr., d'enquêter et lui faire un compte rendu. Les deux hommes ont notamment rencontré le président du pays et cherché toute transaction autour de l'uranium avant que le général Fulford n'apporte leur rapport à Washington. « Il est revenu en disant qu'il n'y en avait pas, explique Richard Armitage, numéro deux de la diplomatie américaine. Il nous a expliqué que l'Irak n'avait pas approché le Niger pour leur acheter du yellowcake, que le pays n'en avait de toute façon pas les quantités suffisantes. Nous disposions donc déjà de toutes les informations nécessaires[2]. »

Et les officiers de la CIA creusent également de leur côté. Notamment la station à Paris car la France possède plusieurs mines au Niger. À plusieurs reprises le bureau de Dick Cheney revient à la charge auprès de Langley et demande de creuser en urgence les informations qu'ils ont sur le Yellowcake.

« Toutes ces infos ne valaient rien, c'étaient vraiment des conneries, témoigne un responsable de la CIA implanté à Paris et chargé de les vérifier. Je n'ai jamais cessé de travailler dessus parce qu'ils voulaient y croire. Le problème, c'est que les hommes politiques veulent croire à quelque chose et quand on leur dit que ce n'est pas vrai, ils pensent que ce sont nous les fous et les idiots. Ils n'ont jamais mis un pied au Niger, ils n'ont aucune idée de ce que cela implique de déplacer de telles quantités d'uranium, mais ils restent persuadés que vous n'avez pas fait votre boulot[3]. »

L'officier de la CIA a dû recommencer ces recherches à cinq reprises. Exaspéré, il envoie alors un câble confidentiel à destination du bureau du vice-président Cheney (mais qui fera le tour de l'Agence) expliquant qu'il ira désormais également vérifier en personne chaque semaine « que cette putain de tour Eiffel est elle aussi toujours bien là ».

Joe Wilson reprend son activité dans le privé mais continue de suivre de très près, au fil des mois, les déclarations de plus en plus va-t-en-guerre de l'administration Bush. Il n'est pas antiguerre, mais se décrit comme « antiguerre stupide » et s'impose peu à peu comme l'une des rares voix à se faire entendre sur le désastre qui pourrait résulter d'une telle intervention. Connaisseur de la région, il est persuadé que tout ne sera pas si facile et que rien de positif ne pourra en sortir. Dans un pays encore traumatisé par le 11-Septembre et qui vit chaque jour avec les déclarations souvent mensongères de ses dirigeants sur l'Irak, il ne fait pas bon s'opposer au pouvoir. Même les politiques et médias démocrates soutiennent massivement la Maison-Blanche. Au sein de la CIA, Valerie Plame Wilson est entre deux chaises : « J'ai commencé à percevoir une désapprobation silencieuse de la part de certains de mes collègues, qui considéraient Joe comme peut-être idéaliste ou, à tout le moins, mal informé et naïf quant à la menace que représentait l'Irak[4]. »

En octobre 2022, George W. Bush s'apprête à prononcer un discours sur l'Irak à Cincinnati, dans l'Ohio. Comme toujours avant une prise de parole du président, son discours est écrit par son équipe de rédacteurs puis envoyé dans les différents organes concernés (ministères, agences de renseignement) pour validation et s'assurer que tout est juste. Lorsqu'elle reçoit la première version du discours, la CIA découvre qu'un passage concerne l'achat d'uranium par l'Irak au Niger. George Tenet, le directeur de l'Agence, appelle en personne la conseillère à la sécurité nationale Condoleezza Rice et son adjoint Stephen Hadley pour leur demander de retirer cette information qui ne tient pas la route. La mission menée pour l'Agence par Joe Wilson en début d'année, ainsi que celle du département d'État, démontrent que l'Irak n'a jamais cherché à obtenir de l'uranium auprès du Niger. Deux mémos écrits sont également envoyés par Langley à la Maison-Blanche pour alerter sur la présence de cette fausse information dans le discours de Bush. George W. Bush n'évoquera pas le yellowcake à Cincinnati.

Mais le cabinet du vice-président Dick Cheney et ses conseillers semblent manifestement obsédés par le sujet. Ils ont fait en sorte que, malgré les démentis reçus plus tôt dans l'année, l'information se glisse dans un autre discours que doit prononcer le président des États-Unis, le plus important de l'année, celui sur l'état de l'Union prononcé en début de chaque année devant tous les membres du Congrès. Le 28 janvier 2003, George W. Bush pénètre dans l'enceinte du Capitole pour sa prise de parole. Valerie Plame Wilson est chez elle, dans sa maison du quartier de Palisades, à Washington. Après plusieurs minutes, le président en vient à l'Irak : « Le gouvernement britannique a appris que Saddam Hussein avait récemment recherché des quantités significatives d'uranium en Afrique. » Seize mots qui vont provoquer une avalanche de réactions.

Valerie tombe des nues sur son canapé : « Ai-je bien entendu ? Est-ce que Joe n'a pas prouvé que ces accusations sont vides de sens dans son rapport il y a près d'un an ? »

« Peut-être que quelqu'un dans les entrailles de l'Agence savait quelque chose à ce sujet, mais personne dans mon entourage », assure Condoleezza Rice avec conviction dans la célèbre émission *Meet the Press*, le 8 juin 2003. Pourtant, la conseillère à la sécurité nationale ment. Comme on l'a vu, le directeur de la CIA George Tenet l'a prévenue. Tenet assure dans ses Mémoires que le secrétaire général de la Maison-Blanche lui a confirmé que non seulement Condoleezza Rice avait eu connaissance des deux mémos envoyés par Langley mais aussi son adjoint Stephen Hadley et le rédacteur principal des discours présidentiels Michael Gerson.

Par ailleurs, c'est un membre de l'équipe de Condoleezza Rice, Robert Joseph, qui a contourné George Tenet lors de la préparation du discours sur l'état de l'Union. Il s'est adressé directement à Alan Foley, le chef du Centre de renseignement sur la non-prolifération et le contrôle des armes (WINPAC) de la CIA pour remettre l'histoire du Niger sur le tapis. Foley lui aurait simplement demandé d'attribuer l'information aux services de renseignement britanniques, ce que le président Bush a bel et bien fait dans son allocution.

La direction du WINPAC s'avère farouchement anti-Saddam Hussein. Certains l'accusent en interne d'avoir un autre objectif que la collecte des faits. Selon les journalistes Peter Eisner et Knut Royce, auteurs d'un livre-enquête sur le sujet[5], Alan Foley aurait convoqué ses principaux adjoints pour leur donner une directive claire : « Si le président veut partir en guerre, notre boulot est de trouver les renseignements qui vont l'aider à le faire. » Peu importe, manifestement, que ces renseignements soient étayés ou pas.

Cette sortie médiatique de Condoleezza Rice rend Joe Wilson furieux. Il décide de prendre la plume et de s'exposer en pleine lumière en rédigeant une tribune intitulée « Ce que je n'ai pas trouvé en Afrique », publiée le 6 juillet par le *New York Times*. Il décrit son voyage d'une semaine au Niger, les dizaines d'interviews qu'il a menées, ses échanges avec l'ambassadrice américaine dans le pays.

« Compte tenu de la structure des consortiums qui exploitent les mines, il serait extrêmement difficile pour le Niger de transférer de l'uranium à l'Irak, écrit-il. L'activité uranifère du Niger consiste en deux mines, Somair et Cominak, qui sont exploitées par des intérêts français, espagnols, japonais, allemands et nigériens. Si le gouvernement souhaite retirer de l'uranium d'une mine, il doit en informer le consortium, qui est lui-même strictement contrôlé par l'Agence internationale de l'énergie atomique[6]. »

Joe Wilson poursuit son argumentation pour mieux démontrer que l'uranium est bien trop contrôlé dans le pays pour avoir été discrètement acheté par Saddam Hussein. « Il n'a pas fallu longtemps pour conclure qu'il était très douteux qu'une telle transaction ait jamais eu lieu », conclut-il, en rappelant qu'à ce jour de l'été 2003, plus de deux cents soldats américains sont déjà morts au combat en Irak.

Deux jours après la publication de sa tribune, un collègue de Joe croise l'éditorialiste Robert Novak dans une rue du centre de Washington. Les deux hommes ne se connaissent pas mais l'ami de Joe reconnaît immédiatement Novak, qui passe régulièrement à la télévision. Il l'aborde et lui propose de marcher ensemble un ou deux pâtés de maisons puisqu'ils s'engagent dans la même direction. Après quelques minutes à échanger sur l'actualité, l'ami demande à Robert Novak ce qu'il pense de Joe Wilson. « Wilson est un trou du cul, répond Novak. La CIA l'a envoyé là-bas [au Niger]. Sa femme, Valerie, travaille à la CIA. » Novak balance cette information, connue d'un nombre extrêmement limité de personnes, à un inconnu rencontré quelques minutes plus tôt à la sortie du métro. Seuls les parents et le frère de Valerie savent qu'elle est une espionne. Officiellement, elle travaille pour une société tout à fait ordinaire à Washington.

Dès que l'ami de Joe Wilson arrive à son bureau, il fonce lui relater son échange avec l'éditorialiste. Wilson tente à de nombreuses reprises de joindre Novak qui finit par décrocher quelques jours plus tard. L'éditorialiste s'excuse de l'avoir traité de « trou du cul » et lui demande de confirmer si sa femme travaille bien à la CIA comme lui ont indiqué plusieurs sources. Wilson refuse de confirmer. Mais le mal est fait, un journaliste connaît la véritable identité de Valerie.

La Maison-Blanche tente de faire porter le chapeau à la CIA

George Tenet fait le dos rond et ordonne la publication d'une déclaration officielle de la CIA le 11 juillet. Le directeur est dans l'Idaho où il doit prononcer un discours. Les échanges sont incessants avec Langley et la Maison-Blanche. Dix-sept versions de la déclaration seront nécessaires avant de parvenir à la bonne. Et le chef espion américain endosse toute la responsabilité : « Tout d'abord, la CIA a approuvé le discours du président sur l'état de l'Union avant qu'il ne soit prononcé. Deuxièmement, je suis responsable du processus de validation au sein de mon agence. Et troisièmement, le Président avait toutes les raisons de croire que le texte qui lui était présenté était bon. Ces seize mots n'auraient jamais dû figurer dans le texte rédigé pour le Président. »

Tenet sert donc de paratonnerre. Mais il rappelle tout de même dans ce communiqué que la CIA était en désaccord avec les Britanniques sur les informations venant du Niger, que l'Agence ne les avait d'ailleurs par intégrées dans les points clés du NIE quelques mois plus tôt même si elles figuraient dans le corps du texte en précisant que le département d'État émettait des doutes sur la question.

Le service communication de la CIA doit désormais l'envoyer aux journalistes. Et le chef espion veut s'assurer que cela a bien été fait et connaître les premières réactions. Le réseau est mauvais dans les montagnes de l'Idaho où George Tenet et sa femme doivent désormais profiter d'un moment de tranquillité au bord d'un lac. Tenet ne parvient pas à utiliser son téléphone portable pour appeler son équipe chargée des relations avec la presse. Il fait arrêter sa voiture sur le chemin devant une supérette baptisée Smiley Creek Lodge, à Sawtooth. Quatre personnes font déjà la queue devant la seule cabine téléphonique disponible. Le garde du corps lui propose d'expliquer qu'il s'agit d'une question de sécurité nationale pour passer devant tout le monde. « C'est tout ce dont j'ai besoin en ce moment, répond Tenet, que l'on m'accuse d'abuser de mes privilèges et que quelqu'un aille en parler à la presse. » Le directeur décide donc d'attendre patiemment, comme tout le monde, que la place se libère. Lorsque son tour vient et qu'il parvient enfin à joindre ses équipes, Tenet découvre sans grande surprise que le service de presse de l'Agence est submergé d'appels de journalistes. Mais il est encore trop tôt pour savoir comment la déclaration va être interprétée et si le directeur va se retrouver un peu plus dans l'œil du cyclone.

Le 12 juillet, dès le lendemain de la déclaration publique de George Tenet, le bureau du vice-président Dick Cheney fait fuiter le nom de Valerie Plame Wilson auprès de plusieurs journalistes. Si la presse ne doit pas révéler ses sources et que son devoir est de publier des informations, même si elles sont dérangeantes, elle n'est pas censée le faire en dévoilant l'identité de membres des services secrets. Deux jours plus tard, pourtant, un journaliste franchit cette ligne rouge.

Aux premières heures de ce lundi 14 juillet, Joe Wilson a déjà lu le *Washington Post*. Et la lecture de l'éditorial du jour l'a fait sortir de ses gonds. Alors que le soleil commence doucement à faire son apparition, Joe entre dans la chambre où Valerie dort encore. « Eh bien voilà, ce fils de pute l'a fait ! » lance-t-il en jetant le journal sur le lit. Robert Novak, éditorialiste conservateur, publie une tribune dans laquelle il affirme que Joe Wilson a été envoyée au Niger par sa femme Valerie Plame Wilson qui travaille à la CIA. Étrangement, le journaliste utilise son nom de jeune fille, Plame, alors qu'elle s'appelle Wilson depuis plusieurs années maintenant. En découvrant ainsi son identité révélée dans l'un des plus grands journaux du pays, Valerie a l'impression de recevoir un énorme coup de poing dans le ventre. Elle reste sidérée. En pleine guerre contre Al-Qaïda, l'organisation terroriste « a désormais une espionne de la CIA identifiée à ajouter à sa liste de cibles », pense-t-elle.

Le pouvoir règle ses comptes, quitte à sacrifier l'un de ses soldats. Plusieurs membres de l'administration Bush ont informé Novak. À commencer par Richard Armitage. Loin d'être un faucon, Armitage est l'adjoint de Colin Powell au département d'État, une voix raisonnable, mais c'est aussi une commère notoire… Lors d'une longue discussion *off the record* avec le journaliste, le numéro deux de la diplomatie américaine a laissé échapper que la femme de Joe Wilson travaillait sur les armes de destruction massive à la CIA. Novak obtiendra ensuite confirmation et de plus amples informations auprès, notamment, de Karl Rove, le conseiller spécial du président Bush. Lorsqu'il découvre que son information a été publiée dans le journal, Armitage, horrifié, comprend son erreur et appelle immédiatement Colin Powell. Ils décident d'un commun accord de prévenir immédiatement le FBI et de se mettre à sa disposition. « J'ai fait honte à mon président, reconnaît aujourd'hui Richard Armitage. J'ai fait honte à mon secrétaire d'État et à ma famille. J'ai beaucoup de regrets à propos de tout cela. Mais c'était une erreur stupide de commérage, ce n'était pas un crime[7]. »

À la Maison-Blanche, en revanche, la fuite semble particulièrement volontaire. Karl Rove donc, mais aussi le porte-parole de la présidence Ari Fleischer, et surtout Scooter Libby, le chef de cabinet du vice-président Dick Cheney, multiplient les fuites sur le sujet auprès des journalistes. C'est Dick Cheney lui-même qui a révélé l'identité de Valerie Plame Wilson à son chef de cabinet. Une identité pourtant confidentielle et protégée. La divulguer peut être considéré comme un crime aux États-Unis. Fleischer poussera la mauvaise foi jusqu'à assurer que jamais dans ses « rêves les plus fous [il n'aurait] imaginé que cette information pouvait être classifiée. »

« Il n'y a pas de doute, ça été fait purement et simplement par esprit de revanche[8] », assure un haut membre de l'administration, cité dans le *Washington Post*. Le célèbre journal évoque d'ailleurs une « campagne orchestrée ».

Lors d'une conversation privée, le conseiller spécial du président, Karl Rove, dira même au journaliste politique de MSNBC Chris Matthews que « la femme de Joe Wilson est "*fair game*" ». Cette expression désigne une personne que l'on estime acceptable et même légitime d'attaquer[9].

Alors que le nom de Valerie Plame Wilson atterrit dans la presse et suscite de nombreux débats, Michael Gerson, le principal rédacteur des discours du président, retrouve dans ses dossiers la note envoyée par la CIA quelques mois plus tôt. Cette note demandait à la Maison-Blanche de retirer du discours du président, prononcé à Cincinnati le 7 octobre 2002, toute allusion à l'Irak qui aurait tenté d'acheter de l'uranium au Niger. Gerson comprend l'énorme erreur et fonce voir Stephen Hadley, le conseiller adjoint à la sécurité nationale. Hadley est le bras droit de Condoleezza Rice. Il fait partie de ceux qui doivent relire les discours de George W. Bush sur ces sujets-là. Le 22 juillet, il rédige sa lettre de démission et la présente au président, qui la refuse. Condoleeza Rice appelle George Tenet aux aurores. Elle l'informe que la Maison est désormais prête à assumer une certaine responsabilité publiquement. « Enfin… » soupire Tenet… « Mais ne faites rien tant que l'on ne s'est pas vus », poursuit-il. Un peu plus tard dans la matinée, le directeur de la CIA se rend à la Maison-Blanche pour le briefing quotidien. Son équipe a retrouvé les deux mémos envoyés par Langley à la présidence en octobre dernier. Ces mémos indiquent clairement que l'histoire de l'uranium nigérien n'est pas crédible. Lorsqu'il les présente à Stephen Hadley, le conseiller adjoint à la sécurité nationale blanchit et ne peut que reconnaître sa faute. Andy Card, le secrétaire général de la Maison-Blanche, est furieux. « On ne m'a pas dit la vérité[10] », lâche-t-il à Tenet, selon le directeur de la CIA. Il assure n'avoir jamais été informé de l'arrivée de ces mémos et qu'il vient d'apprendre que Stephen Hadley, sa cheffe Condoleezza Rice et Michael Gerson les avaient, eux, bel et bien lus en octobre. Pourtant, aucun d'eux n'a ôté les informations frauduleuses du discours sur l'état de l'Union prononcé par le président devant le Congrès en janvier.

Sans protection

Une semaine plus tard, la CIA informe le département de la Justice que la divulgation du nom de son employée, Valerie Plame Wilson, qui vit sous couverture, pourrait constituer un crime. Après enquête, le département de la Justice décide de poursuivre Scooter Libby, le chef de cabinet du vice-président Cheney.

Pendant des mois, le couple Wilson reçoit un fort soutien public, notamment dans les médias… mais aussi des appels et courriers menaçants. En 2004, certaines de ces menaces deviennent plus explicites et inquiétantes. Valerie, informée par une collègue de la CIA d'une menace spécifique qu'elle juge très grave, prévient immédiatement le service de protection de l'Agence et demande une présence sécuritaire auprès d'elle jusqu'à l'élection présidentielle de novembre. Ils promettent d'étudier la question. En rentrant chez elle, Valerie fait le tour de son quartier en voiture et tente de repérer les vulnérabilités, les meilleurs chemins pour s'échapper. Elle se pose mille autres questions, notamment sur la routine de leur emploi du temps et de celui de leurs enfants. Des questions que les officiers de la CIA se posent généralement quand ils sont en poste à l'étranger, notamment dans des zones dangereuses, mais pas dans les quartiers résidentiels de Washington parce que leur propre gouvernement a vendu la mèche et dévoilé leur identité.

Deux mois après sa demande, Valerie reçoit un appel du service de protection. Une lettre du directeur de la sécurité l'attend dans son bureau. Pour des raisons de sécurité, une réponse n'est jamais donnée au téléphone ou par un simple courrier qui pourrait être intercepté. Valerie se rend sur place, récupère le mémo du directeur et découvre que sa demande est rejetée. Une nouvelle fois, elle se sent trahie par les siens et se résout à apprendre à la nourrice de ses enfants quelques tuyaux pour déjouer une surveillance. Elle lui donne pour instruction de ne jamais laisser ses enfants seuls et lui achète un téléphone portable avec un raccourci pour appeler la police rapidement en cas d'urgence.

Une condamnation et deux grâces

Scooter Libby sera condamné à deux ans et demi de prison et 250 000 dollars d'amende. Le président Bush lui accorde une grâce partielle qui lui épargne la prison*.

Dick Cheney ne viendra pas témoigner au procès mais le procureur en a fait un acteur central. « Il y a un nuage tout autour du vice-président », déclare-t-il à la cour. Politiquement, le coup est rude.

Karl Rove, lui, n'a jamais été poursuivi. Le conseiller spécial du président jouissait toujours de son accréditation de sécurité et continuait de travailler à la Maison-Blanche lorsque Valerie Plame Wilson a présenté sa démission et décidé de quitter Langley en 2006.

---

* Scooter Libby sera entièrement gracié onze ans plus tard, le 13 avril 2018, par Donald Trump. Pour justifier sa décision, le président américain expliquera avoir « entendu depuis des années qu'il avait été traité de façon injuste ». « J'espère que cette grâce totale aidera à rectifier une partie très triste de sa vie », a-t-il ajouté.

L'Agence a tout fait pour mettre des bâtons dans les roues de son ancienne employée et l'empêcher de publier sa vérité. Après un an de persévérance, l'ex-espionne a finalement réussi, à force de détermination et de menaces juridiques, à écrire ses Mémoires, bien qu'en partie censurées. Ce livre, assure-t-elle, « montre jusqu'où l'administration Bush est prête à aller pour faire taire un détracteur ou s'en venger » et dénonce « la politisation croissante du renseignement dont [son] histoire n'a été qu'un exemple »[11].

10.

Base Alliance : la CIA aux Invalides

Jacques Chirac, bien que régulièrement caricaturé en « parfait franchouillard », connaît bien le monde et notamment les États-Unis. Il y a étudié et passé du temps dans sa jeunesse. Le président français est le premier dirigeant étranger reçu à New York et Washington dans les jours qui suivent les attentats du 11-Septembre. Dès son retour à Paris, il donne ordre à ses services de renseignement de collaborer autant que possible avec les Américains, « comme s'ils étaient des nôtres ». À la DGSE, comme à la DST, on craint aussi que des attaques similaires puissent se dérouler sur le sol français. La volonté de coopérer n'a donc jamais été aussi forte. Jean-Jacques Pascal, le directeur de la DST, s'envole à son tour pour Washington quelques semaines plus tard avec Bill Murray, le chef de la station de la CIA à Paris. Plusieurs des pirates de l'air sont passés par l'Europe. L'agence américaine en a bien conscience, le directeur George Tenet et son directeur de la division Europe, Tyler Drumheller, veulent s'assurer une meilleure coopération des différents services européens. Jean-Jacques Pascal leur suggère de mettre en place une équipe chargée de cette coopération à Paris. La direction de la CIA aime beaucoup l'idée.

Elle demande à Bill Murray de ne pas rentrer à Paris tout de suite avec le patron de la DST comme prévu, mais de rester quelques jours de plus à Washington pour plancher sur le sujet et créer cette nouvelle structure. Son nom est rapidement trouvé, il s'agira de la « Base Alliance ».

Murray ne veut pas d'une énième commission d'échanges d'informations et d'analyses, mais d'une structure opérationnelle concrète pour stopper les terroristes. L'objectif est de s'asseoir dans la même pièce, de mettre tous les renseignements sur la table et de déterminer quel service est le plus à même d'agir pour chaque cas, chaque menace.

« Nous ne voulions pas d'un satané café du coin, où l'on papote pendant des heures, témoigne un responsable de la CIA impliqué. Nous voulions quelque chose qui permette de poursuivre les terroristes et les empêcher de tuer davantage de gens, que ce soit en Europe, en Afrique du Sud, en Afrique du Nord, aux États-Unis, ou ailleurs, pour les trouver, les localiser, démanteler les cellules et, si nécessaire, les arrêter[1]. »

Cette structure permet aux États-Unis d'approfondir la coopération internationale alors qu'ils sont en pleine guerre contre le terrorisme, et de mieux s'appuyer sur les relations privilégiées de certains services. Les Français, par exemple, ont plus de facilité à obtenir des informations de la part des Belges que n'en a la CIA. La Base Alliance doit permettre de s'appuyer sur ces liens étroits et coopérer efficacement contre la menace islamiste.

Les Britanniques traînent des pieds, ils craignent de perdre la relation spéciale qu'ils ont tissée avec les Américains, et ne comprennent pas qu'une telle structure ne soit pas installée chez eux, à Londres. Mais pour la CIA, le problème est continental, et la base doit donc être installée sur le continent européen. Ils finissent par accepter de rejoindre le groupe. Les Allemands aussi se font désirer, plus longtemps encore que les Britanniques. Ils expliquent à la CIA devoir trouver la bonne personne à envoyer sur place, ne pas disposer de beaucoup de francophones dans leurs rangs, et qu'il est donc difficile de trouver quelqu'un à envoyer à Paris. « Pourtant aller en France ne vous a pas posé de problème dans le passé », grince alors un responsable de la CIA, irrité par ces atermoiements. Ses interlocuteurs goûtent peu la plaisanterie et ne décrochent pas un sourire. Eux aussi rejoignent finalement le mouvement. « Le BND allemand n'est franchement pas très bon », tance un cadre de l'Agence qui a dû traiter avec eux. Les Américains reprochent aux Allemands d'avoir un service de renseignement par région, une très mauvaise centralisation, et de n'avoir rien vu venir le 11-Septembre alors que plusieurs pirates de l'air étaient passés par l'Allemagne.

Même à Paris, certains à la DGSE ne sont pas entièrement convaincus par ce projet de Base Alliance. « Il y a la règle du tiers, rappelle un cadre du service français de renseignement extérieur. Si un pays te donne une information, tu ne peux pas la donner à quelqu'un d'autre sans leur accord. Ça évite aussi de s'intoxiquer et que l'on pense tous avoir des sources qui se recoupent alors qu'en fait c'est la même[2]. » Mais les instructions de l'Élysée sont claires et ne laissent pas de place au débat, alors la DGSE donne immédiatement son accord.

Paris insiste pour que les services canadiens et australiens soient également invités. La DGSE dispose alors de bons renseignements sur les déplacements de suspects, originaires de la Syrie ou du Liban ou qui y sont passés, qui se dirigent vers l'Australie, ainsi que sur des Français qui entendent s'envoler pour le Canada et y conduire des activités terroristes.

Les chevaliers de la Table ronde

La DGSE et la DST s'occupent de trouver des locaux dans le quartier des Invalides, en plein centre de Paris, puis de les aménager. Bill Murray tient aux apparences. Le chef de station insiste pour que la grande table de réunion soit ronde, afin de n'avoir personne en tête qui semble présider les échanges. Il ne veut pas que la CIA apparaisse comme arrogante mais simplement comme l'une des composantes de la base pour mieux gagner la confiance de ses interlocuteurs. Le français est d'ailleurs choisi comme langue de travail et le général Gérard Martinez, de la DGSE, est désigné comme coordinateur. Les Américains apportent des équipements de communication de pointe pour permettre un échange de renseignements aussi fluide que possible. La Base Alliance ouvre ses portes à l'été 2002.

Un flot massif et ininterrompu de renseignements des différents pays lui arrive désormais directement sur les suspects et les différentes organisations terroristes, à commencer par Al-Qaïda. Un employé de la CIA est détaché à temps plein sur la Base Alliance, une cadre de la station de Paris y consacre également les trois quarts de son temps, alors que Bill Murray s'y rend régulièrement pour les réunions. Les Américains sont ravis. Jusque-là, lorsqu'ils traitaient avec les Français, ils avaient affaire à plusieurs services distincts qui ne se parlaient pas, ou trop peu. Désormais, tout le monde est réuni dans un lieu unique et ce « centre de fusion et d'exploitation du renseignement » permet une plus grande efficacité.

Douze services de six différents pays (France, États-Unis, Allemagne, Royaume-Uni, Australie et Canada) forment désormais la Base Alliance. Un lieu inédit ! Malgré les réticences initiales de certains, la coopération fonctionne à plein régime dès le premier jour. Une franche camaraderie s'installe même dans cette auberge espagnole du renseignement. La CIA et la DGSE piochent dans leurs budgets respectifs de représentation pour organiser des soirées festives à Paris, dont une dans le splendide musée Jacquemart-André, à deux pas des Champs-Élysées, une autre au musée des Arts forains, ou encore sur une péniche qui traverse la capitale française en naviguant le long de la Seine. Rien de tel pour construire une cohésion entre les hommes et les femmes assignés à la base. L'objectif est aussi de remettre de la chaleur dans les relations franco-américaines alors que la perspective d'une guerre en Irak divise les deux camps.

« Nous avons pu mettre un terme à certains projets terroristes, démanteler des organisations, assure Bill Murray, chef de la station de la CIA à Paris. Nous l'avons fait sans violer les lois d'un pays, ni créer de sites clandestins ou quoi que ce soit d'autre[3]. »

Parmi les personnes neutralisées grâce au travail de la Base Alliance, Christian Ganczarski. Cet Allemand d'origine polonaise converti à l'islam a effectué plusieurs séjours en Afghanistan et au Pakistan avant les attentats du 11-Septembre. Il est remarqué sur des vidéos aux côtés d'Oussama Ben Laden, dont on le prétend proche, et est considéré comme l'un des responsables les plus importants d'Al-Qaïda en Europe. Il a été impliqué dans les attentats de Djerba, en Tunisie, courant 2002[*]. Au printemps 2003, Ganczarski est repéré avec sa famille en Arabie Saoudite. Le Royaume refuse de l'interpeller et le remettre aux Américains. Mais il accepte de le mettre dans un avion.

* Christian Ganczarski sera condamné à dix-huit ans de prison pour complicité d'assassinat.

Ganczarski pense qu'il s'envole pour Berlin, avec une escale à Paris. Un espion de la CIA est discrètement assis sur le siège juste derrière lui pendant tout le trajet. Les Américains veulent garder un œil en permanence sur l'Allemand pour s'assurer qu'il ne s'échappe pas ou qu'il ne tente pas de commettre un attentat pendant le vol.

Le jihadiste est immédiatement interpellé à Paris dès qu'il pose le pied sur la passerelle à la sortie de l'avion, sans même avoir le temps d'atteindre le terminal. Les voitures de la police française et de la CIA l'attendent sur le tarmac. Sa famille est immédiatement mise dans un autre vol pour l'Allemagne.

Un peu plus tôt, le 20 mai 2003, une information importante remonte à la Base Alliance. Ahmed Mehdi, un jihadiste proche de Christian Ganczarski, prévoit de se rendre sur l'île de La Réunion où, selon les services allemands, il pourrait commettre un attentat. La CIA a une source infiltrée dans son entourage et parvient à le convaincre de passer par Paris avant de se rendre à La Réunion. Les Français font en sorte que la demande de visa du Marocain soit acceptée sans problème. Dès son atterrissage à Paris le 1er juin, Ahmed Mehdi est interpellé.

Mehdi et Ganczarski sont incarcérés à la prison de Fresnes, à seulement deux cellules d'écart, sans le savoir. Les interrogateurs français utilisent les déclarations de l'un pour mieux interroger l'autre et découvrent que Mehdi serait lié à la cellule de Hambourg, un groupe de jihadistes qui a participé au 11-Septembre. Quant à Ganczarski, il aurait eu des liens directs avec Khaled Cheikh Mohamed*, l'architecte des attentats[4].

* Ramzi Youssef, le neveu de Khaled Cheikh Mohammed, a commis un premier attentat contre le World Trade Center le 26 février 1993. Six personnes avaient été tuées et plus de mille blessées.

L'ÂGE D'OR DE LA COOPÉRATION AMÉRICANO-FRANÇAISE

Jamais Français et Américains n'ont collaboré de façon si intime.

« Au fur et à mesure que les tensions diplomatiques montaient autour de l'entrée en guerre en Irak, puis qu'elles ont littéralement volé en éclats, cela a été une manière de reconstruire la relation, témoigne un cadre de la DGSE. Il nous a fallu faire nos preuves pour montrer que, malgré l'Irak, nous étions toujours alliés, et même frères de sang[5]. »

D'autant que, début 2003, le secrétaire d'État américain Donald Rumsfeld s'en est pris publiquement à la France, lui reprochant de ne pas prendre sa part du fardeau dans la lutte contre le terrorisme. Des déclarations qui font bondir en coulisses les responsables de la CIA pour qui la relation avec Paris, et notamment la DGSE, est l'une des meilleures au monde. « Rumsfeld est un problème et, pardonnez mon langage, un trou du cul, s'indigne un haut cadre de l'Agence qui traite alors avec les Français. Il est bien plus important d'empêcher de futurs massacres que de débattre de points de vue politiques. Les relations franco-américaines durent depuis plus de deux cents ans et elles résisteront au prochain coup dur parce que nous avons les mêmes idées sur ce qu'est la civilisation. Et nous voulons la préserver. Nous voulons préserver la décence dans le monde. J'ai toujours essayé de mettre l'accent sur la force de notre relation et les objectifs plus vastes que nous poursuivons ensemble, plutôt que sur les différences mineures sur l'Irak[6]. »

La guerre lancée en 2003 n'entamera pas l'efficacité de la coopération au niveau des services de renseignement. Une coopération qui se fera aussi du côté militaire avec des soldats français envoyés en Afghanistan* et, fin 2002, l'autorisation donnée aux Américains d'utiliser la base française de Djibouti pour faire décoller les drones Predator utilisés pour aller cibler et neutraliser les principales cibles jihadistes.

La Base Alliance fermera ses portes en 2009.

* Dès le début de 2002, 640 soldats français sont déployés au sein de la force internationale de l'Otan en Afghanistan. Leur nombre montera jusqu'à 4 000 en 2010. En treize ans de présence dans le pays (début 2002 à fin 2014), 89 militaires français ont été tués, et 700 autres blessés.

11.

Guerre civile à la CIA

« Comment ai-je pu me tromper à ce point ? » Des semaines après l'entrée en guerre en Irak, et alors qu'aucune arme de destruction massive (ADM) n'a été trouvée, Jerry Watson se pose encore et encore la question. Comme d'autres analystes spécialistes de l'Irak, il se porte volontaire pour partir en renfort à Bagdad et tenter de démêler le vrai du faux. Après une escale à Amman (Jordanie), point de passage obligé des Américains avant d'aller en Irak*, le voici sur le terrain. Quelques remorques ont été aménagées sur l'aéroport de Bagdad pour loger la vingtaine d'espions de la CIA. Leurs bureaux sont installés dans le terminal VVIP**, pour les « personnalités très, très importantes ». C'est ainsi que le pouvoir irakien avait baptisé le bâtiment. Pas d'arme, ni de voiture blindée, les analystes de la CIA débarquent au milieu de la guerre en touristes et digèrent mal l'affront. Seuls les officiers sont armés. « La direction, dans son infinie bonté, avait décidé que nous n'en avions pas besoin, soupire Jerry Watson. Et ils pensaient que l'on n'aurait pas

---

* Les Américains ont installé une importante base logistique à Amman. Tout membre de la CIA qui se rend ou revient d'Irak doit obligatoirement s'y arrêter quelques heures ou quelques jours.

** VVIP : *very, very important people.*

à quitter l'aéroport. Mais à quoi bon être déployé dans un pays si c'est pour rester bloqué sur la base[1] ? »

La CIA cherche par tous les moyens et dans tout le pays des traces d'armes de destruction massive. Elle le fait d'abord seule, puis au sein de l'Iraq Survey Group. Cette structure, créée en avril 2003, compte entre 1 000 et 1 500 employés. Son directeur, David Kay, est nommé par la CIA, qui y détache de nombreux officiers et analystes. Des militaires et des membres d'autres agences de renseignement complètent les effectifs, ainsi que des représentants de services alliés, comme les Britanniques et les Australiens.

Les principaux cadres du régime de Saddam Hussein attrapés par les Américains sont interrogés, les palais présidentiels et bases de l'armée irakienne, fouillés. Aucune trace d'ADM, ni même de plans, d'installations, de documents. Un entrepôt suspect laisse croire un moment qu'une cache a été trouvée, mais il s'agit en fait de matériel très dégradé, de vagues restes du programme chimique irakien des années 1980 qui n'avaient pas encore été détruits. Jerry Watson, qui a longtemps cru que Saddam en possédait bel et bien, se fait une raison : il avait tort.

Comprendre

Fin juin 2003, Watson termine sa première mission et quitte l'Irak pour rentrer aux États-Unis. À Langley, comme dans toute agence de renseignement, on compartimente. Mais le système du « droit d'en connaître » est parfois si restrictif qu'il en devient contre-productif… Avant la guerre, lorsque les Américains avaient appris l'existence de Curveball, Jerry Watson n'en avait pas été informé en détail. Il avait vaguement entendu parler de cette source mais n'avait pas accès à tous les rapports la concernant. Il était pourtant l'un des trois seuls analystes de l'Agence à travailler sur les armes biologiques du régime irakien.

« Il y a de quoi se demander pourquoi, s'interroge Watson. Seul un petit groupe était au courant. Mais lorsque vous avez un petit groupe de personnes et qu'elles lisent des informations qui vont dans une certaine direction, elles s'alignent toutes sur ces mêmes informations. Et s'il n'y a personne d'autre pour les lire et les remettre en question, alors rien ne changera ! Notre analyse est verrouillée, cet état d'esprit est verrouillé et il n'évoluera pas. Et c'est ce qui s'est passé dans bon nombre de cas[2]. »

À son retour de mission en juin, ces digues finissent par tomber. La CIA prend la mesure du besoin de comprendre ce qui se passe et ouvre les vannes. Courant juillet, Jerry a enfin accès à tous les renseignements. Et alors que le moral n'est pas au beau fixe dans l'Agence et que plusieurs membres des unités liées aux armes chimiques ou à la contre-prolifération postulent pour rejoindre d'autres divisions, Jerry, lui, veut trouver d'où vient la faille et se lance dans un long travail de vérification. Il peine à effectuer ce travail d'enquête sur des documents numérisés, alors il imprime des tonnes de notes, de câbles et de rapports rédigés au sein de la CIA. Plus pratique pour écrire dans la marge, selon lui. Il demande à ses collègues de lui fournir tous les éléments qu'ils ont à disposition et commence à compiler des notes dans des cahiers, un par thématique. Ses collègues, toujours convaincus que Saddam Hussein possédait des armes de destruction massive, sont persuadés que Jerry va bientôt retourner en Irak et ainsi prouver que Curveball dit bien la vérité. Ils l'aident donc à récupérer tous les documents et renseignements possibles. Lui classe les fichiers chronologiquement pour pouvoir les relire, tous sans exception, dans l'ordre et comprendre comment ses collègues sont parvenus à ces conclusions. S'il avait personnellement déjà lu ou rédigé certaines notes, il n'avait pas eu accès à d'autres.

Une fois la totalité des documents assemblés, Jerry Watson s'installe dans son fauteuil et se plonge dans leur lecture. Il comprend peu à peu qu'il avait tort, que tout ce qui a été dit sur les armes de destruction massive était faux. Un câble classifié précise par exemple que les services de renseignement britanniques ont exprimé par écrit tous leurs doutes sur la fiabilité de Curveball dès mars 2002. « Je me méfie de cet individu, écrit le correspondant britannique. Il présente les caractéristiques typiques d'un imposteur. Je ne crois pas du tout qu'il y ait vraiment des laboratoires mobiles d'armes biologiques. Je pense qu'il s'agit d'une fabrication. » D'autres notes vont dans le même sens.

Watson sait qu'il s'est lui-même trompé au début mais il a tenté de sonner l'alarme lorsqu'il a découvert que certains éléments ne tenaient pas la route. Il regarde désormais ses deux collègues sans un mot mais avec suspicion et colère en comprenant que ces deux analystes, assis dans la même pièce que lui, lui ont caché sciemment des informations pendant des mois : « Je me disais : "Mais vous m'avez caché des renseignements parce que vous n'aimiez pas ce qu'ils disaient ! Et maintenant, nous sommes après la guerre, regardez ce que vous avez fait ! Vous m'avez fait marcher. Vous m'avez fait croire que ce type était crédible. Et maintenant, je lis ces documents et je sais pertinemment que vous m'avez menti en ne me disant jamais rien[3]." »

SUR LA PISTE DE CURVEBALL

Jerry passe une bonne partie de l'été confiné à Langley à éplucher les renseignements et à préparer une stratégie. Le 23 août, il repart en Irak, désormais armé de toutes les connaissances possibles et accompagné d'une équipe qu'il a lui-même choisie et qui est officiellement intégrée à l'Iraq Survey Group. Ces analystes sont enfin autorisés à porter un pistolet à la ceinture. Face à la détérioration rapide de la situation sécuritaire, la CIA a finalement accepté de leur fournir des armes à feu. Une équipe de sécurité privée de l'entreprise Blackwater va même les escorter où qu'ils aillent.

La plupart des sources utilisées dans les câbles de la CIA ou dont les informations ont été transmises par le BND allemand et le MI6 britannique vivent en dehors d'Irak : au Royaume-Uni et en Allemagne mais aussi à Oman ou encore en Nouvelle-Zélande. Jerry et son équipe n'ont pas accès à la plupart de ces informateurs, comme Curveball, que la CIA n'a jamais pu rencontrer. Ils partent donc à la recherche de leurs familles, de leurs amis et de leurs ex-femmes restés en Irak. Ils veulent décortiquer leur vie et connaître la crédibilité de chacun d'eux en croisant les informations sur leur scolarité, leurs diplômes, leur parcours, leurs fréquentations…

Les espions américains ne connaissent parfois même pas la véritable identité des sources sur lesquelles ils enquêtent. Ils doivent se contenter d'un nom de code. Pour Curveball, ils avaient réussi à obtenir son prénom et savaient où il avait travaillé. Jerry prend la route et part à la rencontre de son ancien chef. Assis dans le salon de cet ingénieur irakien, il pose des questions sans dévoiler ce qu'il recherche réellement pour ne pas exposer Curveball et divulguer qu'il est devenu une source occidentale. Il évoque d'anciens projets sur lesquels l'ingénieur a planché, demande qui travaillait avec lui et obtient une liste de six noms. L'espion américain passe alors la liste en revue avec son interlocuteur pour savoir sur quel site précis chacun était affecté. Il sait, grâce aux services allemands, que Curveball travaillait à Djerf al-Nadaf, un site agricole à l'est de Bagdad. Il assurait que l'armée irakienne s'en servait pour dissimuler les pseudo-laboratoires mobiles d'armes biologiques. L'ingénieur détaille chaque site et la personne en charge. Watson prend des notes mais n'écoute que d'une oreille les premiers noms. Il n'attend que celui qui correspond au site de Djerf al-Nadaf. « L'ingénieur de Djerf al-Nadaf est Rafid Ahmed Alwan », lâche alors son interlocuteur. « Je me suis dit "putain de merde, on l'a, c'est Curveball !", raconte Jerry Watson. On était surexcités avec mon collègue, mais on n'a pas montré la moindre réaction[4]. »

Les Américains demandent à l'ancien chef de Curveball où ce dernier a fait ses études supérieures. À l'université technologique de Bagdad, répond l'homme. La source avait pourtant assuré avoir étudié dans une autre université. « Pourquoi donc s'attacher à mentir ? » s'interrogent les deux hommes de la CIA.

Jerry Watson envoie un membre de son équipe à l'université technologique de Bagdad pour vérifier si Rafid Ahmeh Alwan, *alias* Curveball, y a bien étudié, si son parcours étudiant lui a réellement donné les qualifications pour travailler où il prétend avoir été employé, etc. « Mais surtout, lui explique Jerry, ne prends pas les documents originaux, ne ramène pas son dossier. Trouve une photocopieuse, fais des copies des documents et laisse les originaux en place. » Son collaborateur ne comprend pas, les espions de la CIA sont habitués à récupérer les documents originaux pour s'assurer de leur authenticité et ne pas être accusés d'avoir trafiqué des documents. Jerry insiste : « Ce que nous faisons est en train de provoquer la colère de pas mal de monde à Washington. Ils veulent toujours croire que Curveball est fiable et qu'il y a bien des armes de destruction massive en Irak. Il faut que tu laisses les originaux sur place parce que si on les énerve au point de se faire virer, ils devront envoyer une autre équipe d'enquêteurs. Et si cette nouvelle équipe tombe elle aussi sur les mêmes documents que nous, ils ne pourront pas dire que l'on a menti ou truqué quoi que ce soit. »

Le déni

Courant septembre, après avoir recoupé toutes les informations sur Curveball et les autres, l'équipe de Jerry n'a plus le moindre doute : ces prétendues sources n'étaient que des fabricateurs qui cherchaient à obtenir un visa ou de l'aide dans leur pays d'accueil. Rien ou presque de ce qu'ils ont avancé n'était vrai. Curveball, notamment, a évoqué des projets bien réels mais pour tenter de faire croire que des armes biologiques s'y cachaient, ce qui est faux. Il a également menti sur ses qualifications et ne pouvait donc pas se voir confier les responsabilités qu'il prétendait avoir. Jerry et son bras droit s'envolent pour Londres début octobre et tentent d'expliquer aux Britanniques du Secret Intelligence Service (SIS), lors d'une réunion à l'ambassade des États-Unis, que cette source n'était pas fiable. Les Britanniques ne veulent rien entendre. Les deux Américains s'envolent alors pour Munich rencontrer leurs homologues du BND à leur quartier général. Même accueil. Au sein des services secrets allemands, les officiers de terrain qui avaient interrogé Curveball avaient émis de forts doutes sur sa crédibilité et l'avaient indiqué à la CIA avant la guerre. Mais, comme à Londres, des désaccords et des tensions internes ont jailli. À cette réunion, c'est essentiellement l'autre frange du service, les analystes, qui est représentée. Et eux croient dur comme fer à ce que raconte Curveball. Jerry Watson et son collègue leur présentent tous les éléments montrant que l'informateur irakien a menti à de nombreuses reprises, qu'il n'est pas fiable. Ils vont jusqu'à leur présenter des photos d'eux avec la famille ou l'ancien patron de Curveball pour leur prouver qu'ils les ont bien rencontrés. Mais les analystes allemands sont furieux que l'on remette en question leur source et quittent la pièce sans accepter les conclusions des Américains. Un officier du BND est resté derrière eux. Il n'a presque pas dit un mot de la réunion mais n'a pas oublié les réserves de sa division des opérations sur Curveball. À l'abri du regard de ses collègues analystes, il ramasse tous les documents et photos amenés par les Américains et les glisse dans son sac pour les présenter à ses chefs. Le message de Jerry et son bras droit est passé.

Peu de temps après, les Allemands sont retournés interroger Curveball et le mettre face à ces contradictions. L'Irakien tente alors de les convaincre de sa bonne foi, explique qu'il a oublié de préciser certaines choses, qu'il s'est légèrement trompé sur d'autres. Et il parvient une nouvelle fois à convaincre les analystes allemands, qui transmettent les nouvelles informations à Langley. La direction de la CIA appelle alors Jerry Watson, à qui il ne reste que quelques jours pour boucler son enquête et ramasser ses affaires, et lui demande de rester en Irak pour enquêter sur les nouvelles affirmations de Curveball.

« Pour l'amour de Dieu, c'est une plaisanterie ? répond Watson. Je risque ma vie ici à chaque fois que je sors de la base. Vous, vous êtes assis bien confortablement dans un fauteuil à Washington et la chose la plus dangereuse à laquelle vous devez faire face, ce sont les embouteillages en venant au travail le matin. J'ai deux enfants qui m'attendent à la maison, je ne vais pas rester ici plus longtemps que prévu pour cet affabulateur de Curveball. »

« Il n'y a pas d'armes chimiques »

Avant de rentrer aux États-Unis, Jerry Watson et son bras droit sont reçus par David Kay qui dirige l'Iraq Survey Group. Ils lui présentent longuement les résultats détaillés de leur enquête et les preuves que les accusations contre Saddam Hussein étaient fondées sur de faux témoignages d'Irakiens qui avaient fait défection mais ne détenaient aucun renseignement valable. Kay tente de convaincre Watson de rester encore à ses côtés, mais rien à faire : l'analyste de la CIA est bien décidé à rentrer à Washington. À son arrivée à Langley, Jerry découvre que quelqu'un d'autre est installé à son poste de travail. « Tu ne fais plus partie du bureau des armes biologiques irakiennes, lui explique son supérieur. Tu n'as créé que des problèmes là-bas et tu as mis tout le monde en colère. On va voir ce que l'on va faire de toi. » Jerry est conduit dans une salle de rangement au sous-sol où une table a été ajoutée : « Tu vas t'installer là jusqu'à ce qu'une décision soit prise quant à ton avenir. »

Résigné lui aussi, David Kay* rentre aux États-Unis un mois plus tard, officiellement pour une courte durée. Il ne reviendra jamais à Bagdad et démissionne officiellement en janvier 2004. Il fait remonter le même constat que Jerry Watson… et en subit, lui aussi, les conséquences. Kay se voit attribuer un bureau, là encore au sous-sol, avec un ordinateur cassé et un téléphone endommagé. Quelques jours plus tard, le 28 janvier, il témoigne devant une commission

* David Kay est décédé d'un cancer à l'âge de 82 ans en août 2022.

du Sénat américain. Interrogé sur la présence d'armes de destruction massive en Irak, il répond : « Nous nous sommes presque tous trompés, et je me compte dans le lot. »

À la même période, le 15 janvier, un débat houleux éclate dans un couloir de Langley. Les analystes qui travaillent sur l'Irak se déchirent sur le besoin pour l'Agence de faire son introspection et reconnaître ses erreurs. L'uranium du Niger (le fameux yellowcake), les laboratoires mobiles, la présence d'armes chimiques, etc. Tout s'est révélé faux, mais certains n'en démordent pas. Le directeur du groupe s'approche et tranche : « On a encore du travail et des équipes en Irak qui cherchent les armes de destruction massive. Pour l'instant, on s'en tient à ça. » Une réunion formelle est finalement organisée le 30 janvier autour de Jami Miscik, la cheffe des analystes de l'Agence. Il s'agit de trancher ce débat. Dès qu'elle s'assoit en tête de table, Miscik donne le ton : « David Kay vient de quitter l'Iraq Survey Group, on lui a trouvé un remplaçant. C'est Charles Duelfer qui va continuer à chercher les armes chimiques. » Ou comment clore un débat avant même de l'entamer…

Misck se tourne alors vers le responsable de l'analyse du WINPAC et lui demande son avis. L'homme regarde ses équipes puis lui répond qu'il est trop tôt, à son avis, pour tout mettre sur la table. Miscik se lève, rigole et s'en va. Fin de la réunion.

« C'était une sacrée guerre civile au sein de la CIA, témoigne un acteur de premier plan. Et c'était mauvais, vicieux[5]. »

Plus de dix ans après le début de l'invasion, certains va-t-en-guerre de l'administration Bush iront, eux, jusqu'à ne toujours pas en démordre. Rencontré en 2015 dans le cadre d'une longue interview pour un documentaire, le secrétaire adjoint à la Défense Paul Wolfowitz assure alors, sans la moindre hésitation, que l'Irak « est un grand pays » et que ces armes de destruction massive sont par conséquent « faciles à cacher »[6]... « C'est putain de délirant[7] », réplique, outré, l'ancien secrétaire d'État adjoint Richard Armitage, qui faisait pourtant partie de la même administration que lui...

Il faudra attendre septembre 2005 pour que Colin Powell exprime des regrets publics et revienne sur son discours mensonger. Lors d'une interview accordée à la chaîne ABC News, il assure se sentir terriblement mal et que cet épisode restera comme une tache sur sa carrière. Il refuse de blâmer le directeur de la CIA et s'en prend à certains employés de l'Agence : « George Tenet n'est pas resté cinq jours avec moi à me mentir. Il croyait que les renseignements qu'il me donnait étaient exacts. Des membres de la communauté du renseignement savaient à l'époque que certaines de ces sources n'étaient pas bonnes et qu'il ne fallait pas s'y fier, mais ils n'ont rien dit. Cela m'a dévasté[8]. » Ces personnes avaient bel et bien parlé. D'autres avaient été empêchées de le faire.

« Vous avez foiré »

Ces remontées d'informations concordantes sur l'absence d'ADM en Irak et les fuites dans la presse poussent Langley à se remettre en question. Mais en partie seulement. L'Agence ne peut plus nier que de graves erreurs d'appréciation ont été commises et qu'elles ont fortement contribué à pousser la Maison-Blanche à envoyer des dizaines de milliers de jeunes Américains au combat à l'autre bout du monde. Un nouveau bourbier dont Washington ne sait déjà plus comment se dépêtrer. Hors de question de reconnaître quoi que ce soit en public, mais en interne, Jami Miscik, numéro deux de la direction du renseignement, prend les choses en main au printemps 2004. Elle lance une enquête interne pour comprendre où la CIA a péché et tenter d'en tirer des leçons. Une manière aussi, selon certains analystes, de prendre les devants et d'anticiper de probables futures réformes imposées par le Congrès qui pourraient être plus difficiles à digérer pour l'Agence. Miscik réunit tous les analystes qui ont travaillé sur l'Irak dans la Bulle, l'auditorium de la CIA. « Vous avez foiré », leur lance-t-elle. Si les analystes reconnaissent s'être trompés et mériter d'être blâmés, ce discours qui tend à les considérer comme seuls responsables les rend furieux. Ils se sentent insultés. Car chaque document qu'ils ont rédigé devait impérativement passer par son bureau. Jami Miscik a imposé de voir personnellement toutes les informations sur les armes de destruction massive en Irak. Aucune ne pouvait donc sortir du bâtiment et remonter à la Maison-Blanche sans son aval.

« Si ce que l'on écrivait leur posait problème à l'époque, pourquoi ne pas nous avoir interpellés ? s'indigne un analyste. Pourquoi ne pas être venu nous voir pour nous dire : "Montrez-nous les raisons pour lesquelles vous portez ces jugements, vous devez me convaincre que tout cela est vrai avant que je transmette ces analyses aux autorités politiques" ? Et ça, ils ne l'ont jamais fait. Ils étaient en phase avec nous parce que ce que nous envoyions à la Maison-Blanche correspondait tout à fait à ce que la Maison-Blanche voulait entendre[9]. »

Deux semaines d'ateliers et de formation, dont trois jours très intenses, sont lancées pour revoir les techniques d'analyse et tirer les leçons du fiasco irakien. Pour mieux renouveler les méthodes d'analyse, la direction s'appuie notamment sur un livre, *Psychology of Intelligence Analysis*, écrit en 1999 par Richards J. Heuer Jr., alors à la retraite après avoir passé quarante-cinq ans à l'Agence*.

* Richards J. Heuer est décédé le 21 août 2018. Il avait 91 ans.

Chacun repart le soir avec des « devoirs » à faire à la maison et à ramener à ses responsables hiérarchiques le lendemain. Les analystes y participent tous, leurs supérieurs immédiats également, mais les managers des rangs supérieurs (la CIA est une administration avec de nombreuses strates hiérarchiques), eux, sont étrangement absents. Ils ne se sentent pas responsables. Et lorsque des analystes s'interrogent ouvertement sur cette absence, il leur est répondu que les managers n'auraient pas accepté de participer. Certains doivent manifestement apprendre de leurs erreurs, d'autres non.

La poussière sous le tapis

Après avoir été écarté, Jerry Watson se retrouve dans un nouveau bureau consacré à l'insurrection irakienne pendant huit mois avant d'être exilé au Centre national de contre-terrorisme (NCTC), organe nouvellement créé à la suite du 11-Septembre et qui regroupe des responsables de différents services américains pour lutter contre le terrorisme. À cette époque, le Congrès américain, et en particulier le comité du renseignement du Sénat, commence son enquête sur les failles qui ont mené à la guerre en Irak. La CIA, contrainte de se soumettre au Congrès, fourni une liste de tous ceux, directeurs et employés, qui ont travaillé sur le sujet pour qu'ils puissent être interrogés par les sénateurs. Mais la direction omet d'ajouter le nom de Jerry Watson sur la liste... Contrairement à tous ses collègues analystes, notamment ceux qui prétendent alors encore que Saddam Hussein disposait d'armes de destruction massive, il ne sera jamais interrogé.

Une autre enquête consacrée aux armes chimiques est lancée par la Maison-Blanche : il s'agit de la commission présidentielle et bipartisane baptisée Silberman-Robb, du nom de ses deux dirigeants, Laurence Silberman et Charles Robb. Cette nouvelle équipe se rend au NCTC. Tous les employés ont obligation de répondre aux questions de la commission. Jerry Watson en fait alors partie et se retrouve face aux enquêteurs. Il ne mâche pas ses mots sur les échecs de la CIA. Watson, interrogé sur son parcours, explique qu'il était l'analyste au WINPAC chargé des armes biologiques irakiennes. « Non, vous ne faisiez pas partie de ce bureau, répond une des enquêtrices. J'ai ici la liste que l'on m'a donnée avec les noms de tous les membres du WINPAC. » Jerry insiste et confirme qu'il en était bien membre. « Que mon nom n'ait pas été ajouté devrait vous en dire long… glisse-t-il.

– Vous devez venir dans nos locaux pour que nous vous interrogions plus en longueur.

– Si vous voulez, mais vous n'allez pas aimer ce que j'ai à vous raconter.

– Ce n'est pas grave, il faut que vous veniez. »

Jerry Watson se rendra sur place et répondra à toutes leurs questions. Le rapport final de la commission n'épargnera pas la CIA…

L'Agence ne reconnaîtra son erreur sur Curveball qu'en mai 2004, quatorze mois après l'entrée en guerre en Irak… et deux mois après avoir pu enfin rencontrer directement l'Irakien.

La commission d'enquête Silberman-Robb, mise en place à la demande directe du président des États-Unis, estime dans son rapport[10] que Curveball n'était pas la seule mauvaise source utilisée par la CIA en connaissance de cause. Langley s'est appuyé sur les affirmations d'un autre informateur identifié plus d'un an avant la guerre comme étant un affabulateur et les a transmises comme étant des renseignements vérifiés aux autorités politiques. Un cas encore plus « indéfendable », selon la commission.

12.

Faux-ami(s)

Depuis des mois maintenant, le vent chaud venu du désert irakien réveille chaque matin Eric Burkhart, nom de code The Furnace. Les traits de son visage commencent à être tirés. Ce Texan, dont une partie de la famille vient de Charente, en France, fait partie des dizaines d'officiers déployés par la CIA à Bagdad depuis l'invasion en mars 2003. Certains sont entrés dans le pays quelques semaines plus tôt, et même fin 2002 pour les plus anciens. Cela fait déjà de longs mois qu'ils sont séparés de leurs familles. En cet été 2003, outre une situation sécuritaire très volatile et des conditions de travail compliquées, sans pouvoir se déplacer et recruter des sources aussi « facilement » que dans un pays qui n'est pas en guerre, viennent s'ajouter des températures caniculaires. Le mercure dépasse régulièrement les 40 °C. Eric et ses collègues sont hébergés dans la zone verte, quartier barricadé et bulle surprotégée mise en place à leur arrivée par les Américains en plein cœur de Bagdad. La CIA y a installé son quartier général, appelé « la Villa » ou « la Station » par les hommes sur place, à deux pas de l'ancien palais présidentiel de Saddam Hussein réquisitionné par l'Autorité provisoire de la coalition, organe dirigé par l'Américain Paul Bremer et qui gouverne le pays depuis l'invasion. Un autre centre opérationnel de l'Agence, baptisé le « VIP », est situé à l'aéroport de Bagdad. Ce bâtiment recouvert de mosaïques servait avant l'invasion à accueillir les invités de marque du régime à leur arrivée en Irak.

Courant juillet 2003, les militaires américains se tournent vers Eric et lui proposent de prendre le relais sur une source potentielle qui les a contactés directement. Il s'agit d'un Irakien de 22 ans issu d'une famille bédouine et prénommé Fouad*. Le jeune homme travaillait, comme son père avant lui, dans les services de renseignement de Saddam Hussein. Enthousiasmé par le changement de régime en cours et l'avènement d'une potentielle démocratie, il se tourne vers les nouvelles autorités d'occupation après la chute du dictateur. Le profil intrigue notre espion. Très rares sont les officiers de renseignement aussi jeunes. Il doit avoir des relations pour avoir obtenu une telle entrée, le rencontrer pourrait s'avérer intéressant. Rendez-vous est donc donné à Fouad devant un hôpital. Eric passe le prendre en voiture avec un de ses collègues, Mark, lui aussi officier traitant à la CIA. Ils lui tendent un keffieh blanc et des lunettes de soleil pour éviter qu'on le reconnaisse. Le déguisement est un peu grossier, surtout avec deux Occidentaux aux yeux bleus à l'avant du véhicule, mais « c'est la procédure ». Les deux espions emmènent Fouad sur la base militaire américaine d'Al-Dhora, loin d'éventuels regards indiscrets. Pendant des heures, Eric et Mark tentent d'en savoir plus sur lui, les questions s'enchaînent. La famille de l'Irakien est originaire de Bassora, la deuxième ville du pays, située à l'extrême sud du territoire. Fouad est passionné par la fauconnerie, loisir pratiqué par les potentats et les notables de la région. L'activité consiste à lancer un faucon patiemment

* Le prénom a été modifié.

dressé aux trousses d'un gibier qu'il doit capturer. Fouad explique avoir aidé à organiser en Irak des voyages discrets de familles royales du Golfe notamment, selon ses dires, celles du Koweït, du Qatar et des Émirats arabes unis, dont les relations étaient plus que compliquées et emprises de méfiance mutuelle avec Saddam Hussein. Et il assure être très proche de la famille régnante à Dubaï. Il leur apporterait les meilleurs rapaces et leur apprendrait à les dresser.

Fouad assure avoir même eu les passeports de tous ces dirigeants régionaux entre les mains pour préparer leurs venues en Irak et les formalités administratives ces dernières années. « Tu n'aurais pas gardé des copies par hasard ? » lui lance Eric, sans trop y croire. « Si, elles sont chez moi », répond Fouad à la surprise générale.

L'officier traitant le renvoie chez lui et le convoque à un second rendez-vous le lendemain. Lorsqu'ils se retrouvent vingt-quatre heures plus tard, Fouad sort une pochette contenant les photocopies de tous les passeports, notamment de ministres du gouvernement émirati et du Premier ministre des Émirats arabes unis en personne, le cheikh Maktoum Ben Rachid Al-Maktoum, qui règne sur l'émirat de Dubaï*. Eric peine à y croire mais doit d'abord s'assurer qu'il n'est pas confronté à un menteur qui cherche à obtenir de l'argent pour ses services et aurait falsifié les documents. Les copies des papiers d'identité sont transmises aux services compétents à Langley. Pendant qu'elles sont examinées de près, Eric et Mark continuent de cuisiner Fouad. Eric connaît bien les Émirats et veut voir si sa nouvelle

* Les Émirats arabes unis est un riche État du Golfe persique créé en 1971 et composés de sept émirats : Abou Dhabi, Ajman, Charjah, Dubaï, Fujaïrah, Ras el Khaïmah et Oumm al Qaïwaïn. La capitale est située dans la ville d'Abou Dhabi. Chaque émirat a son propre émir. Celui de Dubaï est également Premier ministre des Émirats arabes unis.

source n'invente rien et connaît vraiment ses dirigeants, alors il l'interroge sur de nombreux détails.

« Il répondait à toutes mes questions et savait tout : les noms de famille, où étaient situés leurs compounds à Dubaï, où ils logeaient à l'extérieur de la ville, le nom des chefs des services de renseignement, etc., témoigne Eric. Il me montrait même tous les lieux sur un plan et ça collait, on a tout vérifié[1]. »

« Comment se fait-il que tu les connaisses si bien ? l'interroge l'Américain.

– Ils m'ont invité plusieurs fois à Dubaï », assure le jeune Irakien. À force de côtoyer la famille de l'émir, Fouad a entamé une relation avec une fille du clan. Il est devenu intime avec la famille Al-Maktoum et a su gagner sa confiance.

Au cours de sa discussion avec Eric, Fouad fait un commentaire qui interpelle l'officier traitant : « Je me demande pourquoi vous autres Américains aimez tant les Émiratis...

– Parce qu'ils soutiennent fermement ce que nous essayons d'accomplir dans la région, répond Eric.

– Non, pas du tout, ce n'est pas vrai. C'est une façade ! Ils ne sont pas comme vous le pensez... »

Fouad assure alors que de hauts cadres de l'émirat de Dubaï, dont certains membres de la famille régnante, rassemblent des fonds pour financer les insurgés qui s'en prennent aux Américains en Irak. De proches conseillers de l'émir auraient regardé ensemble la vidéo de décapitation d'un otage américain et celles d'attaques meurtrières contre les soldats des États-Unis. Ils auraient célébré ces exactions contre leurs propres alliés aux cris de « Loué soit Dieu ! ».

Au cours de ces longs entretiens avec les officiers de la CIA, Fouad assure également avoir entendu des informations qui vont affoler les Américains. Au cours de ses séjours avec la famille régnante de Dubaï, il aurait brièvement surpris des discussions au sujet de rumeurs sur un éventuel attentat à venir au Texas contre la famille du président George W. Bush. Une cellule arrivée sur le sol américain avant le 11-Septembre (soit près de deux ans plus tôt) serait prête à passer à l'action.

Le FBI et le Secret Service, organe chargé de la protection du président des États-Unis et de sa famille, sont prévenus et bombardent la CIA de questions. Mais les hommes de Langley ont peu de réponses à ce stade.

Doute

Toutes ces informations posent en tout cas un problème majeur : si elles venaient à se confirmer, cela voudrait dire que des membres de la famille qui règne sur Dubaï et dont l'émir est Premier ministre des Émirats arabes unis jouent un double jeu et aident à tuer des Américains.

« Il ne fait aucun doute que les Émirats estimaient qu'il était dans leur intérêt de soutenir ouvertement les États-Unis et de travailler avec eux, explique Eric. Mais spirituellement et moralement, certains se sentaient une obligation envers les groupes islamistes [de défendre une terre musulmane contre une invasion occidentale, ndlr]. À Washington, ils ne savaient plus quoi faire avec cette information… C'était un problème diplomatique, ça a créé beaucoup de questions[2]. »

Et les avis divergent au sein de la CIA. L'un des critiques les plus véhéments est Grayson*, le chef de station de l'Agence basé à Dubaï, dans les Émirats. Il s'insurge

* Le prénom a été modifié.

contre ces allégations, assure que cela n'a aucun sens et que cette source n'est qu'un fabricateur ! Il dit vouloir aller en parler directement avec les services de renseignement émiratis pour voir s'ils connaissent Fouad et ce qu'ils ont comme informations à son sujet. Il ne peut pas le faire sans l'accord de sa hiérarchie et de l'officier traitant de la personne en question, en l'occurrence Eric. Et celui-ci fulmine. Il refuse catégoriquement. « Cette volonté d'aller donner l'identité de ma source aux services émiratis alors qu'elle les mettait justement en cause a été une ligne rouge pour moi. À la CIA, on appelle ça "coucher avec les services locaux", être beaucoup trop proches d'eux… » témoigne Eric, qui poursuit son travail avec Fouad. Les rendez-vous s'enchaînent. Un protocole poussé a été établi pour protéger cette source. Un nom de code crypté lui a été attribué. À l'exception des chefs de stations dans les pays concernés et de certains hauts responsables au quartier général à Langley, personne au sein de la CIA ne peut désormais connaître sa véritable identité. John, le chef de station de l'Agence à Dubaï, a donc en possession la véritable identité de Fouad depuis le premier jour.

À ce stade, toutes les informations fournies par Fouad ont été vérifiées et validées par les équipes de la CIA à Bagdad et à Langley. Mais pas par celle de Dubaï dont les responsables harcèlent presque leurs homologues en Irak pour avoir accès aux informations dans les moindres détails. Mais Eric ne leur fait plus confiance. Au moins une fois par semaine, un message s'affiche sur son écran à Bagdad : « Nouvelle demande d'autorisation ». Eric Burkhart refuse systématiquement et botte en touche. « Je répondais que c'était trop tôt, que la relation n'était pas assez établie pour partager ces informations, ce genre de choses. Mais ce "non" que j'écrivais à chaque fois, il voulait dire "*Fuck you*"[3] », confie-t-il.

Pour faire taire les doutes de la station de Dubaï, il faut aller plus loin. Eric met de côté ses autres dossiers et consacre tout son temps à traiter cette source. Son collègue Mark continue de garder le lien avec d'autres contacts en Irak mais passe une grande partie de ses journées à épauler Eric. En septembre 2003, la CIA envoie de Washington un spécialiste du polygraphe à Bagdad pour soumettre Fouad au test. Le polygraphe est une machine qui mesure notamment le rythme cardiaque grâce à des capteurs placés sur le corps et permet de détecter si l'on ment ou pas. Ou en tout cas d'en avoir une idée plus précise. Les Américains l'utilisent abondamment. Pour la première fois, Eric et Mike emmènent donc leur source à la station, au cœur même du quartier général de la CIA en Irak. C'est le seul voyage où ils lui recouvriront entièrement le visage avec une cagoule pour qu'il ne voie pas le chemin, pourtant pas si secret, qui mène à la Villa, dans la zone verte. Et le jeune Irakien passe le test, sans qu'un mensonge ne soit détecté ou soupçonné. Sa crédibilité en ressort encore renforcée.

Paul*, le chef des opérations de la CIA en Irak, vient trouver Eric : « J'ai rencontré ton Fouad, je lui ai parlé. Je le crois, c'est crédible, et il a passé le polygraphe sans problème. Mais maintenant on doit convaincre Washington à 100 %. Donc on va tester Fouad et le renvoyer à Dubaï avec une mission précise à accomplir pour voir s'il la mène à bien. » C'est ce que les officiers traitants de Langley appellent l'« ops test », le test du service des opérations. Une manière de vérifier si, au-delà des informations données oralement lors d'entretiens, la source peut réellement avoir accès aux personnalités qu'elle prétend connaître.

* Le prénom a été modifié.

Pendant ses entretiens avec Eric et Mark, Fouad leur a raconté qu'un membre de l'entourage de l'émir Al-Maktoum l'avait récemment pris à l'écart pour lui demander s'il accepterait de transporter de l'argent en liquide jusqu'au Liban, dans la vallée de la Bekaa, fief du Hezbollah. Cet argent servirait à financer trois ateliers artisanaux de fabrication d'IED*, ces engins explosifs improvisés placés sur le bord des routes en Irak et qui sèment la terreur parmi les soldats américains. De nombreux militaires sont morts ces derniers mois lors de l'explosion de ces engins au passage de leurs véhicules.

Sur le moment, Fouad n'avait pas donné de réponse franche. Il n'avait pas accepté, sans fermer la porte pour autant, par peur de briser la confiance acquise. Alors Paul, le chef des opérations de la CIA en Irak, et ses officiers traitants, Eric et Mark, décident de s'engouffrer dans la brèche. Ils lui demandent désormais de retourner à Dubaï retrouver ce haut responsable, de manifester sa colère contre ce que font les Américains dans son pays et de donner son accord pour cette mission. Fouad accepte et se rend dans l'émirat. Sur place, l'homme qui lui avait demandé de transporter de l'argent au Liban se réjouit de sa réponse et lui remet un téléphone : « On te contactera et on te dira où aller. »

Quelque temps après son retour dans la capitale irakienne, le téléphone confié à Fouad à Dubaï sonne pour la première fois. L'argent est prêt et il doit venir le récupérer. Fouad quitte Bassora pour rejoindre la côte du golfe Persique, à quelques kilomètres plus au sud. Il y prend discrètement un bateau pour se rendre une nouvelle fois à Dubaï. Passionné par Elvis Presley, il ne quitte habituellement pas ses lunettes de soleil américaines très voyantes et ne passe pas inaperçu.

* IED : *improvised explosive device*, engin explosif improvisé.

Cette fois, il suit les consignes, fait profil bas, voyage sans en parler à son entourage, prend l'argent et rentre en Irak avec de nouvelles informations : les lignes aériennes commerciales au départ de Bagdad étant fermées, il devra se rendre au pays du Cèdre en voiture. Et il sera accompagné. La date de départ n'est pas encore arrêtée.

« Laisse-nous te trouver une voiture pour faire le chemin jusqu'au Liban, tu n'as pas à payer pour ça », lui proposent les espions de la CIA lorsqu'il vient leur rendre compte de l'avancée du projet. Les équipes techniques de Langley ont secrètement équipé le véhicule d'un mouchard, un GPS qui permettra à l'Agence de suivre tous ses déplacements en temps réel. Un micro a également été caché dans l'habitacle pour enregistrer toutes les conversations.

Courant septembre, le téléphone fourni à Fouad par les Émiratis sonne une nouvelle fois. C'est le feu vert. Il doit passer récupérer deux personnes qui lui indiqueront le chemin au fur et à mesure. Les trois hommes quittent la capitale irakienne, passent par Falloujah plus à l'ouest, puis par Ramadi avant de poursuivre jusqu'à la frontière avec la Syrie, de la franchir et de continuer jusqu'au Liban. Une fois arrivés dans la vallée de la Bekaa, ils déposent des sacs d'argent dans les trois ateliers qui fabriquent les fameux engins explosifs improvisés.

Après cinq jours de voyage, Fouad est de retour à Bagdad. L'homme suit le protocole secret établi avec son officier traitant pour le retrouver. Eric le récupère au point de rendez-vous prévu (l'endroit avait été choisi à l'avance parmi les cinq lieux de rencontre possibles établis au début de leur relation) et l'emmène dans la base militaire d'Al-Dhora. Eric a eu un rapport détaillé des services techniques de l'Agence : chaque déplacement, chaque arrêt, chaque écoute ont été minutieusement recensés et assemblés dans un épais classeur rempli de coordonnées géographiques que l'espion américain amène avec lui.

Fouad raconte où il s'est rendu, qui était présent à chaque étape, comment sont construits les bâtiments où sont fabriqués les IED, ce qu'il a vu. Il apporte des informations précises et précieuses aux Américains. La CIA connaissait déjà l'existence de deux des trois ateliers, sans en connaître tous les détails, mais découvre l'existence du troisième. Toutes les informations sont corroborées, Fouad « coche les cases au fur et à mesure » du processus de vérification. Eric et Mark n'ont plus aucun doute sur sa crédibilité. « Et puis il avait été chercher l'argent à Dubaï, il n'avait pas pu récupérer une telle somme dans un distributeur[4] », confirme un espion impliqué dans l'affaire. En guise de remerciement, Eric et Mark lui offrent la voiture qu'ils lui avaient prêtée pour faire le voyage. Fouad reçoit également au coup par coup d'importantes sommes d'argent en liquide en échange de ses informations.

Langley doit maintenant prendre une décision. Détruire les trois ateliers ferait voler en éclats la couverture de Fouad, il serait immédiatement identifié comme la source ayant permis de les localiser. L'hypothèse est donc rejetée. Alors les Américains mettront à la place un soin tout particulier à intercepter de nombreuses livraisons qui s'apprêtent à entrer ou à sortir de ces ateliers pour les empêcher au maximum de fonctionner. Ils seront mis hors d'usage progressivement au fil des mois et des années suivantes.

Trahison

Le jeune Fouad est devenu au fil des semaines un agent de grande valeur pour les Américains. Il faut donc le protéger à tout prix. Fin août, la Villa apprend que de graves accusations sont portées contre son petit frère. Il n'a que 14 ans et des problèmes mentaux manifestes. Une autre famille bédouine réclame justice, il aurait violé un de leurs enfants, un jeune garçon de 9 ans. Les officiers de la CIA craignent le pire, un scandale impliquant la famille de Fouad pourrait porter préjudice à leur source dont les révélations pourraient être retentissantes et dont ils ont encore énormément besoin, notamment sur le possible attentat contre la famille Bush s'il venait à se confirmer (ce qui ne sera pas le cas). Il faut éteindre l'incendie. Eric et Mark organisent un rendez-vous à l'hôpital Ibn Sina de Bagdad pour que la victime puisse être examinée. Après l'auscultation, les deux espions vont retrouver le médecin pour connaître ses conclusions. L'Irakien baragouine un anglais très approximatif, avec un accent local très prononcé, mais se fait comprendre avec un vocabulaire pour le moins imagé : « Gros trou du cul », lance-t-il. Les deux Américains se regardent, circonspects. « Comme un obus d'artillerie », poursuit le médecin en mimant un cercle avec ses deux mains. La culpabilité du frère de Fouad ne fait plus de doute. Les Américains vont trouver les parents de la victime et leur proposent une somme d'argent pour éviter d'entamer des poursuites et pour clore l'affaire. Les parents acceptent et repartent avec sept mille dollars en guise de compensation, une somme importante en Irak pour une famille si modeste. Le frère de Fouad s'en sort sans dommage, mais avec le risque énorme qu'il récidive et fasse d'autres victimes. « Mais ça, même si c'est malheureux, ce n'est pas notre affaire[5] », glisse un espion de la CIA impliqué.

À Dubaï, Grayson, le chef de station de la CIA, furieux d'être mis à l'écart, ne veut toujours pas croire aux révélations de Fouad. Paul, le chef des opérations de l'Agence en Irak, en a eu vent et met Eric en garde : « Grayson est un problème, il est convaincu que ton mec est un fabricateur et il veut foutre en l'air ton opération. Certaines des connaissances de Grayson faisaient partie de ceux dénoncés par Fouad et qui célébraient la mort d'Américains en regardant les vidéos… Ce sont des gens des services de renseignement émiratis, il n'y crois pas et il n'a pas envie qu'ils soient compromis. »

Le lendemain, à 6 heures du matin, un câble de Dubaï arrive dans le trafic, le système interne de la CIA où toutes les informations circulent. Le management de la station de Dubaï a révélé l'identité de Fouad aux services de renseignement émiratis. Et il l'a fait en dehors de toute autorisation. La CIA interdit de partager le nom d'une source sans le feu vert de Langley et de l'officier traitant de la source en question. Or, Eric n'a jamais donné son accord ! S'appuyant sur les dires des services de Dubaï, directement mis en cause par Fouad, Grayson affirme qu'il a tout inventé. Eric découvre le câble avec stupeur dans son bureau de la Villa. Il en sort précipitamment, téléphone à la main, pour aller réveiller Mark dans leurs logements situés à proximité. Sur le chemin, il tente désespérément de joindre Fouad pour le mettre en garde. Mais le téléphone de l'Irakien sonne dans le vide. Eric et Mark sautent dans leur voiture blindée et foncent au domicile de Fouad. Ils y trouvent sa femme, ses deux enfants et le reste de sa famille. Mais aucune trace de Fouad. Leur source s'est volatilisée dans la nature. Ils n'auront plus jamais de nouvelles…

Aucune preuve ne permet à ce jour de dire ce qui est arrivé à Fouad. « Les Émiratis impliqués ont immédiatement arrêté leurs activités au Liban et Fouad a mystérieusement disparu, prétend un espion de la CIA. Quand on a découvert que son identité avait été dévoilée aux services émiratis, on savait qu'il était fini. Ils ne déconnent pas eux… Ils règlent leurs affaires vite et sans trace. J'en sais quelque chose, c'est nous qui les avons formés[6] ! »

Un mois plus tard, Eric quitte définitivement Bagdad. À son retour à Langley, il se rend au bureau de l'inspecteur général de la CIA, sorte de gendarme interne à l'organisation, pour déposer une plainte. Peu de temps après, un homme de la division du Moyen-Orient (dont faisait partie Grayson, le chef de station de l'Agence à Dubaï), croisé une ou deux fois tout au plus au cours de sa carrière, l'interpelle par son nom de code dans un couloir et le met en garde : « Dis donc *The Furnace*, on sait que tu as été voir l'inspecteur général. C'est un bon moyen de mettre un terme à sa propre carrière… » Eric, « *The Furnace* », est resté quelques mois à Langley avant de partir rejoindre son affectation suivante en Afrique du Sud après l'été 2004.

Les responsables de la station de Dubaï n'ont jamais reçu la moindre réprimande pour avoir divulgué sans autorisation le nom d'une source sensible.

La CIA, elle, a apporté une compensation financière à la famille de Fouad. Au moins dix mille dollars. Elle le fait systématiquement pour les familles qui rencontrent des problèmes majeurs alors qu'ils travaillaient avec elle.

13.

Saddam & Mister Steve

En arrivant en masse en Irak dans le sillage de l'armée américaine au printemps 2003, les hommes et femmes de la CIA ont une priorité en tête : retrouver les principaux caciques du régime de Saddam Hussein. « J'avais entendu des récits de première main faisant état d'une exécution massive perpétrée plusieurs années auparavant par les forces de sécurité de Saddam dans l'ouest de l'Irak[1] », se rappelle Marc Polymeropoulos, déployé en Irak avant même le début de l'invasion. « Si nous pouvions enquêter sur ces crimes, poursuit-il, je pensais que nous pourrions faire quelque chose de bien et aider le peuple irakien à tourner la page. J'ai été bien naïf… » Car l'administration Bush se fiche éperdument de ces épisodes passés. Elle a une priorité : retrouver Saddam Hussein. Mais si viser les anciens cadres de son régime permet de montrer à la population américaine que des progrès sont faits, cela ne permet d'obtenir aucune information utile sur la localisation de l'ancien président irakien. Le raïs n'était pas du genre à se confier à ses ministres. Ni à communiquer des informations à qui que ce soit sur son programme ou son emplacement précis.

Chris, une analyste de la CIA, et son collègue Shaun, tous deux déployés à Bagdad, décident alors de se concentrer sur l'équipe de sécurité qui entoure Saddam. Le dictateur ne peut pas se déplacer seul, des hommes l'accompagnent forcément pour le protéger. Il faut bien aussi lui amener à manger, l'héberger. Et si c'est un homme connu pour sa cruauté, il est aussi intelligent et habitué à être sans cesse sur ses gardes. Dès le début de l'invasion de son pays par l'armée américaine, il décide donc de se débarrasser entièrement de son équipe de sécurité. Ses gardes du corps sont tous renouvelés. La CIA disposait de dossiers sur chacun d'eux. Elle connaissait leurs noms, leurs photos, avait enquêté sur leurs familles. Elle se retrouve sans rien. Chris et Shaun, appuyés par Jamie, un autre collègue basé lui à Langley, travaillent donc d'arrache-pied pour obtenir des bribes d'informations sur ces nouveaux gardes du corps et tenter de se rapprocher pas à pas de leur cible principale : Saddam Hussein.

L'un des chauffeurs de l'ancien président irakien, Samir, est aussi traqué. Les militaires mettent la main dessus à Tikrit, fief du dictateur déchu au nord de Bagdad, et le placent en détention. Shaun et un autre analyste de la CIA, John Nixon, parfait connaisseur du pays, se rendent à la prison d'Abou Ghraib pour le rencontrer et l'interroger. Pendant plusieurs heures, Samir se met à table, explique la chute de Bagdad, où il a conduit Saddam Hussein, quelles étaient les autres personnes présentes autour du dictateur… Mais lorsqu'il évoque Tikrit, l'homme se fait soudain moins disert. « J'ai juste laissé le président au coin d'une rue dans la ville, assure-t-il. On devait se retrouver un mois plus tard environ, je ne sais pas où il devait aller ensuite. » À l'en croire, Samir aurait eu peur de se faire prendre par les soldats américains et ne se serait jamais rendu au point de rendez-vous à la date prévue. Il n'aurait plus eu le moindre contact avec Saddam.

Les espions de la CIA passent Samir au polygraphe. Jim, l'opérateur de l'Agence qui le soumet au test, pense que l'homme dit la vérité. Mais Nixon a un doute, une intuition. Il est profondément convaincu que Samir ne dit pas tout.

La capture

Les Américains finissent par remonter la trace de Saddam Hussein. Le samedi 13 décembre 2003, il est 16 heures lorsque John Nixon apprend qu'une opération militaire sera menée en début de soirée avec l'espoir d'attraper enfin l'homme le plus recherché du pays. L'heure tourne et les espions américains trépignent à la Villa, leur quartier général situé au cœur de Bagdad. Vers 20 heures, Nixon reçoit un appel du chef adjoint de la station : « On l'a eu ! »

Le dictateur irakien s'était caché… exactement au même endroit où il l'avait déjà fait après avoir participé au coup d'État manqué de 1959. À l'époque, il était un fervent opposant au régime issu de la révolution de 1958 qui a porté Abdel Karim Kassem, un militaire d'origine kurde, au pouvoir. Mais l'échec de ce putsch a alors contraint le jeune Saddam à se cacher près de ses proches à Tikrit, puis à fuir en Syrie et en Égypte. Il reviendra en Irak en 1963 à la chute de Kassem et après l'exécution de ce dernier. La CIA avait établi de premiers contacts avec Saddam Hussein, alors jeune militant du parti Baas, à cette période[2]. Elle connaissait donc l'histoire, savait exactement où il s'était réfugié à l'époque… pourtant personne n'a pensé à vérifier cet endroit depuis neuf mois et le début de l'invasion de mars 2003.

« Je m'en suis voulu quand j'ai découvert cela, reconnaît John Nixon. Je me suis dit : “Pourquoi n'ai-je pas posé cette question ?" Nous, les Américains, sommes les seuls à ne pas nous soucier de l'Histoire. Ça me rend dingue. À la CIA, ils agissent comme si ce n'était pas important. Et puis, je ne sais pas si j'aurais pu poser ce genre de questions en interne. Vous savez, on m'aurait répondu : "Pourquoi perds-tu ton temps à interroger des gens sur quelque chose qui s'est passé en 1959[3] ?" »

Les officiers de la CIA découvrent alors que le meilleur ami de Samir, le chauffeur dont le polygraphe jugeait qu'il ne mentait pas, était le fils du gardien de la ferme où Saddam a été retrouvé caché. L'homme était resté très loyal à Saddam. Et le détecteur de mensonges a, quant à lui, montré ses limites.

Après l'arrestation de Saddam Hussein, les militaires américains le font monter dans un hélicoptère et l'emmènent immédiatement à Bagdad où une cellule l'attend dans l'enceinte de l'aéroport. John Nixon est envoyé sur place avec Bruce, un officier de terrain. Deux de leurs chefs, Steve et Charlie, sont présents ainsi que George, leur traducteur. Ils patientent pendant que les médecins militaires examinent leur nouveau prisonnier et lui permettent de prendre une douche. John et Bruce ont une mission : identifier formellement le prévenu et s'assurer qu'il n'y a aucun quiproquo ou aucune confusion.

« On devait faire encore plus attention à cause du mythe des sosies, témoigne John Nixon. On était tous tellement énervés à ce sujet. Pour la 8 000 000e fois, il n'y a pas de doublures, pas de sosies de Saddam qui faisaient des apparitions à sa place ! Tout le monde croit que c'est vrai et on me pose encore des questions à ce sujet, mais c'est faux ! Il fallait donc que l'on rassure tout le monde en apportant la preuve que c'était bien lui[4]. »

Les services américains disposent de l'ADN de Saddam Hussein : ils avaient discrètement récupéré un échantillon de son sang lorsqu'il avait été soigné par un médecin européen dans les années 1980. Mais les analyses pour comparer cet ADN et celui prélevé sur le détenu vont prendre un peu de temps. Pour en avoir le cœur net immédiatement, John Nixon a donc prévu toute une série de questions précises auxquelles seul Saddam pourrait répondre. Les responsables de la station de la CIA en Irak écartent d'entrée l'idée de soumettre l'ancien dictateur au polygraphe. Ce serait vécu comme une insulte et briserait toute chance de coopération de sa part.

Ce n'est qu'à 4 h 30 du matin que les hommes de l'Agence sont autorisés à voir Saddam Hussein.

Nixon étudie l'ancien dictateur sous toutes les coutures depuis des années, il a regardé des milliers de vidéos de lui mais cette fois-ci, il pourrait bien le rencontrer pour la première fois en chair et en os. Lorsque la porte s'ouvre et qu'il l'aperçoit, l'analyste de la CIA ne peut s'empêcher de laisser échapper un « Putain de merde, c'est Saddam ! ».

« J'avais tellement l'habitude d'analyser l'actualité irakienne en me demandant "Qu'est-ce que Saddam ferait ?" que j'ai commencé à tout formuler à la troisième personne, témoigne John Nixon. Puis j'ai dû me reprendre et me dire : "Non, il est juste là, devant moi. Je n'ai qu'à lui poser la question." La première fois, je n'arrivais même pas à parler. J'étais tellement nerveux et je n'arrivais même pas à croire que j'étais dans la même pièce que lui[5]. »

Le président déchu est pourtant bien assis là, devant lui, sur une chaise en métal au milieu d'une salle de bains. Il vient d'être rasé par un soldat. Certains Américains présents ont même récupéré quelques poils en souvenir…

John se fait violence et prend la parole en premier : « Bonjour. Nous avons quelques questions à vous poser et vous devez y répondre honnêtement. Est-ce que vous comprenez ? » Saddam écoute la traduction et acquiesce d'un signe de la tête.

« Quand avez-vous vu vos fils vivants pour la dernière fois ? » poursuit Nixon. Saddam esquisse un sourire ironique et sort de son silence : « Qui êtes-vous ? Êtes-vous des agents du renseignement militaire ? Du renseignement civil ? Répondez ! Identifiez-vous !

– Ce n'est pas à nous de répondre à vos questions, vous êtes là pour répondre aux nôtres ! » lui rétorque l'un des Américains.

Dans la pièce, Georges, le traducteur de la CIA, est également présent. Mais les militaires ont insisté pour que leur traducteur participe aussi à ces échanges. Et ce dernier n'hésitera pas à recadrer ouvertement Georges à de nombreuses reprises : « Non, non, ce n'est pas ce qu'il a dit. Tu te trompes de mot. » Les hommes de la CIA fulminent. Saddam Hussein, en manipulateur hors pair qu'il a toujours été, s'engouffre dans la brèche et tente d'exacerber ces tensions entre les deux traducteurs. Il souffle bruyamment et lève les yeux au ciel quand l'un d'eux prend la parole. Il s'agace lorsque Georges commence à traduire et regarde le traducteur de l'armée… qui lui répond d'un air tout aussi désespéré. Car si Saddam parle un anglais très approximatif, il le comprend parfaitement.

Pendant qu'il enchaîne les questions et écoute ses réponses, John Nixon s'attarde sur chaque détail de l'homme qui lui fait face. Il reconnaît sa bouche légèrement basse, le tatouage tribal sur le dos de sa main droite, entre le pouce et l'index, ou encore celui sur le dessous de son poignet. Tout correspond. Mais outre ces éléments concordants et les réponses que donne Saddam, Nixon veut vérifier un dernier élément, la cicatrice d'une blessure par balle à la jambe qui date du coup d'État raté de 1959. Difficile à regarder discrètement…

Avant de clore l'entretien, les espions de la CIA regardent Saddam une dernière fois et lui lancent : « Où sont vos armes de destruction massive ? » L'ancien dictateur irakien, sourire en coin, répond : « Vous avez trouvé un traître pour vous dire où était Saddam Hussein, pourquoi ne trouvez-vous pas de traître pour vous dire où sont ces armes de destruction massive ? »

Après une heure d'échanges, l'équipe de la CIA demande au prisonnier s'il veut ajouter quelque chose avant de repartir dans sa cellule. L'ancien président irakien répond par l'affirmative. Il s'indigne alors d'avoir été maltraité par les forces spéciales américaines lors de son arrestation. À son arrivée au centre de détention à Bagdad, l'un des soldats se serait vanté de l'avoir frappé avant de lui glisser un « c'est pour le 11-Septembre » à l'oreille[6]…

Face aux hommes de la CIA, il montre des coupures et des ecchymoses sur son corps. Il soulève alors la *dishdasha*[*] blanche qu'il porte pour montrer les autres marques sur sa jambe gauche. Nixon aperçoit alors une vieille cicatrice et lui demande innocemment s'il s'agit de la fameuse blessure par balle de 1959. Saddam répond par un grognement. John Nixon n'a plus le moindre doute.

À 5 heures du matin, John remonte dans son 4 x 4 blindé pour rejoindre la Villa où il écrit son compte rendu. Le message crypté qu'il envoie au quartier général de la CIA à Langley est formel : il s'agit bien de Saddam Hussein !

* La *dishdasha* est un vêtement long qui descend jusqu'aux chevilles et est porté par les hommes dans certains pays du Moyen-Orient.

… IT LONGTEMPS
… AIS PAS PARLÉ À QUI QUE CE SOIT… »

À des milliers de kilomètres de là, Washington se réveille le 14 décembre 2003 avec un Saddam Hussein retrouvé… et vivant ! « Il y avait cette croyance commune chez nos dirigeants que Saddam allait couler avec le navire, confie John Nixon. Ils pensaient que s'il était acculé, il allait se faire exploser ou bien qu'il essaierait d'éliminer autant de personnes que possible et qu'il se ferait tuer au passage[7]. » Les psychologues de la CIA qui ont écrit son profil étaient pourtant catégoriques : Saddam Hussein n'a pas la carrure d'un martyr, ça ne lui ressemble pas. Aucun plan n'avait été prévu pour un tel scénario avec un Saddam détenu dans une geôle américaine. À Bagdad, on attend donc que Washington se réveille, au sens propre comme au sens figuré, et prenne des décisions. Il faudra attendre sept jours pour cela. Pendant cette semaine interminable, personne n'interrogera Saddam Hussein. Après chaque arrestation, les premières heures et les premiers jours sont pourtant ceux où l'on obtient toujours le plus d'informations. Une occasion ratée, selon les responsables du renseignement américain déployés sur place. Après cette semaine d'attente interminable, il est finalement décidé que la CIA interrogera le prisonnier en attendant qu'une équipe du FBI arrive dans le pays et prenne le relais.

John, Bruce et Saddam vont désormais se rencontrer presque tous les jours. Une salle a été aménagée pour accueillir ces interrogatoires. Une caméra retransmet en direct les images sur un écran dans une pièce adjacente où la hiérarchie peut suivre en temps réel les discussions. Mais aucun enregistrement n'est fait de ces rencontres. « Ils ne voulaient pas que ces images arrivent devant un tribunal quelques mois ou quelques années après, pense un espion présent sur place. D'autant qu'à cette époque on découvre des images de torture qui fuitent dans la presse[8]. »

Alors que le 19 décembre, John, Bruce et leur chef Charlie viennent visiter les lieux en guise de reconnaissance, Charlie se tourne vers John : « Tu as ton téléphone ?

– Oui », répond l'analyste en lui tendant son portable. Charlie appelle la Villa, s'écarte de quelques mètres avant de revenir : « Je viens d'avoir le big boss, il veut que tu commences les interrogatoires immédiatement. »

« C'est vraiment un comportement classique de la direction des opérations, soupire aujourd'hui John Nixon. Ils foncent. Pas de préparation, pas de planification. Il suffit d'y aller, c'est parti[9] ! »

John et Bruce, accompagnés de Georges, leur traducteur d'origine libanaise, s'installent donc dans la salle d'interrogatoire. Les militaires américains font entrer Saddam Hussein, attaché, une cagoule sur la tête avant de la lui retirer une fois qu'il est dans la pièce. « Enlevez-lui les menottes », ordonne le chef de l'équipe de la CIA. « Saddam, je vous en prie, asseyez-vous. » Les espions américains décident d'appeler l'ancien président par son prénom. Hors de question de le voir monter sur son piédestal et jouer les chefs d'État, il s'agit désormais d'un prisonnier (presque) comme les autres. Ils veulent lui faire comprendre immédiatement qu'il n'est plus président. John se présente et affirme s'appeler Steve. Il doute de l'intérêt de protéger son identité alors que, comme chacun le sait, Saddam ne sortira jamais de prison, mais il suit la procédure établie par ses responsables.

L'Irakien refuse catégoriquement de parler de certains sujets sensibles. Alors Bruce explique qu'ils veulent en savoir plus sur lui, sur l'histoire récente de l'Irak. L'Histoire est omniprésente au Moyen-Orient, on s'y réfère en permanence et bien plus encore qu'en Europe. Saddam Hussein en est particulièrement friand. Lorsque Bruce lui explique qu'il est temps de laisser un témoignage pour l'Histoire, les yeux de Saddam s'illuminent. « Vous avez raison, dit-il. L'Histoire est très, très importante. Et vous savez, les historiens sont comme des gens qui peuvent voir à travers le jour. »

Les espions américains jouent aussi sur sa vanité. John, *alias* Steve, sort trois livres de son sac.

« Voilà plusieurs livres qui racontent votre vie et ont été publiés en anglais, lui dit-il. Là-dedans, il y a des vérités, des demi-vérités et des mensonges. On voudrait savoir ce qui est vrai et ce qui ne l'est pas. Et le seul moyen d'y arriver, c'est si vous acceptez de nous aider à comprendre qui vous êtes*. »

Mais les Américains n'oublient pas qu'ils ont deux priorités : obtenir des informations sur les armes de destruction massive et ne surtout pas interrompre le dialogue, continuer à le faire parler afin qu'il soit toujours d'accord pour coopérer quand le FBI prendra la main.

L'entretien prend la forme d'une discussion et non d'un interrogatoire. L'ancien chef d'État parle longuement, notamment des grands de ce monde qu'il a côtoyés ou admirés. Le premier président des États-Unis (de 1789 à 1797) George Washington en fait partie. Il ne cache pas sa déception à l'égard du Français François Mitterrand (« Je pensais qu'il était mon ami… »). Régulièrement, en douceur,

---

* Les livres présentés à Saddam sont *Saddam Hussein: A Political Biography*, de Efraïm Karsh et Inari Rautsi ; *Saddam Hussein: The Politics of Revenge*, de Saïd K. Aburish ; et *Building Toward Crisis: Saddam's Strategy for Survival* d'Amatzia Baram.

l'équipe de la CIA tente de l'amener sur des terrains plus compliqués. Sur les massacres commis par son régime, sur la guerre du Golfe et, bien évidemment, sur les armes de destruction massive. Mais Saddam est tout à coup mal à l'aise, se braque. Il sort alors le pied de sa sandale et se met à le tripoter nerveusement. Bruce, John et Georges peinent à se retenir de rire.

Cette première session dure depuis près de deux heures. Bruce explique que l'entretien touche à sa fin mais qu'ils aimeraient continuer ces rencontres de manière régulière. Saddam se lève, serre la main de ses interlocuteurs et leur lance : « Vous savez, je voulais vous dire que j'ai beaucoup apprécié que vous veniez discuter avec moi. Cela faisait très longtemps que je n'avais pas pu parler à qui que ce soit et j'ai aimé notre conversation. Je serai ravi de poursuivre la prochaine fois. »

« Je n'ai pas peur de vous ! »

Les jours et les sessions s'enchaînent. La CIA veut faire parler Saddam de l'attaque chimique commise par son régime dans la ville kurde de Halabja, pendant la guerre Iran-Irak (1980-1988). Les bombardements de son aviation (avec notamment du gaz moutarde) sur cette ville kurde le 16 mars 1988 avaient fait près de 5 000 morts. Sujet impossible à aborder frontalement. Alors John Nixon tente de ruser : « De quoi pouvons-nous parler aujourd'hui ? Du Conseil de commandement de la révolution ? » Ce Conseil était le principal organe politique censé gouverner l'Irak jusqu'à la chute du régime en mars 2003.

« Qu'est-ce que vous voulez savoir ?

– Expliquez-moi concrètement le rôle de ce Conseil de commandement de la révolution. Quand vous réunissiez-vous ?

– Fréquemment.

– Qui y participait ?

– Certaines personnes venaient certains jours. Ça dépendait, parfois tout le monde devait être là. »

Saddam prend John de haut, trouve ces questions insipides, lui répond avec dédain. Le sujet ne l'intéresse guère. Mais l'analyste de la CIA sait où il veut aller, ses demandes se font plus précises, notamment sur le genre de décisions prises par ce Conseil de commandement de la révolution. Saddam finit par expliquer qu'il dirige ce conseil et que toute décision qu'il prend doit être approuvée par ce même conseil. Autrement dit, le Conseil vote comme un seul homme selon la voix de son maître. « Parlez-moi de la décision de lancer des armes chimiques sur Halabja alors. Cela a été décidé par votre conseil ? » l'interroge Nixon.

Saddam comprend qu'il s'est fait piéger et sort de ses gonds.

« Il était livide et s'est approché de moi, explique John Nixon. C'est là qu'il a perdu son sang-froid. Il a déplacé sa chaise très près de la mienne, il respirait comme un animal, très bruyamment. Il était tellement en colère, on aurait dit qu'il voulait m'attraper par le col. Je me suis dit : “Oh, merde, c'est incroyable.” Personne ne m'a jamais regardé avec une telle envie de me tuer. C'était assez effrayant mais on était enfin arrivés à se glisser dans son cerveau[10]. »

« OK, du calme. Asseyez-vous. Est-ce que vous avez décidé d'utiliser ces armes chimiques ou pas ? le relance John, *alias* Steve.

– Écoutez-moi bien Mister Steve, lui répond Saddam. Je n'ai pas peur de vous. Et je n'ai pas peur non plus d'être ici. Je n'ai peur de rien. Si je décide de faire quelque chose, je le fais. Et si cela arrive, c'est que c'est bon pour mon peuple. Bien sûr, je ferai tout ce que je peux pour protéger mon peuple. Et je ne me soucie pas de vous. Je me fiche de votre président. Je me fiche de votre pays. Je ferai ce qu'il faut pour protéger mon peuple. Mais… » Saddam hésite quelques secondes, croise les bras comme pour dire que le sujet est clos. Il tourne finalement une nouvelle fois le regard vers John en ricanant et lâche : « Mais je n'ai pas pris cette décision. »

Lors de sessions suivantes, John recevra le renfort de Bill, un autre collègue de la CIA. Bill a une connaissance encyclopédique des rapports d'inspection réalisés les années précédentes sur les armes de destruction massives présumées du régime irakien. Les hommes de Langley creusent ainsi davantage le sujet lors des interrogatoires alors que, neuf mois après le début de l'invasion américaine, toujours aucune arme de destruction massive n'a été trouvée. Mais les réponses de Saddam Hussein restent les mêmes : il assure ne pas avoir de telles armes. « Et ce n'est pas le genre de réponse que nos chefs ou qui que ce soit voulaient entendre[11] », soupire John Nixon.

Après chaque rencontre, John et ses collègues retournent à leur bureau temporaire situé au VIP, l'antenne de la CIA sur l'aéroport de Bagdad. L'endroit est plus proche que la Villa du lieu de détention de l'ancien dictateur, également situé à l'aéroport, et leur évite de prendre plusieurs fois par jour la route, considérée comme la plus dangereuse du monde. Ils rédigent quotidiennement un SITREP*, un rapport de situation, dans lequel ils détaillent tout ce qu'ils

* SITREP est l'abréviation de « *Situation Report* » utilisée par les employés de la CIA.

ont appris de Saddam ce jour-là. Ce SITREP est ensuite envoyé au quartier général de Langley et aux stations de la CIA concernées dans la région.

Du 19 décembre 2003 au 11 janvier 2004, les hommes de la CIA interrogeront Saddam Hussein presque tous les jours. John Nixon prendra scrupuleusement des notes de tous ces entretiens sur son bloc de feuilles jaunes. Les deux hommes discuteront ainsi près de cinquante heures. L'Américain et son équipe apprennent de nombreuses choses sur la personnalité de leur interlocuteur, sur ce qui s'est passé ces derniers mois et ces dernières années. Ils ont confirmation que Saddam n'a jamais aimé Al-Qaïda ou Ben Laden, que leurs visions et objectifs étaient radicalement opposés. Ses déclarations sur les armes de destruction massive corroborent les faits, à savoir qu'en neuf mois de présence dans le pays les Américains n'ont absolument rien trouvé qui prouverait que le régime de Saddam possédait de telles armes.

Pourtant, à Langley, on n'y prête pas attention. Le directeur George Tenet ne recevra jamais John Nixon. À son retour en poste au quartier général après sa mission en Irak, personne ne lui demandera jamais rien, ni un débriefing formel, ni même de donner son avis entre deux portes. « Pourquoi est-ce qu'ils s'en seraient soucié ? Tout ce que la direction voulait, c'était trouver les armes de destruction massive. Et comme il n'y en avait pas… Le reste, Tenet n'en avait rien à faire[12] », témoigne un autre officier de la CIA en poste à Bagdad à cette période.

Les effectifs de la CIA détachés au sein de l'Iraq Survey Group, organe chargé de trouver les armes de destruction massive, sont d'ailleurs bien plus nombreux – près de mille cinq cents – que ceux du bureau de la CIA à Bagdad.

Le 12 janvier 2004, un mois après la capture de l'ancien chef d'État irakien dans un trou miteux à Tikrit, le FBI est enfin prêt et prend la main. John Nixon est présent au premier entretien pour passer le relais mais n'intervient pas. C'est l'agent George Piro, un Américano-Libanais, qui va désormais interroger Saddam pendant sept mois. Il a été prévenu la veille de Noël par un responsable de la division du FBI chargée du contre-terrorisme. Piro a paniqué en recevant cette mission. « C'était terrifiant de savoir que j'allais interroger quelqu'un qui était sur la scène internationale depuis tant d'années, confie-t-il. Cela semblait être une responsabilité très importante pour le FBI[13]. » Sa première réaction a été de descendre à la librairie pour acheter deux biographies de Saddam Hussein. Une anecdote qui fera sourire en coin les officiers de la CIA qui les avaient lues depuis bien longtemps et avaient, eux, étudié le dictateur irakien pendant des années.

14.

Restaurer la confiance

George Tenet sent qu'il est temps pour lui de partir. Il est l'un des rares directeurs de la CIA nommé par un camp (démocrate en l'occurrence) à être resté après le changement de pouvoir à la Maison-Blanche. Nommé par Bill Clinton, il a réussi à convaincre George W. Bush, grâce aux recommandations de plusieurs républicains, qu'il était toujours l'homme de la situation. Une décision bien vue à Langley où Tenet est aimé de ses troupes. L'homme est efficace, il n'a pas ménagé sa peine pour alerter contre les dangers d'Al-Qaïda avant le 11-Septembre. Mais il est aussi convivial, va à la rencontre de ses hommes dans leurs bureaux et sur le terrain, déjeune à la cafétéria, prend le temps de s'arrêter quelques instants avec chacun, joue au basket avec les employés de l'Agence et ne manque pas d'humour. À Langley, chacun l'a déjà vu débarquer dans son bureau, cigare au bec, pour discuter dix minutes. Mais, par ambition, zèle ou conscience professionnelle d'un chef espion en tant de guerre, Tenet aura passé un temps considérable à la Maison-Blanche ces dernières années. Une attitude qui lui vaudra de nombreuses critiques dans les rangs de la CIA. Beaucoup d'analystes et officiers estiment qu'il est plus souvent dans le Bureau ovale qu'à Langley, comme pour convaincre le président que, même s'il avait été nommé par un prédécesseur démocrate, il lui était désormais fidèle. Mais Tenet, en voulant intégrer à tout prix le cercle des intimes de George W. Bush, a ainsi joué un rôle trop politique pour le directeur d'une agence de renseignement censée rester le plus neutre possible et s'en tenir aux faits.

La Maison-Blanche ne lui en a pas toujours été redevable, n'hésitant pas à lui faire porter – plus ou moins discrètement – le chapeau pour le 11-Septembre et la guerre en Irak*.

L'HOMME DU *SLAM DUNK*

Avant la guerre en Irak, lors d'une réunion avec le président Bush et les principaux conseillers le matin du 21 décembre 2002, George Tenet et son adjoint étaient venus présenter les preuves qu'ils avaient à disposition pour prouver que l'Irak avait bel et bien des armes de destruction massive. Le dossier devait être présenté comme il pourrait l'être plus tard devant un jury. Après un exposé poussif, le président, le secrétaire général de la Maison-Blanche Andy Card et la conseillère à la sécurité nationale Condoleezza Rice restent sur leur faim. Ils sont même consternés. « On m'a parlé de tas de renseignements sur les armes de destruction massive et vous n'avez rien de mieux que ça ? » interroge Bush. Tenet utilise alors une métaphore sportive pour rassurer le président : « C'est un *slam dunk.* » Un *slam dunk* est une action de basket-ball où le joueur saute et écrase le ballon directement dans le panier, il est

* Voir chapitre 9, p. 135.

rarissime de rater un tel panier. Cette phrase a été traduite par « c'est un dossier en béton » dans la version française du livre *Plan d'attaque* de Bob Woodward, qui a révélé la scène[1]. Le président assurera plus tard que ces propos « ont été déterminants », selon Bob Woodward.

George Tenet se voit désormais comme un bouc émissaire. Le directeur de la CIA prétend avoir fait référence à un autre sujet en utilisant l'expression *slam dunk* : il se dit convaincu que cette expression n'a jamais influencé le président sur la légitimité ou le calendrier d'une entrée en guerre. « Ils m'ont baisé, dira-t-il à certains cadres de l'Agence. Ils savaient ce que je voulais dire, mais ils l'ont publié comme si tout était notre faute. »

Le journaliste du *Washington Post*, célèbre pour son enquête sur le Watergate, s'appuie pourtant sur les confidences obtenues directement de la bouche de George W. Bush… qui évoquera lui-même l'échange dans ses propres Mémoires.

Que la Maison-Blanche ait tenté de se couvrir, ou que George Tenet l'ait dit, il est en tout cas temps de tourner la page au septième étage de Langley… Tenet démissionne le 3 juin 2004.

UN MANDAT POUR RIEN

Pour remplacer Tenet, George W. Bush a choisi l'un de ses plus fidèles supporters. Porter Goss a travaillé dix ans à la CIA dans les années 1960, notamment dans les tentatives de l'Agence pour renverser Fidel Castro à Cuba. Il est surtout depuis de nombreuses années un représentant de la Floride au Congrès. Il préside la puissante commission sur le renseignement à la Chambre des représentants.

C'est elle qui a mené l'enquête parlementaire sur l'échec du 11-Septembre. En débarquant au septième étage de Langley, sa mission est claire : remettre de l'ordre, sortir Langley des scandales et nettoyer la maison. Mais la mayonnaise ne prend pas.

« Il était tellement engagé politiquement qu'il a été considéré comme l'ennemi à son arrivée, témoigne John Nixon, spécialiste de l'Irak à l'Agence. Et il y avait tout ce bagage qu'il avait, les gens qu'il amenait avec lui… C'était un vrai problème[2]. » L'ancien élu commet en effet une erreur cruciale. Il débarque à Langley avec son entourage proche. Certains anciens de la maison lui avaient conseillé de venir seul et de s'entourer d'adjoints compétents choisis en interne. Les hommes que Goss amène dans ses valises n'ont que peu de connaissance du renseignement et sont de piètres managers. Ils sont rapidement détestés par les employés qui les surnomment les « Gosslings ». La nouvelle direction lance une purge dans les rangs intermédiaires, et n'y met pas les formes. Tous ceux qui sont vus comme de potentiels opposants à l'administration Bush sont dans le viseur.

L'un des Gosslings est très rapidement poussé à la démission après un article du *Washington Post* rappelant qu'il a été condamné par la justice pour avoir volé, plusieurs années plus tôt… un morceau de bacon !

Pire, peu après la réélection de George W. Bush en novembre 2004, le directeur de la CIA envoie un message interne à ses troupes qui fera bondir nombre d'entre elles : « Nous soutenons l'administration, et ses politiques, dans notre travail en tant qu'employés de l'Agence. Nous ne nous identifions pas à l'opposition à l'administration et à ses politiques et ne la soutenons pas. » Porter Goss a beau ajouter dans le même message que la CIA doit fournir des renseignements tels qu'ils sont et laisser les faits parler d'eux-mêmes, le mal est fait. Et une fois de plus, Langley est accusé d'être utilisée à des fins politiques par la Maison-Blanche. « Dès le début, il a été davantage vu comme un croisé et un occupant que comme un ancien collègue[3] », témoigne Valerie Plame Wilson, qui travaille alors à la division de la contre-prolifération.

Quelques heures avant l'envoi du mémo, le très respecté et expérimenté directeur des opérations Stephen « Steve » Kappes claque la porte. La direction voulait l'obliger à virer son adjoint Michael Sulick et Kappes, qui a participé à démanteler le réseau du père de la bombe nucléaire pakistanaise et à convaincre Mouammar Kadhafi d'abandonner son arsenal chimique en Libye, refuse catégoriquement. Sulick démissionne à son tour. De nombreux autres cadres suivent le mouvement et quittent le navire au fil des mois. Certains n'hésitent pas à parler de « mutinerie »…

S'il y a eu un pic de candidatures après le 11-Septembre avec toute une génération qui a souhaité s'engager pour le bien public et la sécurité nationale, le soufflé n'est pas retombé. En 2006, la CIA a reçu 135 000 CV, plus du double qu'en 2001 (60 000 candidatures). Le salaire de base commence à 45 000 dollars par mois, bien peu à côté de ce que nombre d'entre eux auraient eu dans le privé et dans une ville aussi chère que Washington.

Mais si la nouvelle génération se presse pour rejoindre le monde de l'ombre, les nombreux départs d'officiers très expérimentés dus à la gestion de Porter Goss sont dévastateurs. Les nombreuses formations dispensées en interne par l'Agence à ses employés sont très efficaces, mais ne remplacent en rien la réalité du terrain et les décennies d'expérience.

Le mandat de Porter Goss, homme très affable et intelligent, sera entaché par sa gestion du personnel, ou plus précisément par le fait qu'il aura délégué cette gestion aux Gosslings. Il ne marquera pas les esprits de l'Agence. Dans les couloirs de Langley, chacun doit se déplacer avec son badge autour du cou. Du stagiaire au directeur. Un matin, alors que Porter Goss se rend à la cafétéria avec un membre de la direction des opérations, il se fait arrêter par les responsables de la sécurité qui lui refusent catégoriquement l'entrée. Il faut l'intervention d'autres employés pour faire comprendre à l'agent de sécurité qu'il s'agit ni plus ni moins du directeur de la CIA. « Oh mon Dieu, je ne vous avais pas reconnu ! » Les employés, hilares, se raconteront l'anecdote pendant plusieurs semaines…

La CIA perd la main

Langley et le monde du renseignement américain ne manquent ni de bureaucratie, ni d'agences en tout genre. La réforme promise après l'enquête sur le 11-Septembre vient en ajouter une autre. Dans les faits, le bureau du directeur national du renseignement (ODNI) nouvellement créé est censé devenir le coordinateur de cette nébuleuse et le principal interlocuteur de la Maison-Blanche. Jusque-là, c'est le directeur de la CIA qui était officiellement le patron de la communauté du renseignement. Porter Goss aura été le dernier à cumuler les deux fonctions. Il doit désormais cohabiter avec John Negroponte, ancien ambassadeur aux Nations unies et à Bagdad. Le budget de la nouvelle structure dépasse le milliard de dollars et les effectifs atteignent 1 500 employés. Mais cet ODNI n'envoie pas d'espion, n'est pas chargé de la collecte des renseignements ou encore de monter des opérations. Si une meilleure coordination était nécessaire, cette couche supplémentaire crée quelques tensions. D'autant que la direction nationale du renseignement n'est pas la seule à voir le jour, l'administration Bush a aussi créé, comme on l'a vu, le Centre national de contre-terrorisme (NCTC). Courant 2006, la CIA est censée détacher une vingtaine d'analystes supplémentaires auprès du NCTC, comme les autres agences de la communauté du renseignement. Une goutte d'eau compte tenu des effectifs pléthoriques de l'Agence, mais John Negroponte essuie un refus de la part de Porter Goss. Le directeur national du renseignement n'a d'autre choix que d'en informer le président Bush et son conseiller à la sécurité nationale auprès de qui le chef de la CIA n'est déjà plus en odeur de sainteté depuis de longs mois.

Porter Goss est convoqué par le secrétaire général de la Maison-Blanche, Joshua Bolten. « Le président a décidé que c'était le moment d'apporter un changement à la tête de l'Agence[4] », explique Bolten. Poussé vers la sortie, Goss remet sa démission.

Alors qu'il fait ses cartons, des enquêteurs débarquent au septième étage de Langley. Ils perquisitionnent le bureau de Kyle Dustin « Dusty » Foggo, le numéro trois de l'Agence. Connu pour son penchant pour la bouteille, ses soirées festives et ses talents de logisticien pour la CIA dans les années qui ont suivi le 11-Septembre, Foggo a été promu par Porter Goss à son arrivée. Les inspecteurs, issus de cinq agences fédérales, le soupçonnent de fraude et de blanchiment d'argent. Sa maison est également fouillée. Il plaidera coupable pour certains chefs d'accusation (et non coupable pour une trentaine d'autres !) et passera plus de trois ans dans la prison de Pine Kot, dans le Kentucky. Pendant des mois, le directeur national du renseignement

John Negroponte avait tenté de mettre en garde Porter Goss sur les soupçons entourant Foggo, sans être entendu. « À la fin il m'a appelé et m'a dit : "Tu sais, tu m'avais parlé de Foggo. Eh bien c'est encore pire que ce que tu pensais", raconte Negroponte. Il savait pourtant qu'ils enquêtaient sur lui et allaient l'arrêter[5]. »

Lors d'un entretien avec John Negroponte dans le Bureau ovale, George W. Bush s'interroge et se confie à son principal conseiller pour le renseignement : « Maintenant que Porter est parti, qu'est-ce que je vais faire ? » Negroponte souffle alors le nom de son adjoint, le général Michael Hayden, qui a dirigé la NSA, l'agence américaine chargée du renseignement d'origine électromagnétique (écoutes téléphoniques, communications électroniques, etc.), de 1999 à 2005. L'idée séduit Bush.

En tenue de combat

Avec Michael Hayden, c'est donc un militaire qui prend la tête de la CIA. Il est régulièrement vu en uniforme dans le hall et les couloirs de Langley. Une tenue qui irrite les historiques de l'Agence pour qui, même si Hayden est un haut gradé, il doit s'adapter et comprendre qu'il s'agit d'une institution de civils. Mais hormis ces quelques grincements de dents, le nouveau directeur est apprécié. Sans avoir sa chaleur humaine, il s'inspire d'un de ses prédécesseurs, George Tenet, en déjeunant à la cafétéria et en prenant le temps de s'asseoir au bureau des employés et d'échanger avec eux.

Michael Hayden hérite en 2006 d'une agence en mauvais état. Porter Goss n'a pas réussi à restaurer la confiance, des éléments précieux ont quitté le navire. Hayden en rappelle certains pour envoyer un message fort à ses troupes. Lors d'une réunion devant les salariés dans la Bulle, l'auditorium de la CIA, le directeur Hayden fait monter Steve Kappes sur scène. Celui qui avait claqué la porte sous Goss est nommé directeur adjoint. Les centaines d'employés présents lui offrent une standing ovation. « On adorait Hayden. C'était un bon chef, il était super et savait gérer une institution[6] », se rappelle Michael Shurkin, qui travaillait à l'époque à la CIA en tant qu'analyste.

Hayden réussit son entrée, mais pas seulement. Sous sa direction, la CIA travaille efficacement et le moral des troupes remonte en flèche. La relation s'est aussi normalisée avec la Maison-Blanche.

« Je pense que la confiance régnait et que Bush, à la fin de son deuxième mandat, écoutait vraiment l'Agence, témoigne un analyste. À ce moment-là, il était devenu un client mature du renseignement. Huit ans après le début de la présidence, vous avez quelqu'un qui connaît la marche à suivre[7]. »

Un sentiment d'oubli

Depuis le 11-Septembre, une immense partie des ressources est consacrée à la lutte contre le terrorisme. Et cela crée parfois un sentiment d'oubli parmi les troupes, notamment celles qui travaillent sur des sujets moins médiatiques mais importants et qui pourraient revenir sur le devant de la scène dans quelques années. Et l'exemple du 11-Septembre a prouvé que construire un réseau et des compétences fortes prend du temps, et ne peut être improvisé à chaque crise. Il est donc important d'anticiper. Des bureaux comme celui de la Chine parviennent à être épargnés par les coupes budgétaires mais d'autres sont particulièrement marginalisés. L'Afrique, par exemple, est l'une des faiblesses de l'Agence. Elle se repose beaucoup sur le partage d'information avec des services partenaires, comme les Britanniques ou les Français. Sur les 20 000 employés de la CIA, seuls douze travaillaient sur l'Afrique occidentale, autant sur l'Afrique orientale et sur l'Afrique sud-australe. La présence de la CIA sur le continent avait déjà été fortement réduite dans les années 1980, après la guerre froide. « Avant ça, dans les années 1970, on travaillait sur le continent mais toujours avec le prisme de la guerre froide, regrette un analyste de la CIA chargé de l'Afrique. On se demandait ce que faisaient les Soviétiques ou les Cubains, mais on ne s'intéressait pas aux Africains[8]. » Depuis, ce sont les activités terroristes de différents groupes comme Al-Qaïda au Maghreb islamique ou Boko Haram qui intéressent les Américains, mais pas les gouvernements en tant que tels.

La fin d'une ère

Avec l'élection du démocrate Barack Obama à la Maison-Blanche fin 2008, ce n'est pas qu'une alternance politique à laquelle on assiste. L'ère Bush touche (enfin, diront certains) à sa fin. Une ère pendant laquelle les États-Unis ont été très douloureusement frappés, ont déclenché une guerre interminable en Afghanistan en guise de représailles, n'ont pas réussi à en attraper le principal responsable, ont menti sur la présence d'armes de destruction massive en Irak, ont provoqué une deuxième guerre encore plus inutile que la première et ont pratiqué la torture.

Si Michael Hayden a bien géré la CIA et permis aux employés de retrouver un certain ordre et une confiance en leur institution, Barack Obama veut aller plus loin. Il est temps que le grand public retrouve lui aussi confiance en la CIA, qui est en première ligne pour protéger les Américains et leurs alliés dans le monde. Le nouveau président des États-Unis veut symboliquement tourner la page. Et pour cette mission, il a trouvé l'homme idéal. Un homme retiré de la vie politique mais très expérimenté. Quelqu'un qui a passé de longues années au Congrès et saura donc naviguer dans le dédale des commissions et des obligations auxquelles va faire face le patron de la CIA. Quelqu'un qui saura jouer de la transparence avec le Congrès, dont l'importance et le poids décisionnaire en matière de renseignement sont bien plus importants que dans de nombreux pays comme la France. Quelqu'un qui a été secrétaire général de la Maison-Blanche sous Bill Clinton et connaît tous les rouages du système politique du pays et le poids des responsabilités. Quelqu'un, enfin, connu pour son efficacité mais aussi sa jovialité et sa gentillesse. Cet homme, c'est Leon Panetta.

15.

Camp Chapman : le jour le plus sombre

Jennifer Matthews fait partie des pionnières de la lutte contre Al-Qaïda. Mariée, mère de trois enfants, cette analyste a intégré la fameuse Alec Station avant le 11-Septembre. Comme ses anciens collègues, elle garde une part de culpabilité de ne pas avoir réussi à empêcher ces attentats. Jennifer est même hantée par le 11-Septembre et les larmes lui montent rapidement aux yeux lorsqu'elle se confie sur le sujet à ses proches. L'enquête interne de la CIA avait recommandé qu'elle soit sanctionnée, tout comme d'autres responsables de l'époque. Ce rapport accablant a été vécu comme un traumatisme en interne, notamment par Jennifer qui n'a depuis de cesse de vouloir prouver la qualité de son travail. Lorsque l'Agence a ouvert son premier *Black Site* en Thaïlande, ces prisons secrètes pour interroger des terroristes présumés en toute illégalité à travers le monde, Matthews est envoyée sur place. Son travail consiste à fournir des questions à poser à Abou Zoubaydah, le « premier prisonnier »*.

En 2005, elle fait un pas de côté et accepte le poste de liaison à la station de Londres. Ce n'est pas une mission

* Voir chapitre 5, p. 69.

clandestine, elle est chargée de faire le lien avec les services de renseignement britanniques qui la connaissent donc parfaitement. L'Agence dispose d'une personne à cette fonction dans chacune de ses stations à travers le monde. Pendant quatre ans à Londres, même si elle n'est plus au cœur du réacteur de la lutte antiterroriste, Jennifer travaille régulièrement sur des attentats ou menaces d'attentats. Al-Qaïda n'est jamais loin. Mais après ces années au bord de la Tamise, il est temps de trouver une nouvelle mission. Impossible pour elle de monter encore dans la hiérarchie sans avoir été déployée, comme bon nombre de ses collègues avant elle, en Irak ou en Afghanistan. Surtout pour une spécialiste de la question.

En septembre 2009, lorsque le poste de chef de base se libère à Khost, en Afghanistan, Matthews saute sur l'occasion. Cette ville de l'est du pays est située dans une zone très difficile, non loin des grottes de Tora Bora où Ben Laden a été localisé pour la dernière fois fin 2001 et à proximité des zones tribales pakistanaises, juste de l'autre côté de la frontière, où se terrent jihadistes et taliban. Elle obtient le poste et y voit l'opportunité de continuer à travailler sur Ben Laden et son organisation. Si plusieurs cadres de l'Agence l'ont soutenue face à d'autres candidats, certains s'interrogent sur son profil. Matthews est une analyste, elle n'est pas habituée à gérer des sources sur le terrain, ce qui représente l'essentiel de la mission à Khost. Elle s'apprête à diriger une base dans l'un des recoins les plus dangereux de la planète sans avoir connu de terrain de guerre auparavant, ni avoir été formée pour ça. Même si ses collègues l'ont rebaptisé « Ruth », pour « Ruthless », « impitoyable » en français, ce manque d'expérience de terrain pourrait s'avérer problématique pour ses équipes et sa mission. La direction de la CIA passe outre ces considérations et la propulse à la tête de Camp Chapman, le nom de la base sur place. Les espions américains ont leurs quartiers dans une partie isolée de la base américaine qui y est installée.

Le loup

Rapidement après son arrivée, Jennifer Matthews doit gérer une source majeure en collaboration avec d'autres membres de l'Agence. Humam Al-Balawi est un médecin jordanien, d'origine palestinienne, et né au Koweït. Il est réputé pour être réservé. Après ses longues journées de travail dans une clinique des Nations unies pour les femmes et les enfants dans un camp de réfugiés d'Amman, en Jordanie, il retrouve son épouse et ses deux filles chaque soir dans leur quartier de Jabal Al-Nuzha. Après le dîner, une fois le reste de la famille couché, il termine immanquablement la soirée en s'isolant sur son ordinateur sur la table de la cuisine. Sous le pseudonyme d'Abou Dujana Al-Khorasani, Humam Al-Balawi change de personnage et rédige de violentes diatribes anti-américaines sur des forums en ligne. Il s'y réjouit notamment de la mort de soldats en Irak et idolâtre Abou Moussab Al-Zarqaoui, un compatriote jordanien devenu chef d'Al-Qaïda en Irak où ses hommes multiplient les attaques meurtrières contre Occidentaux et populations locales. Abou Dujana devient de plus en plus véhément au fil des mois et s'impose comme l'un des « auteurs » les plus lus sur le site Al-Hesbah, particulièrement prisé des jihadistes.

Fin 2008, Langley décide que la blague a assez duré. Ils font appel aux limiers de la NSA, l'agence américaine chargée de la surveillance électromagnétique, pour trouver qui se cache derrière Abou Dujana Al-Khorasani et le localiser. Ils parviennent à découvrir que tous les messages envoyés sous ce pseudonyme le sont depuis une connexion Internet d'une maison de Jabal Al-Nuzha et partagent l'information avec leurs amis des services de renseignement jordaniens. Ces derniers le suivent pendant plusieurs semaines, fouillent dans son passé et ne trouvent rien qui colle au parcours habituel des jihadistes. Ils débarquent à son domicile tard dans la soirée du 19 janvier 2009 et embarquent Balawi. Après plusieurs heures d'interrogatoire et quelques claques, Balawi reconnaît rapidement être Abou Dujana.

Le médecin-blogueur de 31 ans sait que sa vie, sa réputation et sa capacité à payer son loyer sont désormais liées à sa coopération avec les *mukhabarats*, les services de renseignement jordaniens. Il craint aussi d'être battu ou torturé, alors il accepte de coopérer et d'infiltrer Al-Qaïda pour leur compte. Le marché est clair : plus il apportera d'informations sur des membres importants de l'organisation terroriste, plus il recevra d'argent. De très fortes sommes. En coordination avec la CIA, les *mukhabarats* lui demandent de se rendre au Pakistan pour être au plus près des principaux responsables d'Al-Qaïda et essayer de les approcher. Après trois jours de détention, Balawi est reconduit chez lui. Il s'envole rapidement pour Islamabad, la capitale pakistanaise, et fait croire à sa famille qu'il va y suivre une nouvelle formation médicale. Pendant des mois, il va fournir des informations jusqu'à promettre qu'il peut désormais informer Jordaniens et Américains sur Ayman Al-Zawarihi, le bras droit de Ben Laden. Grâce à des photographies, il prouve qu'il a été en présence de hauts cadres de l'organisation. À Washington, on y voit une opportunité unique, une « source en or ». La meilleure sur Al-Qaïda depuis des années. Seuls une douzaine de membres de l'Agence connaissent sa véritable identité. Pour les autres, il n'est connu que sous son nom de code, « The Wolf », le Loup.

Courant 2009, la CIA prend la main sur le dossier même si les services jordaniens restent très impliqués. En novembre, Balawi fait parvenir un e-mail à ses officiers traitants. Il assure s'être retrouvé par surprise en présence d'Ayman Al-Zawahiri lui-même. Les proches de ce dernier lui auraient demandé de le soigner. Zawahiri est l'un des hommes les plus recherchés du monde, sa tête a été mise à prix 25 millions de dollars par Washington. Langley peine à croire que Balawi ait pu l'approcher si vite. Mais Balawi leur envoie un récapitulatif de l'état de santé de Zawahiri ainsi que des informations sur ses opérations passées. Tout coïncide avec les renseignements déjà en possession de la CIA. Langley a tant d'espoir dans cette source qu'elle en informe le président Barack Obama et les principaux responsables sécuritaires lors d'un briefing à la Maison-Blanche.

L'Agence décide d'organiser une rencontre dans un lieu sécurisé. Ce sera Camp Chapman, sur la base américaine de Khost. Jennifer Matthews supervise l'ensemble et prépare la venue de Balawi. Après des années de traque, Zawahiri semble enfin à portée de main. Rendez-vous est pris pour le 20 décembre. Mais le jour J, le Loup ne donne aucune nouvelle. Même scénario le lendemain et les jours suivants. Les équipes de la CIA s'inquiètent et se demandent si Balawi n'a pas été retourné par Al-Qaïda ou s'il ne s'est pas évanoui dans la nature.

« Il n'y a d'autre dieu que Dieu »

Le 30 décembre, à 15 heures, l'équipe de la CIA apprend par le chauffeur afghan envoyé récupérer Balawi qu'ils sont enfin ensemble et en route. L'attente a duré dix jours. C'est la première fois que les Américains vont le rencontrer en personne. Tout est prévu pour l'accueillir : un sac rempli d'argent est prêt à lui être remis en échange de ses informations, un copieux repas sera servi après le débriefing et, même s'ils n'ont pas trouvé de bougies, les membres de la CIA ont préparé un gâteau d'anniversaire pour Balawi qui a fêté ses 32 ans quelques jours plus tôt…

Quatorze personnes sont rassemblées au point d'arrivée de Balawi. Un nombre bien trop important. Seuls deux ou trois officiers doivent normalement accueillir un informateur, mais cette fois-ci la source semble si précieuse et prometteuse que tout le monde veut participer… et Jennifer Matthews laisse faire. Outre les responsables locaux de l'Agence, des agents de sécurité sont présents ainsi que deux hommes habillés en civil qui ont fait spécialement le déplacement depuis Amman, en Jordanie. Le premier, Ali Bin Zeid, est membre des services de renseignement jordaniens. C'est un cousin du roi Abdallah II et il est le seul à Khost à avoir déjà rencontré Balawi. C'est lui qui, lors de son arrestation, a réussi à le recruter pour en faire un agent infiltré. Le second est Darren LaBonte, un officier de la CIA basé à la station d'Amman et chargé de suivre le dossier. Le retard pris par l'opération a mis ses vacances tant attendues en péril. Son épouse Racheal et leur fille de deux ans l'attendent désespérément dans une villa louée par la famille en Italie. Bin Zeid et LaBonte sont devenus proches ces dernières années. Ils travaillent régulièrement main dans la main et partent même en vacances ensemble avec leurs épouses respectives.

Outre ses remords vis-à-vis de sa famille, LaBonte n'est pas à l'aise ce jour-là. Il a manifesté son inquiétude auprès de ses supérieurs. Selon lui, la CIA n'a pas assez d'informations sur Balawi pour le croire sur parole et qu'un groupe si nombreux l'accueille n'est pas des plus raisonnables…

Des membres de l'équipe de sécurité se sont également plaints de l'organisation de ce rendez-vous. Les services jordaniens, eux aussi, ont exprimé leur inquiétude. Balawi leur semble trop idéologue pour être retourné si facilement. Et son insistance à organiser la rencontre à Miranshah, une ville des zones tribales pakistanaises, avant qu'il ne se résigne à venir à Khost, leur fait craindre un coup fourré.

Peu après 16 h 40, alors que la nuit a commencé à tomber, un nuage de poussière apparaît à l'horizon. C'est sa voiture qui s'approche de la base après avoir traversé la frontière pakistano-afghane. Soudain, Balawi appelle Bin Zeid avec le téléphone portable du chauffeur. Il s'excuse du retard, explique qu'il s'est blessé à la jambe dans un accident et que ça l'a immobilisé un moment. Il s'enquiert des procédures à l'arrivée à Camp Chapman : « Je ne veux pas être malmené, répète-t-il à plusieurs reprises. Vous me traiterez en ami, n'est-ce pas[1] ? » Toute personne qui entre sur une base militaire américaine est fouillée, encore davantage lorsqu'il s'agit d'une base de la CIA en plein cœur du territoire ennemi. Mais Langley conseille à Jennifer Matthews de le traiter comme un invité de marque. Elle craint donc que ces fouilles soient perçues comme un manque de respect par Balawi et ordonne qu'on le laisse passer tous les checkpoints sans l'arrêter ni le fouiller. Elle donne même pour instruction aux gardes de regarder ailleurs lors de son passage pour éviter de voir son visage et qu'il puisse potentiellement être identifié.

Ali Bin Zeid et Darren LaBonte s'approchent du véhicule pour accueillir leur hôte alors que Jennifer Matthews et les autres restent légèrement en retrait. Le responsable de la sécurité ouvre la porte arrière du véhicule, les gardes de la société privée Blackwater relèvent instinctivement leurs armes. Balawi, turban sur la tête et *shalwar kameez** beige sur le dos, sort avec hésitation du véhicule en marmonnant des phrases que les Américains peinent à entendre. Bin Zeid l'accueille et tente de le rassurer : « Salut mon frère, tout va bien. » Balawi tient sa béquille d'une main, et a l'autre main cachée sous son vêtement. Les agents de sécurité se décalent pour tenter de voir cette main mais n'y parviennent pas. « Les mains en l'air ! ordonnent-ils. Lève ton *shalwar kameez* ! »

Les mots de Balawi, qui ne s'est pas arrêté de marmonner, sont de plus en plus forts et compréhensibles : « *La ilaha illa Allah !* », « Il n'y a d'autre dieu que Dieu ». La seconde suivante, Humam Al-Balawi déclenche la veste explosive qu'il dissimulait sous son vêtement. La puissance de l'explosion fait se soulever la voiture. Certains sont projetés contre les murs. Cinq membres de la CIA décèdent sur le coup. Jennifer Matthews est consciente mais très sérieusement blessée. Elle décède peu après, tout comme Darren LaBonte, cinq autres membres de la CIA, le Jordanien Ali Bin Zeid et un responsable sécuritaire afghan. Matthews avait 45 ans. La CIA essuie ce jour-là la deuxième plus grosse perte en vies humaines de son histoire, après l'attentat de Beyrouth en 1983 qui avait fait soixante-trois morts, dont huit membres de l'Agence.

Erreurs fatales

Al-Qaïda vient de réussir à tuer l'une des meilleures expertes de son organisation au sein de la CIA.

Dans un message vidéo de Humam Al-Balawi enregistré peu avant d'aller mener son opération suicide et rapidement

* Vêtement traditionnel porté notamment par les Pachtounes.

mis en ligne, l'agent double revendique l'attaque : « Oh mon Dieu, détruis les services de renseignement américains et jordaniens. Oh mon Dieu, aide-nous à mener une attaque meurtrière extraordinaire. Oh mon Dieu, accepte mon sang. »

Les procédures standards de sécurité n'ont pas été respectées. Dans de nombreuses autres opérations de ce type, où des officiers de l'Agence rencontrent des sources recrutées dans le camp ennemi, ces agents sont fouillés pour s'assurer qu'ils ne représentent aucun danger. À Langley, nombreux sont ceux qui critiquent le choix d'avoir permis à une analyste, non formée, de mener une telle opération, dans un lieu si dangereux, plutôt que de l'avoir confié à un officier de terrain expérimenté.

« Lorsque la voiture est arrivée, ils se sont tous rassemblés autour du véhicule, ce qui est évidemment une idée très intelligente…, regrette Leon Panetta, qui dirige alors la CIA. Et lorsqu'il a déclenché sa veste, il a non seulement tué neuf personnes, mais il en a blessé six autres. Ils étaient tous dans la mauvaise position quand l'explosion s'est produite. Donc, oui, ce jour-là nous avons beaucoup appris sur ce qu'il ne faut pas faire[2]… »

Selon d'anciens membres de la CIA, les personnes en charge à l'Agence et en Afghanistan au moment des faits ont tout fait pour « détourner et dissimuler la responsabilité de la tragédie de Khost », elles ont même « continué à être promues et ont accédé à des postes encore plus importants »[3].

« Même si cela avait été géré parfaitement, il y aurait eu au moins un mort ce jour-là, nuance un chef de station de la CIA, qui était ami avec Jennifer Matthews. Ne serait-ce qu'un garde si Balawi avait été contrôlé au premier checkpoint à l'entrée de la base[4]. »

En représailles, la Maison-Blanche laisse carte blanche à la CIA qui a réussi à remonter jusqu'au commanditaire de l'attaque. Toutes les énergies sont désormais consacrées à retrouver ceux qui ont envoyé Balawi. L'intégralité des sources de l'Agence dans la région sont interrogées. La surveillance électronique est encore accrue.

Au bout de cinq mois, le 21 mai 2010, Leon Panetta reçoit un appel sur son téléphone portable. Il est en route pour les obsèques d'Elizabeth Hanson au cimetière militaire d'Arlington. Hanson fait partie des sept membres de la CIA tués à Khost et n'a toujours pas eu droit à une inhumation digne de ce nom. Panetta a dû contourner la bureaucratie et appeler directement Robert Gates, le secrétaire à la Défense et ancien directeur de la CIA, afin d'obtenir une dérogation pour que Hanson puisse reposer à Arlington, un honneur normalement réservé aux militaires.

Sur le trajet, Panetta apprend que Cheikh Saïd Al-Masri, le numéro trois d'Al-Qaïda et commanditaire de l'attaque suicide de Camp Chapman, a été repéré près de Miranshah, dans les zones tribales pakistanaises. Là même où Balawi tenait absolument à ce que la rencontre avec les hommes et femmes de la CIA se tienne. Deux drones de l'Agence ne lâchent plus Al-Masri d'une semelle mais le centre des opérations n'est pas certain à 100 % que ce soit lui.

Après les funérailles, Leon Panetta se rend au siège de la NSA, à Fort Meade, dans le Maryland. Une fois sur place, il est averti que le centre des opérations de la CIA est en ligne sur un téléphone sécurisé. Panetta est informé qu'il s'agit très probablement d'Al-Masri, comme espéré, mais que deux femmes et plusieurs enfants sont présents dans la même maison que lui. Panetta prévient la Maison-Blanche qui lui demande de trancher. C'est au directeur de la CIA que revient la décision de frapper ou non. Il s'adresse aux opérateurs qui attendent l'ordre : « Je ne vois pas comment je pourrai ne pas le faire. Si vous pouvez isoler l'individu et lancer la frappe sans toucher les femmes ou les enfants, faites-le. Mais si vous n'avez pas d'autre solution et qu'il semble qu'il puisse s'enfuir, alors tirez[5]. »

La frappe est lancée et le responsable du désastre de Camp Chapman, tué sur le coup. Les images filmées par le drone ne laissent pas de place au doute, des innocents sont également morts. Au moins deux femmes et un enfant. « Ce sont des décisions difficiles mais c'est la guerre, explique Panetta. Le 11-Septembre, ces gens n'ont pas hésité un instant à tuer trois mille personnes, abattre le World Trade Center et frapper le Pentagone. Ces gens n'hésiteraient pas à nous attaquer encore[6]. »

16.

La guerre « sur écrans »

Depuis le 11-Septembre, les États-Unis ont déployé des efforts considérables pour retrouver un maximum de membres d'Al-Qaïda et les mettre hors d'état de nuire. Ils tentent d'en capturer le plus possible vivants afin de les interroger. Une étape importante afin d'obtenir un maximum d'informations, de mieux comprendre la nébuleuse terroriste et de tenter ainsi de prévenir de nouveaux attentats. À cette période, la crainte de nouvelles attaques meurtrières pèse en permanence sur les services de renseignement et la population.

Mais désormais, la CIA connaît presque parfaitement le fonctionnement de l'organisation dirigée par Oussama Ben Laden. Et l'opinion publique digère de moins en moins bien le fait que des Américains meurent sur le front à des milliers de kilomètres de chez eux. Au cours des années 2000, sous l'impulsion de l'administration Bush, un programme clandestin de drones tueurs a donc été développé pour frapper l'ennemi efficacement sans risquer de perdre des hommes en les envoyant au sol. Baptisés Predator, ces engins volants sans pilote peuvent tirer des missiles à distance sans être repérés au sol. Ils vont désormais permettre aux Américains d'éliminer tout terroriste potentiel par des frappes ciblées, qu'ils appellent « frappes signatures ». En 2008, la dernière année de mandat de George W. Bush, les premières opérations sont lancées. À l'origine censées rester limitées, elles deviendront bien plus nombreuses au fil des ans. Car à cette époque, les terroristes ne sont plus désorientés comme dans les semaines qui ont suivi le 11-Septembre. Ils se réorganisent, rouvrent des camps d'entraînement, préparent leurs attaques. Le directeur de la CIA Michael Hayden estime qu'une nouvelle attaque terroriste du type 11-Septembre est inévitable. Et cette attaque, selon lui, viendra des zones tribales pakistanaises. Les Predator ont trouvé leur terrain de chasse.

Dans les zones refuges d'Al-Qaïda

Même pour le gouvernement pakistanais, les zones tribales sont une entité incontrôlable où il est très difficile de pénétrer. C'est dans cette région frontalière de l'Afghanistan que les principaux responsables d'Al-Qaïda ont trouvé refuge après le 11-Septembre. « Les gens se méprennent radicalement sur cette région, explique Kevin Hulbert, spécialiste du Pakistan à la CIA. Je veux dire que la plupart des Américains regardent cela et disent que le Pakistan devrait aller là-bas et régler ce problème. Mais pour les Pakistanais aussi, c'est un pays étranger. Lorsque les Britanniques ont quitté le Pakistan, ils ont créé les zones tribales en grande partie comme les réserves indiennes aux États-Unis, où la loi américaine ne s'applique pas nécessairement. Les Indiens ont leur propre gouvernement, leurs propres lois, et c'est ainsi que les zones tribales ont été créées. Le Pakistan a beaucoup de mal à y appliquer l'état de droit pakistanais. » La culture y est différente, la langue aussi. Toutes ces caractéristiques font des zones tribales un sanctuaire idéal pour les jihadistes où il est extrêmement compliqué d'opérer pour la CIA.

Islamabad refuse que Washington y déploie des soldats. Le gouvernement pakistanais rejette aussi la possibilité que des avions de chasse américains viennent frapper leur territoire, même contre un ennemi commun. Alors Langley, en accord avec la Maison-Blanche, décide de s'appuyer sur son programme de drones, plus discret et moins dangereux, pour atteindre et neutraliser ses principaux adversaires retranchés dans la région.

Les relations sont compliquées entre les Américains et les Pakistanais. L'ISI, les tout-puissants services de renseignement de l'armée, collabore main dans la main avec les équipes de la CIA dans cette traque d'Al-Qaïda, avec des résultats concrets. Mais dès qu'il s'agit des taliban afghans, la relation se tend et ne produit plus rien. Car si Islamabad est en guerre contre les taliban pakistanais, qui aimeraient renverser le pouvoir, elle soutient fermement et de longue date les taliban afghans. Elle les a soutenus alors que le mouvement était encore embryonnaire dans le sud de l'Afghanistan au début des années 1990, l'aidant à s'organiser et à s'armer. Un Afghanistan dirigé par des taliban alliés est perçu comme une sécurité pour le Pakistan, dont le flanc ouest était ainsi sécurisé, alors que les tensions n'ont jamais cessé avec l'Inde sur le flanc est. « On a parfois travaillé très étroitement avec l'ISI, témoigne un ancien chef de la station de la CIA à Islamabad. Mais à d'autres moments c'est comme si on avait chacun la botte sur la gorge de l'autre malheureusement[1]. » Des responsables de Langley décrivent les Pakistanais à la fois comme leurs meilleurs et leurs pires alliés dans la lutte contre le terrorisme. Une relation quasi schizophrénique.

Dommages collatéraux

Courant 2012, l'équipe de l'Agence au Pakistan trouve enfin la trace d'un haut cadre du réseau Haqqani, un mouvement afghan lié aux taliban et responsable de très nombreuses attaques contre les forces occidentales. Les espions américains parviennent à approcher l'homme et à installer une caméra miniature dans sa voiture. Dans la salle de contrôle de la CIA, les espions américains voient en direct le terroriste s'installer au volant et prendre la route. Un drone suit le véhicule, prêt à larguer une bombe qui le réduirait en poussière. Mais sur leurs écrans, les Américains peinent à voir si leur cible transporte un passager qui pourrait être un civil, peut-être un enfant. L'axe de la caméra ne permet pas d'en être certain. L'opération est annulée. Ce cas de figure se reproduira fréquemment.

De nombreux témoins assurent régulièrement dans la presse locale et internationale que les frappes de drones ne touchent pas que les terroristes et font aussi de nombreux morts civils. Il est le plus souvent impossible de vérifier les informations, les lieux n'étant pas accessibles, le parcours et les activités des personnes tuées étant très difficiles à déterminer, et la CIA refusant de publier toutes les preuves de leurs affirmations.

« Je suis outré quand je vois les chiffres donnés par certains médias ou l'université Stanford qui a écrit sur la question, fulmine un responsable de la CIA qui était aux commandes. Rien de tout cela n'est vrai ! Comment peuvent-ils être aussi stupides et ridicules ? Nous n'avons jamais bombardé de funérailles. En vingt ans, bien sûr que des erreurs ont été commises, mais c'est à des années-lumière de ce qui a été dit publiquement. Nous avons annulé des centaines de frappes parce que des femmes et des enfants étaient à proximité, ou parce qu'il y avait trop d'inconnues[2]. » Certaines des frappes annulées devaient viser de hauts cadres d'Al-Qaïda.

Le gouvernement pakistanais condamne publiquement les frappes de drones car elles sont très impopulaires. Il affirme qu'elles sont illégales, contre-productives et violent la souveraineté du pays. Une façade, car en réalité le gouvernement pakistanais est parfaitement informé et a donné un accord discret à Washington pour que la CIA opère dans le pays. Initialement, les Américains consultaient Islamabad avant chaque frappe sur son sol. Mais la réponse était systématiquement négative ou l'opération repoussée indéfiniment. Les hommes et femmes de la CIA avertissent toujours leurs homologues pakistanais mais ont donc cessé de demander la permission.

« Comme les services pakistanais de l'ISI étaient accusés de procéder à des exécutions extrajudiciaires, ils se cachaient derrière nous en prétendant que nos drones tuaient les personnes qu'ils avaient eux-mêmes tuées, prétend un officier de la CIA déployé dans le pays au plus fort de la campagne de drones. C'était une difficulté majeure car les zones tribales étaient si dangereuses qu'aucun journaliste ne s'y rendait. Il était donc facile pour l'ISI de diffuser de fausses informations, personne n'avait les moyens de vérifier[3]. »

« Vous pensez que le président Eisenhower aurait hésité la moindre seconde à tuer Hitler s'il avait su qu'Eva Braun et d'autres personnes étaient à côté ? interroge un ancien cadre de la CIA directement impliqué dans le programme de drones. Il aurait ordonné le bombardement sans le moindre doute ! À titre personnel, je pense que les femmes de jihadistes ou de chefs taliban ne sont pas des dommages collatéraux. Elles savent très bien ce qu'elles font. Mais ce n'est que mon sentiment et ce n'est pas la politique ordonnée par les présidents américains. Alors, on ne tire pas si elles sont présentes[4]. »

À la CIA, on insiste sur un fait : les drones, malgré les erreurs inévitables en temps de guerre, sont l'arme la plus précise et avec le moins de dommages collatéraux de toute l'histoire de la guerre.

Tous les officiers de l'Agence rencontrés au cœur de cette enquête tiennent le même discours sur les pertes civiles. Ils sont en revanche plus prudents sur celles de l'autre côté de la frontière… où les frappes de drones ne sont pas menées par la CIA mais par l'armée américaine. Le partage des tâches est très délimité : seule la CIA peut frapper avec des drones sur le sol pakistanais, où aucune opération militaire américaine officielle n'est en cours. En revanche, côté afghan, c'est l'armée qui est seule à la manœuvre même si la CIA apporte des renseignements pour aider à localiser les cibles. « La dénonciation de pertes collatérales importantes correspond à une vraie réalité en Afghanistan[5] », assure le patron d'un service de renseignement occidental.

Commandant de combat

Après avoir été désigné comme futur directeur de la CIA par le nouveau président élu Barack Obama, Leon Panetta se rend à Langley rencontrer l'actuel patron de l'Agence, le général Michael Hayden. Ce dernier aurait souhaité conserver son poste malgré l'alternance politique, comme Bob Gates à la Défense. Hayden est un peu amère mais c'est un homme discipliné, toujours prêt à servir son pays. Il reçoit son futur successeur et entame une longue conversation avec lui sur le fonctionnement de l'Agence et les principaux dossiers en cours. Il fait alors une pause, regarde Panetta droit dans les yeux et lui lance : « Vous savez que vous allez être un commandant de combat ? » Leon Panetta, un peu interloqué, ne comprend pas trop où Hayden veut en venir. Le directeur sortant de la CIA lui décrit alors par le menu les opérations de l'Agence contre Al-Qaïda. Dès son premier jour au septième étage de Langley, Leon Panetta recevra des appels à toute heure du jour et de la nuit pour donner l'ordre de mener une frappe de drone ou non. Il va désormais avoir droit de vie ou de mort sur des hommes et femmes à l'autre bout de la planète.

« Je pense que le général Hayden avait raison, confie Panetta. Il s'agit essentiellement d'une opération militaire, de renseignements, de forces spéciales et de personnes travaillant ensemble pour s'assurer que nous puissions accomplir la mission. Et, à bien des égards, je pense que l'une des réussites de l'après 11-Septembre, c'est la capacité à mettre en place des opérations antiterroristes en faisant appel non seulement aux services de renseignement, mais aussi aux forces spéciales et à nos capacités spécifiques [les drones] afin de pouvoir accomplir la mission. Et, franchement, ça a été très efficace[6]. »

Un Américain dans le viseur

Les drones de la CIA n'opèrent pas qu'au Pakistan. Et leur activité est des plus intenses. C'est une politique d'assassinats ciblés qui est en réalité mise en place pour neutraliser un maximum de menaces sans risquer la vie de davantage de soldats américains sur le terrain. À Washington, les responsables sont peu diserts quand il s'agit d'évoquer cette campagne de drones. Pendant des années, la plus grande opacité règne sur le sujet. Le nombre de cibles visées restera longtemps confidentiel, tout comme leurs noms et la manière dont elles sont choisies. « Il pourrait s'agir d'une bande de gars sur une colline faisant un exercice de tir réel et parlant ouzbek, selon un ancien fonctionnaire de l'administration interrogé par le *New York Times Magazine*. Cela pose des problèmes pratiques et juridiques[7]. » D'autant que, sous l'administration Obama, la CIA a l'autorisation de procéder aux frappes directement, sans feu vert systématique de la Maison-Blanche. Mais dans les faits, les deux institutions travaillent main dans la main. Et John Brennan, conseiller de Barack Obama pour la lutte antiterroriste, chaperonne en bonne partie le programme de drones.

« John a eu la réputation, à gauche, d'être un homme trop zélé dans son utilisation des drones, alors qu'en réalité il faisait beaucoup pour les limiter, prétend Ben Rhodes, un autre proche conseiller du président pour les affaires étrangères. Il a vraiment freiné les choses[8]. »

À Washington et à Langley, on se trouve face à un dilemme. L'une de leurs principales cibles potentielles est un membre d'Al-Qaïda dans la péninsule Arabique, une antenne de l'organisation terroriste essentiellement basée au Yémen. Barack Obama le présente comme le chef des opérations extérieures de l'organisation… mais c'est un citoyen américain ! Anwar Al-Awlaqi* est né au Nouveau-Mexique, où son père s'était installé pour quelques années. Il a vécu aux États-Unis jusqu'à l'âge de 7 ans avant que sa famille ne reparte s'installer au Yémen, leur pays d'origine. Al-Awlaqi reviendra étudier dans le Colorado et en

* Cherif Kouachi, l'un des auteurs de l'attentat contre *Charlie Hebdo* en janvier 2015, reconnaîtra publiquement qu'Anwar Al-Awlaqi était son mentor.

Californie. Il devient imam et se radicalise. Deux des pirates de l'air du 11-Septembre, Khaled Al-Mihdhar et Nawaf Al-Hazmi, assistent à ses prêches même si aucune preuve ne permet d'établir un lien entre lui et les attentats de 2001. Il repart vivre au Yémen en 2004 et se radicalise toujours plus. Les Américains l'accusent d'avoir été en contact avec l'auteur de la tuerie de Fort Hood* ainsi qu'avec Umar Farouk Abdulmutallab, le Nigérian qui a tenté de faire exploser le vol entre Amsterdam et Detroit le 22 décembre 2009 en activant des explosifs dissimulés dans son caleçon.

Une question prédomine à Washington : est-il légal de tuer un de ses citoyens ? Les responsables juridiques de la CIA et de la Maison-Blanche échangent longuement avec le département de la Justice et finissent par donner leur feu vert à l'opération. Al-Awlaqi est tué le 20 septembre 2011. Sa famille prétendra qu'il n'était pas un terroriste et engagera des poursuites contre le gouvernement américain.

Abdulrahman, le fils d'Al-Awlaqi âgé de 16 ans, sera également tué dans une autre frappe quelques semaines plus tard.

Des mois de surveillance

Au printemps 2013, le numéro deux des taliban pakistanais est à son tour repéré après des années de traque. Wali Ur Rehman est suivi à la loupe depuis des semaines par les espions de la CIA basés à Islamabad. Ur Rehman, un temps pressenti pour prendre la tête du mouvement, en reste un élément majeur et dirige les opérations au Sud-Waziristan,

* Nidal Malik Hasan, un psychiatre de l'armée américaine, fait treize morts et une trentaine de blessés sur cette base militaire du Texas.

dans les zones tribales. Dans une vidéo diffusée sur Internet où son visage apparaît flouté, il assure que le TTP, le Mouvement des Talibans du Pakistan, est « capable de frapper Washington, Londres, Paris ou Kaboul ». Depuis que la CIA a enfin retrouvé sa trace, des drones de surveillance le suivent en permanence. Certaines cibles de l'Agence sont ainsi suivies pendant plusieurs mois vingt-quatre heures sur vingt-quatre et sept jours sur sept.

Wali Ur Rehman se sait en danger et use de mille subterfuges pour ne jamais laisser une opportunité à ses adversaires de lui mettre la main dessus. Le 29 mai, il est accompagné de six autres jihadistes. La CIA a en sa possession des informations alarmantes : deux de ces hommes se sont engagés à se faire exploser en kamikaze et en tentant de faire le plus de morts possibles. Où exactement ? Quel jour ? Quelles cibles ? Les Américains ne le savent pas précisément, si ce n'est que les attaques doivent se dérouler sur le sol pakistanais. Sur leurs écrans, ils aperçoivent les sept hommes rejoindre une maison dans les zones tribales. Une région hors d'accès pour les Américains, qui seraient immédiatement repérés s'ils s'y aventuraient. La loi tribale y règne, chaque famille se connaît, les taupes sont partout. Grâce à des agents qu'elle recrute, la CIA parvient tout de même à glaner quelques informations sur le terrain pour compléter les écoutes téléphoniques et les surveillances vidéo aériennes. Derrière son écran de contrôle, vers 22 heures, l'opérateur de la CIA prévient le chef de station, l'ambassadeur et le quartier général à Langley : « On l'a sur nos écrans et une frappe est possible. » Les Américains ont peut-être l'occasion tant attendue de neutraliser le numéro deux des taliban pakistanais et les deux kamikazes avant qu'ils ne passent à l'action.

Sur les images de surveillance du drone positionné à haute altitude au-dessus du bâtiment, les sept hommes sont aperçus en train de rejoindre le toit, déployer des tapis et des couvertures sur le sol puis s'y installer pour manifestement y passer la nuit. En cette fin de printemps, les températures sont déjà élevées dans la région. Les taliban passent la nuit au frais sur le toit de cette maison sans se douter qu'un missile peut à tout moment venir les réduire en poussière. Mais, là encore, impossible pour Langley de s'assurer qu'une famille n'est pas tranquillement installée à l'intérieur de la maison et que des enfants ne pourraient pas être eux aussi tués par la frappe. La décision est suspendue. Les drones présentent un immense avantage, ils sont facilement mobiles et peuvent rester en vol pendant de très longues périodes. Idéal pour le renseignement. Les opérateurs remontent donc la vidéo en accéléré sur plusieurs heures pour vérifier si la surveillance a permis d'apercevoir des civils entrer ou sortir du bâtiment. Ils ne parviennent pas à en avoir la certitude absolue. Alors ils vont chercher plus loin dans leurs archives. Depuis qu'elle a commencé sa campagne de drones, la CIA conserve précieusement ces centaines de milliers d'heures d'enregistrements vidéo. Coup de chance, l'endroit suspect a été surveillé de près et de longue date. Après quelques heures de recherches, les espions américains retrouvent des photos et vidéos de la maison lors de sa construction plusieurs années auparavant. Les experts en bâtiment de la CIA à Langley étudient alors les matériaux qui semblent avoir été utilisés, calculent la résistance des murs et l'angle d'attaque possible du missile pour viser la cible sans détruire toute la maison. Le feu vert est donné peu après 2 heures du matin. Seuls le chef taliban et ses associés seront tués cette nuit-là.

Grâce aux drones, un très grand nombre de terroristes sont neutralisés, mais l'homme le plus recherché du monde est lui toujours en cavale. « L'une de mes missions consistait à poursuivre les dirigeants d'Al-Qaïda impliqués dans les attentats du 11-Septembre et à faire en sorte que ces attentats ne se reproduisent plus jamais, se rappelle Leon Panetta. Et évidemment, dans le cadre de cette mission, il s'agissait en fin de compte d'attraper Ben Laden[9]. »

17.

Ben Laden : la traque

« Qui est la personne chargée de retrouver Ben Laden ici ? » Peu après le désastre de Khost, Leon Panetta participe à une réunion des principaux responsables de la CIA. Le chef des actions clandestines répond à sa question en levant la main. Mais à sa grande surprise, celui du Centre de contre-terrorisme en fait autant, tout comme le directeur du département Afghanistan-Pakistan, et d'autres encore. « Si j'ai appris quelque chose en termes de management en quarante ans de carrière, c'est que quand tout le monde est responsable, personne ne l'est[1] », explique Panetta. Désormais, ce sont Gary, le chef du département Afghanistan-Pakistan, et Sam, un des meilleurs experts maison d'Al-Qaïda, qui sont chargés de coordonner la traque de l'ennemi public numéro un et de faire un compte rendu hebdomadaire au directeur. Il est temps de clarifier les choses.

La piste du coursier

Les deux hommes décident de repasser au peigne fin toutes les informations obtenues au fil des ans. Ils remontent à 2002 et trouvent l'évocation d'un coursier du nom d'Abou Ahmed, que Ben Laden aurait utilisé pour communiquer avec ses lieutenants sans se servir d'un téléphone ou d'un ordinateur qui pourraient être surveillés. L'année suivante, Khaled Cheikh Mohamed (KCM), l'architecte des attentats du 11-Septembre, confirme lors d'un interrogatoire qu'un certain Abou Ahmed Al-Kuwaiti (Abou Ahmed le Koweïtien) a bien été messager pour le chef d'Al-Qaïda dans le passé mais qu'il ne serait plus actif. KCM assure ne pas connaître la véritable identité de l'homme, Abou Ahmed Al-Kuwaiti étant un nom de guerre qu'il s'est choisi. La CIA a placé les cellules sous écoute. Ils entendent KCM ordonner aux autres détenus de ne pas parler du messager lors de leurs interrogatoires. La piste intéresse Langley d'autant qu'un troisième membre d'Al-Qaïda capturé évoque lui aussi Abou Ahmed. Mais les espions de la CIA sont bloqués, ils ne parviennent pas à découvrir son véritable nom pour le retrouver. Quelques années plus tard, en 2007, une source leur offre enfin la réponse. Abou Ahmed Al-Kuwaiti s'appelle Ibrahim Sa'id Ahmed Abd Al-Hamid à l'état civil. Il est né au Koweït, d'où son nom de guerre, et s'est rendu en Afghanistan. Après avoir cru un temps qu'il était mort et que la piste s'arrêtait là, la CIA découvre que c'est un de ses frères qui est décédé. Elle parvient à remonter la trace d'Abou Ahmed au Pakistan où il s'est installé. Sur place, des espions américains localisent ses appels et suivent sa voiture. En août 2010, cette filature les mène jusqu'à un complexe qu'ils décrivent comme une « forteresse » dans la ville-garnison d'Abbottabad, équivalent pakistanais du West Point américain ou du Saint-Cyr français.

« Il y avait un parti pris parmi les analystes du contre-terrorisme, estime un membre de la CIA. Ils pensaient que Ben Laden se cachait dans une cave. On a pointé du doigt le fait que Khaled Cheikh Mohamed, Abou Zoubaydah et d'autres avaient été capturés dans de grandes villes car plus il y a de population, plus il est facile de se cacher[2]. » L'Agence rebaptise cette forteresse « AC1 », pour Abbottabad Compound 1, déploie tous les moyens possibles pour découvrir ce qui se passe derrière ces murs. La maison est extrêmement sécurisée. Depuis l'extérieur, il est impossible d'apercevoir un bout de jardin, les murs font plus de trois mètres de haut et sont surmontés de barbelés. Elle est au moins huit fois plus grande que toutes celles aux alentours. Plus étrange encore, le balcon du dernier étage est cerné par un mur de deux mètres de haut, comme pour rester à l'abri des regards. Les espions américains fouillent discrètement, et sans en informer les autorités locales, le cadastre de la ville. Ils découvrent que le bâtiment a été construit en 2005 et qu'Ibrahim Sa'id Ahmed Abd Al-Hamid est bien officiellement le propriétaire des lieux. Pourtant, rien ne laisse présager qu'il ait les moyens financiers de s'offrir une maison aussi grande, dans une ville où résident de nombreux officiers de l'armée pakistanaise. Tout laisse à penser que quelqu'un se cache derrière ces murs mais cela pourrait être un autre membre haut placé d'Al-Qaïda, ou même un criminel important. La CIA n'a pas de réponse.

La surveillance permet de repérer qu'Ibrahim vit avec son épouse et leurs enfants sur place. Son frère et sa belle-sœur sont également installés à AC1. Langley envisage toutes les options : cacher des caméras dans les arbres à proximité, installer un télescope sur la colline adjacente, fouiller les poubelles pour trouver des bribes d'information. Mais rien ne fonctionne. Les arbres ne sont pas assez feuillus et seront bientôt abattus par les deux frères, la colline n'offre pas non plus de possibilité de surveiller discrètement à distance et les habitants de la maison brûlent eux-mêmes leurs ordures.

À Washington, des réunions régulières du Conseil de sécurité nationale sont organisées dans la salle de crise de la Maison-Blanche pour tenir informés le président et un cercle très restreint de responsables sécuritaires. Ces briefings sont des plus confidentiels. Dans le planning du Conseil, ils sont inscrits sous le nom de « Réunions Mickey Mouse ». Les caméras de surveillance sont coupées lorsqu'elles se tiennent et plus personne ne prononce un mot lorsqu'un assistant du président entre dans la pièce pour faire passer un message privé ou apporter à boire.

Mais la CIA patine, elle ne parvient pas à en savoir plus. Lors d'une réunion des équipes chargées de la traque de Ben Laden, plusieurs officiers laissent entendre qu'ils ont tout essayé… Un vent de résignation souffle sur la cellule. Leon Panetta, d'ordinaire si jovial, explose alors de colère et de frustration. Il refuse d'accepter que les meilleurs espions du monde ne soient pas capables de trouver d'autres options. Le directeur de la CIA leur passe un savon mémorable et ordonne qu'ils se présentent avec dix idées nouvelles lors de la prochaine réunion. Plus tard dans la journée, Jeremy Bash, le directeur de cabinet de Panetta, va trouver Gary et son équipe. Il leur explique que leurs postes sont en jeu et que le directeur s'interroge sur un remaniement à la tête de l'unité si rien n'avance. « Il vous a demandé de venir avec dix idées nouvelles, si j'étais vous je viendrais avec vingt-cinq. Peu importe qu'elles soient réalisables ou pas. » Lorsqu'ils se retrouvent quelques jours plus tard, ils en présentent finalement trente-huit.

« Certaines idées n'étaient pas réalisables ou risquaient de leur mettre la puce à l'oreille, explique Panetta. L'une d'entre elles proposait de lancer une bombe puante dans l'enceinte de la maison et de photographier les résidents à leur sortie ; une autre consistait à placer des micros dans les colis que l'épicerie leur livre ; une troisième, particulièrement amusante, consistait à diffuser par haut-parleur une voix tonitruante proclamant qu'Allah voulait qu'ils sortent de la maison. Mais mieux vaut des idées folles que pas d'idées du tout[3]... » La créativité est de retour. Et Panetta lui-même n'est pas en reste. Il épuise les équipes en lançant en permanence de nouvelles suggestions. Il leur demande un jour s'il ne serait pas possible de se brancher aux canalisations d'eaux usées et de prélever des échantillons pour faire des tests ADN.

Peu à peu, ces efforts payent. Fin 2010, la CIA apprend qu'une troisième famille vit dans la résidence et qu'elle n'est jamais sortie. Même les voisins ignorent leur existence. Cette famille vit aux deuxième et troisième étages de la maison principale et correspond aux âges de celle de Ben Laden. Elle est composée d'une femme, d'un garçon adolescent et d'un homme de grande taille qui sort périodiquement faire quelques pas à l'extérieur avant de disparaître à nouveau. Les espions le surnomment le « Pacer », celui qui fait les cent pas. À la même période, Langley est informé que le coursier de Ben Laden travaille toujours avec Al-Qaïda. Les indices s'accumulent.

Depuis son passage dans les grottes afghanes de Tora Bora fin 2001, lors de sa fuite, jamais les Américains n'avaient eu un tel niveau de renseignement sur l'endroit où pourrait se cacher Oussama Ben Laden. Mais ça, Leon Panetta ne peut en parler à personne, pas même à sa famille ou ses plus proches amis avec lesquels il passe le réveillon le 31 décembre 2010 dans son fief de Monterey, en Californie. L'un de ses proches, le restaurateur Ted Balestreri, sort ce soir-là une magnifique bouteille de Château Lafite Rothschild de 1870, une pièce très rare. « Si Leon attrape Ben Laden, on ouvrira cette bouteille ! » lance-t-il à la cantonade. « Je ne l'oublierai pas ! » répond Panetta, assez sûr de lui…

Les Seals en renfort

Chaque nuit, les agents de terrain de la CIA et les forces spéciales américaines prennent d'assaut des résidences similaires en Afghanistan. Mais cette fois-ci, l'objectif est de l'autre côté de la frontière, au Pakistan, à pas moins de 260 kilomètres de distance de la base américaine la plus proche. Alors, à Langley, on commence à douter de ses propres capacités. John Bennett, le chef des actions clandestines, prend le directeur Leon Panetta à l'écart. « Nos hommes ne pourront pas faire ça tout seuls », lui dit-il. Le septième étage de l'Agence semble unanime, c'est une opération faite pour les forces spéciales. Panetta demande à son adjoint, Michael Morell, d'inviter l'amiral Bill McRaven, le chef de ces forces spéciales, au siège de la CIA. Lorsque McRaven se présente à Langley peu de temps après, en février 2011, Morell le reçoit dans son bureau et lui expose en personne tous les renseignements que l'Agence a désormais à disposition. Le militaire n'en revient pas : « Sacré boulot ! » lâche-t-il, admiratif. Panetta connaît McRaven de longue date. Il lui explique que la CIA dispose d'hommes formés pour ce genre d'opération. Mais que les équipes de l'amiral sont sans doute plus aguerries et équipées. Il lui demande de travailler sur plusieurs options d'intervention. « Laissons faire les professionnels », dit-il à son adjoint. Une phrase qui aura du mal à passer en interne… Car à l'Agence, cette demande fait grincer des dents au CTC et dans la division des activités spéciales, chargée des opérations paramilitaires de la CIA. Leurs responsables respectifs estiment que la CIA n'a besoin de personne pour mener cette mission et que, après dix ans à traquer Ben Laden, il serait normal que la CIA soit chargée de la conclusion de l'histoire. Mais la décision de Panetta ne provoque pas de levée de boucliers massive. Les querelles de chapelle s'effacent manifestement devant l'importance stratégique et symbolique de la mission.

Après quelques semaines, l'amiral McRaven présente ses options à Barack Obama en présence de toute l'équipe de sécurité nationale. La première consiste à utiliser un avion bombardier B-1 et à raser entièrement la maison. Mais si la résidence serait bien réduite en poussière, certaines habitations civiles voisines aussi. Le président écarte d'entrée cette possibilité. Il serait par ailleurs très difficile de s'assurer que Ben Laden était bien présent.

La deuxième possibilité présentée par Bill McRaven est de mener une frappe plus légère et plus ciblée en utilisant un drone. L'objectif serait de frapper cet homme mystérieux qui tourne en rond dans le jardin. Enfin, dernière option sur la table, mener un raid en hélicoptère depuis l'Afghanistan voisin et prendre d'assaut AC1. McRaven reçoit l'ordre de travailler sur les deux dernières options.

Moins de certitudes que pour l'Irak…

Courant mars et avril, les spécialistes de Langley s'interrogent : Ben Laden est-il vraiment à Abbottabad ? Au sein même de l'Agence, le débat existe. « Quelle autre explication peut-il y avoir ? » s'interrogent certains. Chacun y va de son estimation, pensant qu'il y a 60 % de chance que ce soit lui, 80 % pour d'autres, et même 95 % pour l'analyste principal du dossier. À la Maison-Blanche aussi, les

« réunions Mickey Mouse » se multiplient. Et la même question se pose. Personne ne veut revivre le fiasco des armes de destruction massive irakiennes. Michael Morell, le directeur adjoint de la CIA, n'hésite pas à mettre les pieds dans le plat : « Monsieur le Président, dit-il en se tournant vers Barack Obama, je pense que les preuves circonstancielles que l'Irak possédait des armes de destruction massive en 2002 étaient plus solides que les preuves circonstancielles qui disent que Ben Laden se trouve aujourd'hui dans le complexe d'Abbottabad. Même si nous disposions d'une source à l'intérieur de cette maison et que cette source nous disait que Ben Laden s'y trouvait, je n'en serais pas certain à 95 %, car les sources mentent et se trompent tout le temps. »

Pendant quelques secondes, personne n'ose réagir à cette petite bombe lâchée par le numéro deux de l'Agence. « Michael, puisque vous n'êtes sûr qu'à 60 % que Ben Laden soit là, vous n'ordonneriez pas de lancer le raid ? demande finalement Obama.

– Même à 60 % je ferai cet assaut, répond Morell. Étant donné l'importance de ce dont on parle, nous avons assez d'éléments pour nous lancer. »

Le 28 avril, une énième réunion se tient autour de Barack Obama. Après avoir été informé des dernières avancées, le président fait un dernier tour de table pour demander l'avis de chacun. Le vice-président Joe Biden est opposé à la mission. Robert Gates, le secrétaire à la Défense, n'est pas emballé. Il estime l'option du commando bien trop risquée et ne peut s'empêcher de penser à *Eagle Claw* (Serre d'aigle), l'opération ratée pour tenter de libérer les otages américains en Iran trente ans plus tôt, fin avril 1980. Les hélicoptères utilisés à l'époque avaient été pris dans une tempête de sable dans le désert, l'un d'eux s'était écrasé et huit soldats avaient perdu la vie. Gates vote donc pour l'utilisation d'un drone, ce qui éviterait toute possibilité de pertes humaines américaines.

Vient le tour de Leon Panetta, le directeur de la CIA : « Quand j'étais au Congrès et que j'avais une décision difficile à prendre, je me demandais toujours ce que feraient mes administrés. Et si aujourd'hui je disais au citoyen moyen de ma circonscription que nous disposons des meilleures informations sur la localisation de Ben Laden depuis Tora Bora, je pense que ce citoyen nous dirait qu'il faut y aller. Et c'est ce que je vous recommande, Monsieur le Président. Je pense que nous devons y aller. Nous le regretterions si nous ne le faisions pas. »

D'autres se rangent du côté de Panetta : la secrétaire d'État Hillary Clinton, le chef d'état-major de l'armée Mike Mullen, ou encore le directeur du renseignement national James Clapper.

Barack Obama met fin à la réunion sans trancher, il se laisse la nuit pour réfléchir. Le lendemain matin au réveil, il donne son feu vert pour un assaut sur AC1, sans en informer les Pakistanais à qui il ne fait pas confiance.

Au même moment, Michèle Flournoy et Mike Vickers, les deux adjoints de Robert Gates, sont dans son bureau du Pentagone. Ils tentent de convaincre leur patron de l'importance de soutenir le raid. Son directeur de cabinet Robert Rangel aussi. Après quelques minutes de réflexion, Bob Gates appelle le conseiller à la sécurité nationale Tom Donilon : « Tom, informez le président que j'ai changé d'avis. Je soutiens finalement l'opération commando. »

Une mission pas si secrète…

Pour être certains de ne pas manquer leur coup, la CIA et les forces spéciales ont construit ensemble une réplique exacte et grandeur nature de la maison d'Abbottabad en Caroline du Nord, non loin du camp de base des forces spéciales américaines situé à Fort Bragg. Cette réplique a permis aux hommes de McRaven de s'entraîner à toutes les options depuis deux mois. Ils prévoient d'utiliser un nouveau modèle d'hélicoptère furtif à 60 millions de dollars pièce pour éviter d'être détectés par les radars pakistanais.

Ce sont les Navy Seals, une unité d'élite, qui vont mener la mission sous la direction de McRaven, même si officiellement la CIA est aux commandes. Mais confier l'opération à une autre entité que l'Agence a eu pour conséquence d'élargir considérablement le nombre de personnes informées. Et Leon Panetta agrandit encore ce cercle, au grand dam de la Maison-Blanche qui s'y oppose, en informant la commission du renseignement du Congrès. Il y tient non seulement par respect des institutions mais aussi parce que, en cas d'échec de la mission, les élus ne pourront pas lui reprocher d'avoir fait cavalier seul. Ils auront soutenu l'opération en amont.

« Tout d'abord, témoigne Panetta, je pense que si nous voulons établir la confiance avec les élus, nous avons l'obligation de les informer lorsqu'un événement aussi important que la découverte, ou du moins la possibilité d'avoir découvert où Ben Laden se cache. Et puis, deuxièmement, j'ai besoin de fonds et de l'argent du Congrès pour pouvoir accomplir cette mission. En les informant de cela, j'étais sûr d'avoir leur soutien[4]. »

Si le Congrès a la fâcheuse habitude de faire fuiter de nombreuses informations dans la presse, cette fois-ci l'intérêt national l'emporte. Et contrairement aux craintes de la Maison-Blanche, chaque membre du Congrès informé de l'opération tient sa langue.

L'ASSAUT

Au septième étage de Langley, le 2 mai 2011, la salle de conférences du directeur a été transformée en quartier général opérationnel, loin du centre habituellement utilisé. La direction veut éviter d'attirer l'attention et tient à ce que la mission reste secrète, même en interne. Des écrans de télévisions et des ordinateurs de l'Agence et du commandement des forces spéciales ont été installés sur l'immense table en bois. Leon Panetta et son adjoint Michael Morell sont présents, ainsi qu'une poignée d'autres responsables de la CIA.

Le reste de l'équipe de sécurité nationale est autour du président Obama dans la salle de crise, située au sous-sol de la Maison-Blanche. De l'autre côté du couloir, dans une salle plus exiguë, un brigadier général reçoit toutes les informations qui viennent de Langley et d'Afghanistan. Il suit l'opération en temps réel grâce à une image aérienne de la résidence d'Abbottabad diffusée par un drone de la CIA. Barack Obama apprend par un assistant que cette liaison vidéo a été établie, il quitte la salle de crise et vient s'installer près du brigadier général pour regarder lui aussi la mission en direct. Toute l'équipe de sécurité nationale fait comme lui. La salle est trop petite pour accueillir tout le monde. Ils s'entassent assis et debout jusqu'à l'entrée de la pièce, dont la porte reste ouverte. L'amiral McRaven, lui, est sur la base de Jalalabad, en Afghanistan, d'où ses hommes viennent de décoller à bord de plusieurs appareils.

Alors que les Américains arrivent sur zone, l'un des pilotes perd le contrôle de son hélicoptère qui s'écrase dans l'enceinte de la maison visée. À Washington, on retient son souffle. « Ça recommence », pense alors Robert Gates, qui avait mis en garde après l'opération ratée en Iran. Mais le pilote parvient à garder un certain contrôle et à limiter les dégâts. « Qu'est-ce qui se passe bon Dieu ? » demande Panetta à McRaven sur leur ligne sécurisée. « Ça va, répond l'amiral depuis l'Afghanistan, on a des hélicoptères de secours. On poursuit la mission. Les hommes vont escalader le mur plutôt que de descendre en rappel depuis l'hélicoptère

– Tant mieux, que Dieu vous bénisse », lâche Panetta, soulagé.

L'hélicoptère est hors d'usage mais tout le monde est sain et sauf. Le second appareil se pose sans encombre. Mohamed, un officier de la CIA d'origine pakistanaise, parle couramment l'ourdou et le dari. Il tente de garder les curieux à distance dans la rue car l'atterrissage forcé et le vacarme des hélicoptères ont réveillé tout le quartier. Mohamed leur intime de ne pas approcher et leur assure qu'il s'agit d'un exercice militaire pakistanais. Pendant ce temps, les Navy Seals prennent d'assaut la maison. Les premiers coups de feu fusent dès qu'ils passent le mur d'enceinte. À Langley et Washington, après avoir vu les hommes entrer à l'intérieur de la maison sur l'image aérienne, on devient aveugle et sourd. L'attente est interminable, personne ne sait ce qui se passe dans la maison. Vingt minutes plus tard, le verdict tombe sur la liaison radio : « Geronimo EKIA*. » C'est le

* Geronimo était le nom de code attribué à Oussama Ben Laden. EKIA est l'abréviation militaire pour « *ennemy killed in action* », « ennemi tué au combat ».

code, non seulement Oussama Ben Laden était bien là, mais il est désormais mort.

Avant de repartir, les Seals suivent les consignes données par la CIA : ils récupèrent tous les documents, DVD, ordinateurs (cinq en tout), la centaine de clés USB, les disques durs et téléphones portables. Tout ce matériel sera ensuite étudié en détail une fois de retour aux États-Unis. En attendant, il faut quitter les lieux au plus vite avant que l'armée pakistanaise ne débarque. Les Américains font exploser leur hélicoptère accidenté pour ne pas laisser de matériel et technologie de pointe (et secrète) derrière eux. Ils embarquent le corps de Ben Laden et repartent avec l'appui d'hélicoptères de secours qui stationnaient à proximité. Ils franchissent la frontière avec l'Afghanistan à 5 h 41 du matin et sont désormais hors de danger. À leur retour sur leur base de Jalalabad neuf minutes plus tard, Barack Obama apparaît sur la liaison vidéo de l'amiral McRaven. « Félicitations Bill ! Ce fut une grande mission ! lui lance le président.

– Merci, monsieur le Président. Je suis content que nos hommes soient rentrés sans encombre. Désolé pour l'hélicoptère. Il semblerait que je vous doive 60 millions de dollars… »

Obama sourit. Bill McRaven l'informe alors qu'il serait judicieux d'attendre avant d'annoncer publiquement la nouvelle, il faut d'abord s'assurer formellement qu'il s'agit bien du corps du leader d'Al-Qaïda.

McRaven monte dans un pick-up Toyota pour rejoindre le hangar où les Seals sont en train d'entreposer le corps de Ben Laden et le matériel récupéré à Abbottabad. Avant qu'il ne démarre, il est intercepté par Chris Wood, le chef de station de la CIA en Afghanistan. Wood avait déjà été déployé auprès de l'Alliance du Nord juste après le

11-Septembre, puis à la station de Kaboul en 2002 avant de diriger Alec Station les deux années suivantes. « Bill, ça ne vous dérange pas si je viens avec vous identifier formellement Ben Laden ? Cela fait plus de dix ans que je le traque. J'aimerais être là à la toute fin. » McRaven accepte sur-le-champ. Les deux hommes s'apprécient de longue date et ont plusieurs fois travaillé ensemble.

À leur arrivée au hangar, ils sont accueillis par un membre du commando : « Messieurs, vous voulez voir le corps ? » McRaven répond par l'affirmative. Il compare alors le visage, abîmé par deux balles, avec les photos du terroriste amenées par Chris Wood. Tout semble correspondre, mais il faut aller plus loin. Une photo est prise par un membre de l'équipe et envoyée à Langley où deux équipes d'experts scientifiques analysent tous les points de comparaison : forme du visage, menton, oreilles, etc. Ils estiment à 90 ou 95 % les chances qu'il s'agisse bien de Ben Laden. De l'ADN est prélevé, mais les examens vont prendre un peu de temps*. Sur place, les Seals décident de mesurer le corps pour vérifier si la taille correspond à celle du jihadiste le plus connu du monde, soit 1,93 mètre. Mais cette armada suréquipée… a oublié de prendre un mètre. McRaven demande à l'un des soldats combien il mesure. « 1,88 mètre, monsieur.

– Très bien, répond McRaven, allongez-vous à côté du cadavre ! » Surpris, le combattant s'exécute. Cinq centimètres séparent bien les deux hommes. « C'est lui, c'est sûr », se réjouit cette fois le chef de station de la CIA. À 6 h 20, l'amiral McRaven informe Washington qu'il y a une forte probabilité pour que ce soit bien lui : « Il faut attendre

* Les résultats, fournis par le laboratoire militaire américain en Afghanistan et un autre laboratoire aux États-Unis, confirmeront le lendemain qu'il s'agit bien d'Oussama Ben Laden.

les résultats des analyses ADN pour en être sûr à 100 % mais toutes les caractéristiques physiques correspondent. » Leon Panetta et Michael Morell quittent leur centre de commandement improvisé de Langley pour monter dans leur escorte. Ils rejoignent la Maison-Blanche pour retrouver le reste de l'équipe de sécurité nationale, se réjouir ensemble de ce moment historique et aider le président à rédiger le discours qui annoncera la nouvelle au monde.

Grand cru

Sur le chemin, Morell, qui a loupé la dernière représentation de la chorale du lycée de sa fille plus tôt dans la journée, appelle son épouse Mary Beth. Depuis plus de huit heures son téléphone était éteint et Mary Beth a passé la journée à le maudire, envisageant même le divorce. Vivre avec un directeur adjoint de la CIA n'est pas de tout repos et les très longues heures de travail pèsent sur tous les couples. « Je ne peux pas encore t'expliquer pourquoi je n'étais pas joignable mais le président va bientôt s'adresser à la nation. J'espère qu'en l'écoutant tu comprendras et me pardonneras.

– Quelque chose de terrible s'est passé ? » l'interroge-t-elle, soudain angoissée. Morell la rassure et lui explique qu'il s'agit, pour une fois, d'une bonne nouvelle. « Vous l'avez eu ? lui demande sa femme.

– Je t'aime, je dois y aller », répond-il simplement dans un sourire…

Après le discours du président, Leon Panetta et Michael Morell quittent l'aile ouest de la Maison-Blanche… Des centaines d'Américains ont commencé à affluer et à se rassembler devant la présidence, certains une bannière étoilée brandie à bout de bras. Le directeur de la CIA les entend scander « USA ! USA ! » et même « CIA ! CIA ! » sans discontinuer. Les deux hommes tombent dans les bras l'un de l'autre.

Une fois monté à l'arrière de sa voiture, Leon Panetta appelle son épouse Sylvia à son tour pour partager sa joie : « Je ne peux pas rester longtemps au téléphone mais dis à Ted Balestreri qu'il me doit un grand cru ! » Après avoir raccroché, Sylvia monte dans sa voiture et fonce au restaurant de Ted. « Tu te souviens de ta promesse du Nouvel An ? Alors allume la télé et prépare le tire-bouchon », lui lance-t-elle en arrivant, un grand sourire aux lèvres.

Balestreri met CNN et découvre la nouvelle, stupéfait. « Ce fils de pute de Leon m'a piégé », lâche-t-il… Sylvia éclate de rire.

18.

Somalie : à la recherche de Denis Allex

Le 14 juillet est d'ordinaire un jour de joie en France. Mais boulevard Mortier, siège de la DGSE, et à Perpignan, où est basée une partie du Service Action (SA), l'élite paramilitaire des renseignements français, la fête nationale est un douloureux rappel. Depuis ce jour de 2009, leur collègue Denis Allex* est retenu en otage par les islamistes somaliens de Harakat Al-Shebab Al-Mujaheddin (Mouvement des jeunes combattants), plus connus sous le nom de Shebab (La Jeunesse, en arabe). Père de trois enfants et originaire du Pas-de-Calais, Denis est très respecté au sein du SA. Il se faisait passer pour un journaliste avec un autre espion français lorsqu'il a été enlevé dans son hôtel. Depuis, Paris multiplie les efforts pour retrouver son homme : écoutes téléphoniques, surveillance aérienne, sources sur le terrain, efforts diplomatiques auprès des pays de la région, négociations secrètes…

Comme dans chaque pays où elle se déploie, la CIA dispose en Somalie d'un réseau de sources très variées.

* Denis est son vrai prénom, Allex est la fausse identité qui lui a été attribuée pour la mission en Somalie pendant laquelle il a été enlevé.

Mi-2012, l'une d'elles, qui avait déjà prouvé sa fiabilité et son efficacité par le passé, parvient par ses relations personnelles à indiquer aux espions américains où serait détenu le Français Denis Allex. Il s'agit d'un village, Bulomarer, à une centaine de kilomètres au sud de Mogadiscio, la capitale.

Le « Pingouin »

Les Français sont immédiatement prévenus et, avec la CIA, déploient autant d'éléments de surveillance que possible pour tenter de vérifier l'information. Impossible pour les officiers de la CIA ou de la DGSE de s'approcher des lieux à pied ou en véhicule sans être repérés, il faut s'appuyer sur la technologie. Un satellite américain est repositionné et un drone déployé sur place pour obtenir des images aériennes et une surveillance vidéo permanente. Il n'est plus question de relâcher la cible sauf à avoir l'assurance que Denis Allex n'est pas sur place. L'essentiel de la coordination entre Américains et Français se fait à Nairobi, au Kenya voisin, où Washington dispose d'une ambassade et d'une station de la CIA en bonne et due forme et où les Français peuvent se déployer en sécurité contrairement à la Somalie.

Sur ses écrans, l'équipe de la CIA recense plusieurs hommes et en aperçoit régulièrement un « qui marche comme un pingouin vers ce qui semblent être des toilettes extérieures[1] », témoigne un espion américain. Les analystes déployés à la base de la CIA de Mogadiscio estiment alors qu'il s'agit sans doute d'un prisonnier avec des fers aux pieds, les chaînes l'empêchant de se déplacer normalement. Il se pourrait bien que ce soit Denis Allex mais impossible de le vérifier, il n'y a aucune caméra cachée sur les lieux ou dans les arbres à proximité. Et les images aériennes ne permettent de voir que le haut du crâne. Les Américains décident alors de prendre un risque et, lorsque le « pingouin » refait son apparition, font descendre leur drone de surveillance jusqu'à ce que le bruit qu'il émet soit légèrement perceptible au sol. Le « pingouin », intrigué par ce son venu du ciel, lève alors la tête. Son visage apparaît sur les images de surveillance. Si la définition ne permet pas de l'identifier formellement, une chose est certaine : c'est un prisonnier et il est blanc. Le seul dans cette maison et dans cette région reculée de Somalie. « Ça a été le tournant. À partir de ce moment-là, les gars de la DGSE ont voulu prendre la main sur l'opération et elle était très complexe[2] », raconte un espion de la CIA déployé sur place. Les négociations avec les Shebab *via* des intermédiaires ayant échoué, Paris décide de tenter un assaut. C'est le président François Hollande en personne qui donne le dernier feu vert. La DGSE impose que ce soit son Service Action qui s'en charge car c'est un des siens qui est détenu sur place.

Taxis espions

Les services français disposent eux aussi de bons informateurs en Somalie. Un réseau qui leur a permis de venir plusieurs fois en aide à leurs amis de la CIA dans ce pays particulièrement instable où rien ne se passe jamais comme prévu. Les espions de la DGSE ont notamment recruté des chauffeurs de taxi habitués à parcourir de longues distances et à se rendre dans des zones trop dangereuses pour un Occidental qui serait immédiatement repéré. Ils équipent leurs véhicules avec une caméra à l'intérieur de l'habitacle, mais surtout une à l'extérieur qui enregistre tout à

360 degrés. Cette ruse permet aux agents de la DGSE de repérer notamment les carrefours contrôlés par les Shebabs et de cartographier le pays, d'identifier les zones où les insurgés sont très nombreux, etc. Un véritable travail de fourmi bien utile à l'heure de préparer l'opération pour libérer leur collègue et ami Denis Allex.

L'ASSAUT

Le bâtiment où le Français est détenu est trop reculé pour y accéder facilement. Seuls des hélicoptères peuvent permettre au commando de s'approcher suffisamment près… tout en restant à une certaine distance tout de même pour ne pas être repéré. Le jour J, la nuit du 11 au 12 janvier 2013, les équipes sont déposées à une distance importante de la cible pour ne pas être entendues puis progressent longuement à pied. Le chemin est semé d'embûches, ces hommes surarmés traversent des zones dangereuses où les Shebabs ont de nombreux soutiens.

Réducteurs de son sur les armes, lunettes de vision nocturne, talkies-walkies branchés sur des oreillettes, tout est fait pour être le plus silencieux et discret possible. Les hommes du Service Action de la DGSE dirigent la manœuvre. Ils sont une cinquantaine et appuyés par quelques militaires américains et des officiers de la CIA chargés d'établir une bulle de protection autour des Français. Un appui aérien est en alerte en cas de besoin. Le commando parvient jusqu'à la maison où est détenu Denis. Il tombe sur un garde sorti uriner à l'extérieur. L'homme est immédiatement abattu… mais parvient à pousser un cri avant de s'effondrer. Les preneurs d'otage ont compris que quelque chose d'anormal se passe. Ils se ruent sur leurs armes et ouvrent le feu.

Les combats sont particulièrement féroces. D'autant que, alertés par les bruits de tirs, d'autres miliciens stationnés plus loin se joignent à leurs camarades pour repousser le commando.

Un Français est mortellement touché. Il s'était juré de ramener son ami vivant et avait prolongé son contrat à la DGSE à la dernière minute pour participer à cette opération. Le commando ne parvient pas à récupérer son corps et doit se résigner à fuir les lieux en le laissant sur place. Un autre Français est grièvement blessé. Les hommes de la CIA aident à le récupérer et le ramener en lieu sûr. Il décède sur le navire *Mistral* déployé à proximité et où tous les hommes sont rapatriés. L'équipe médicale du bâtiment de guerre parvient à sauver trois autres blessés graves.

Le ministre français de la Défense, Jean-Yves Le Drian, assure que Denis Allex est tué par les islamistes lors de l'assaut. Les Shebabs, eux, soutiennent qu'il n'était pas sur place et a été exécuté dans les jours qui ont suivi en guise de représailles.

La polémique

Les Américains l'ont vu dans leurs yeux, les Français voulaient à tout prix récupérer Denis Allex. Une attitude saluée à Langley qui n'y voit pas là une faiblesse mais une réaction humaine. À Paris, en revanche, cette décision de faire intervenir le Service Action de la DGSE plutôt que les forces spéciales est critiquée par le général Christophe Gomart qui les dirige. Selon lui, il s'agit d'une opération militaire qui aurait donc dû être menée par ses hommes.

À la CIA, les hommes impliqués dans l'opération assurent que l'intervention des forces spéciales n'aurait pas fait de différence. « Il est très compliqué de secourir un otage parce qu'il y a toujours quelqu'un chargé de le tuer en cas d'attaque, analyse un responsable américain. Il est très difficile d'empêcher que cela se produise[3]. » Et surtout, cette opération menée en commun a consolidé les relations et créé un sentiment de fraternité entre les espions de Langley et ceux du boulevard Mortier. « Après cela, nos relations se sont améliorées, confirme un responsable de la CIA. Non pas qu'elles étaient mauvaises, mais elles sont passées à un autre niveau, notamment pour tout ce qui concernait l'Afrique[4]. »

19.

Petraeus, la chute d'un héros

La CIA espionne ses ennemis… mais aussi ses alliés. Dans le milieu du renseignement, tout le monde espionne tout le monde. En France, la DGSE sait parfaitement que son homologue américaine déploie des moyens pour surveiller les responsables politiques et les grandes entreprises françaises. Aux États-Unis, lorsque le directeur national du renseignement, l'amiral Dennis Blair, propose un projet d'accord de non-espionnage au printemps 2010, les Français sont ravis. « Tout le monde s'espionne mais entre alliés, il y a quand même des choses que l'on s'abstient de faire. Et la France est assez vertueuse en la matière. C'est sans doute d'ailleurs pour cela que l'on n'a pas vu venir l'affaire des sous-marins avec l'Australie* », dit aujourd'hui Bernard Bajolet, coordinateur français du renseignement à l'époque du projet[1]**.

L'amiral Blair a commencé à évoquer ce projet d'accord de non-espionnage sans même en parler au président Barack Obama. Du côté de la CIA, on y est farouchement opposé, et

* À l'automne 2021, l'Australie rompt unilatéralement et sans préavis le contrat de 56 milliards d'euros signé avec la France pour la construction de sous-marins convetionnels, au profit de sous-marins américains dans le cadre de l'alliance Aukus qui inclut également le Royaume-Uni.

** Bernard Bajolet prendra la tête de la DGSE, les services de renseignement extérieur français, de 2013 à 2017.

Paris l'a bien compris. Leon Panetta fait le déplacement en France pour rencontrer Bajolet dans son bureau de coordinateur du renseignement installé dans une ancienne chapelle, rue de l'Élysée. Sous le plafond à caissons du XVe siècle, dont la légende dit que Napoléon Bonaparte l'aurait volé en Italie, les deux hommes discutent longuement. Le Français reproche à l'Américain de tenter de torpiller cet accord de non-espionnage en faisant traîner le dossier. « *Chi va piano, va sano* » (« Qui va doucement, fait bien les choses »), lui dit Panetta, fils d'immigrants italiens. « *Ma chi va presto, va meglio* » (« Mais qui fait les choses rapidement, les fait mieux »), répond Bajolet, pressé d'avancer, mais sans parvenir à le convaincre.

Le sujet est abordé dans une réunion du Conseil national de sécurité à la Maison-Blanche. L'amiral Blair explique sa volonté de conclure cet accord de non-espionnage. « Mais enfin, comment ça, on ne doit pas espionner les Français ? s'agace Bob Gates, le secrétaire à la Défense et ancien directeur de la CIA. Évidemment qu'on les espionne et qu'ils nous espionnent, c'est ce que fait une agence de renseignement ! »

Dennis Blair est rapidement remplacé par James Clapper. Il est remercié en mai 2010. Clapper, lui, donnera une nouvelle dimension au rôle de directeur du renseignement national et sera particulièrement respecté.

Lorsqu'il rencontre Elizabeth Kimber, la cheffe de station de la CIA à Paris, dans les semaines qui suivent, Bernard Bajolet décide d'y aller franchement : « Beth, vous avez reconnu que vous nous espionniez en refusant cet accord. Vous venez quasiment de le reconnaître officiellement, si vous ne nous espionniez pas, vous n'auriez aucun problème à vous engager à ne pas nous espionner.

– Mais non, on ne vous espionne pas ! s'insurge l'Américaine, par ailleurs mariée à un Français.

– Ne me racontez pas d'histoires, répond le Français. De toute façon on le sait, on a même des éléments très précis pour le prouver. »

Face à tant de mauvaise foi, Bajolet a bien compris que l'accord de non-espionnage entre Paris et Washington est mort et enterré. Mais un an plus tard, alors qu'il est devenu ambassadeur en Afghanistan, il s'amusera à titiller le futur remplaçant de Leon Panetta à la tête de la CIA. Le général David Petraeus mène encore la guerre contre les taliban et Al-Qaïda lorsque la Maison-Blanche annonce qu'il a été choisi pour diriger l'agence de renseignement. Bernard Bajolet profite d'une visite du président français Nicolas Sarkozy à Kaboul pour organiser une réunion à trois dans son bureau de l'ambassade avec le président français et un David Petraeus sur le départ. Le général doit quitter l'Afghanistan pour Langley dans les jours qui suivent.

« Monsieur le Président, commence Bernard Bajolet. Vous vous rappelez que nous avions envisagé un accord de non-espionnage entre la France et les États-Unis, à l'initiative américaine ? On compte sur David pour qu'il remette cette idée à l'ordre du jour parce qu'on a mieux à faire que de s'espionner entre Français et Américains. »

Petraeus répond qu'il étudiera la question lorsqu'il arrivera à Langley… mais n'en reparlera plus jamais. L'application d'un tel accord serait de toute façon très compliquée à contrôler, il serait presque impossible pour les Français de s'assurer que la CIA ne les espionne pas. Paris l'a bien compris et, résigné, ne mettra plus le sujet sur la table.

Un bilan contrasté

L'arrivée de David Petraeus à Langley en septembre 2011 est bien accueillie par les observateurs. L'ancien directeur,

Michael Hayden, lui aussi militaire de carrière, se réjouit de voir un profil comme celui de Petraeus débarquer à Langley mais il met en garde le nouveau patron de l'Agence : « Ils ne font pas du tout de hiérarchie à la CIA. Certains m'appelaient "général", d'autres "monsieur", mais beaucoup m'appelaient "Mike"[2]. » Petraeus peinera à suivre le conseil et se comportera trop souvent, aux yeux des employés, comme un haut gradé.

Petraeus est un forcené de travail et exige que son entourage en fasse autant. Les employés le respectent pour cela. Mais dans les couloirs de Langley, les rumeurs fusent : tout aussi admiré qu'il soit pour ses états de service et ses connaissances géopolitiques, le nouveau directeur serait une diva. Il réclamerait qu'on lui coupe ses bananes en biseau et pas droit, imposerait que son eau soit servie à une juste température et réclamerait d'avoir toujours quelqu'un pour lui ouvrir les portes, ce qu'il ne supporterait pas de faire lui-même (y compris des chefs de station de la CIA lorsqu'il se rend dans des ambassades américaines à l'étranger). Il s'en défend. Que ces rumeurs soient vraies ou fantaisistes, elles circulent abondamment et entachent l'image de Petraeus au sein de l'Agence.

Le *Washington Post* dévoile sa volonté d'investir 15 millions de dollars dans une nouvelle salle de sport sur le campus de la CIA. Il en sera dissuadé par la direction financière qui lui fait remarquer que ce projet n'est peut-être pas la priorité en temps de restrictions budgétaires… Il se fera tout de même installer un vélo d'appartement à bord de l'avion C-17 qu'il utilise pour ses déplacements[3].

Et puis, le directeur a ses sujets de prédilection. Lorsque des analystes sont invités à venir briefer le directeur dans sa suite du septième étage, un moment pour lequel ils se sont préparés plus que de raison et qu'ils ont parfois attendu longtemps, certains déchantent rapidement lorsqu'ils abordent une thématique éloignée de la guerre. « Il était difficile d'être plus désintéressé que lui, regrette un analyste chargé de la Russie. Il s'en fichait royalement[4]. »

« Pendant que je le briefais sur une affaire, il mangeait ses bonbons en faisant un bruit pas possible, s'agace un autre analyste. Évidemment, il n'a même pas pensé à en proposer aux autres. Rien n'allait, on aurait dit un poisson en dehors de l'eau[5]. »

À Langley, de nombreux officiers ont du mal avec le nouveau patron. À leurs yeux, il agit comme si la CIA n'était qu'un marchepied vers l'étape suivante : la Maison-Blanche. Car le très populaire général, apprécié des Républicains comme des Démocrates, est régulièrement cité comme un candidat potentiel. C'est d'ailleurs, entre autres, pour cette raison que Barack Obama l'a placé à la CIA – afin de lui éviter ainsi toute tentation de partir en campagne rapidement contre lui.

Mais une partie de l'Agence salue sa gestion jugée efficace. Petraeus a notamment mis en place un programme de formation à mi-carrière pour les titulaires de postes à responsabilité, similaire à celui existant dans l'armée, et poussé à mieux exploiter les nouvelles technologies.

Une fin prématurée

En mai 2012, l'une des amies de Petraeus, Jill Kelley, est harcelée. Elle est inondée d'e-mails anonymes lui intimant de se tenir à distance de Petraeus avec qui elle correspond régulièrement. Jill Kelley et son mari sont des amis du directeur de la CIA et de son épouse, Holly. Les deux couples se sont rencontrés à Tampa, en Floride, où Jill organise régulièrement de grandes fêtes pour les militaires et personnalités de la ville. C'est là qu'est installé le CENTCOM, le commandement de l'armée pour toutes les opérations au Moyen-Orient, que Petraeus a dirigé de 2008 à l'été 2010.

Le FBI est informé du harcèlement dont Kelley est victime et remonte la piste jusqu'à Paula Broadwell. Cette ancienne réserviste de l'armée, passée à trois reprises par l'Irak, est l'auteure d'une biographie du général. Les enquêteurs fédéraux découvrent que quelques mois après son arrivée à Langley, Petraeus a entamé une relation extraconjugale avec Broadwell, de vingt ans sa cadette.

Pris dans la tourmente, le directeur de la CIA envoie alors un message à tous les employés de l'Agence le 9 novembre 2012 : « Après avoir été marié pendant plus de trente-sept ans, j'ai manqué de jugement en m'engageant dans une liaison extraconjugale. Un tel comportement est inacceptable, à la fois en tant que mari et en tant que dirigeant d'une organisation telle que la nôtre. Cet après-midi, le président a gracieusement accepté ma démission. »

Son adjoint, Michael Morell, assure l'intérim.

Les États-Unis découvriront plus tard que David Petraeus a transmis des documents ultra-confidentiels à sa maîtresse. L'ordinateur de Paula Broadwell contenait des documents avec des noms d'agents secrets, des précisions sur la stratégie militaire américaine et des notes de conversation entre Barack Obama et David Petraeus. L'ancien directeur de la CIA encourt jusqu'à huit ans de détention mais plaide coupable de « retrait et recel de documents classés ». Une stratégie qui lui permet d'éviter de passer par la case prison. Il écope tout de même d'une condamnation avec sursis, deux ans de mise à l'épreuve et de 100 000 dollars d'amende.

20.

Syrie : vingt ans de lutte contre le régime Assad

Dès le début des années 2000, les États-Unis, et donc la CIA, surveillent de très près la Syrie. Si le pays n'est pas officiellement catalogué dans « l'axe du mal » théorisé par George W. Bush, Washington prend rapidement en grippe Damas, accusée de laisser passer des combattants étrangers qui partent se battre contre les soldats américains en Irak ou en reviennent. Le sol syrien serait une base arrière des terroristes. Le point de non-retour entre les deux capitales est atteint en 2005 avec la mort du Premier ministre libanais Rafic Hariri, un allié des Occidentaux. Le régime de Bachar El-Assad est immédiatement pointé du doigt, accusé d'avoir fomenté l'assassinat de son ennemi juré au Liban voisin. Damas dispose d'une présence civile et militaire importante à Beyrouth depuis près de trente ans. Son influence y est considérable. L'immense soulèvement populaire qui suit la mort de Rafic Hariri contraint la Syrie à se retirer entièrement de ce pays qu'elle considère pourtant plus ou moins comme l'une de ses provinces. Les États-Unis, de leur côté, décident de rappeler leur ambassadeur en poste à Damas en guise de représailles. La fermeture de la représentation diplomatique américaine en Syrie coupe la CIA d'une bonne partie de ses ressources. Dans chaque ambassade, l'Agence déploie des espions sous couverture – certains prétendent être diplomates, les autres savent pouvoir compter sur la station dans le pays pour leur venir en aide en cas de besoin – et des capacités techniques permettant de surveiller les principaux acteurs locaux. Langley conserve des sources sur place mais va désormais davantage devoir se reposer sur ses capacités techniques, à défaut de pouvoir s'appuyer sur le renseignement humain.

Une source à tout prix

Depuis qu'elle a quitté Damas, la CIA tente de recruter des sources syriennes à l'étranger. Elle peut se déployer plus facilement dans les pays où elle a une station et où les personnalités syriennes n'y sont pas (ou beaucoup moins) surveillées par les *moukhabarats*, les redoutables services secrets de leur pays. L'Agence s'appuie aussi sur les réseaux de services alliés comme la DGSE, très en pointe sur la question syrienne. Cette collaboration va même parfois jusqu'à tenter de recruter des sources en commun. Car la CIA et la DGSE tentent désespérément de pénétrer le cercle intime du pouvoir syrien, et aucun des deux services ne parvient à avoir d'informateurs dans l'entourage proche du président Bachar El-Assad.

Lorsque Français et Américains apprennent en 2006 que le général Mohamed* se rend régulièrement à Chypre pour profiter plus librement de la compagnie des femmes et boire plus que de raison, ils décident de tout faire pour l'approcher et le recruter comme agent.

---

* Le nom a été changé.

Les généraux syriens font partie des cibles prioritaires de Langley. Alors que les Français tentent une approche douce, progressive, pendant plusieurs mois, les Américains s'impatientent et décident d'y aller franchement. Ils suivent le général Mohamed qui part, comme chaque soir, acheter des cigarettes dans une supérette. Alors qu'il ressort du magasin, le chef de la station de la CIA dans le pays l'aborde sur le parking et joue franc-jeu. L'Américain lui explique qu'il travaille à la CIA et lui propose de collaborer en fournissant des informations importantes. En échange, l'Agence lui offrira de l'argent, l'exfiltrera de Syrie avec ses proches et leur fourniront à tous une carte verte, une autorisation de résidence permanente, pour s'installer aux États-Unis. « Qu'en pensez-vous ? lui demande l'espion.

– Oui, peut-être, merci pour votre offre, répond le général syrien. Je vais y réfléchir et vous rappeler bientôt. » L'officier de la CIA est persuadé de l'avoir convaincu, mais le général ne donne pas de nouvelles. Les hommes de la DGSE le surveillent de près plusieurs semaines pour savoir comme le Syrien réagit à cette offre. Son quotidien n'a pas changé d'un iota et il ne laisse transparaître aucune faille. Le général Mohamed restera fidèle au régime et ne rappellera jamais le chef de poste de la CIA. « Les Américains, avec toute leur armada technique, ne comprenaient pas les Syriens[1] », estime un espion français.

« The Enigma Site »

Début 2007, une étrange construction sort progressivement de terre à Al-Kibar, dans l'est de la Syrie. Une superstructure recouvre l'ensemble et empêche de voir ce qui se passe en-dessous. Alertée, la CIA déploie de nombreux moyens pour mieux comprendre ce qui se trame dans cette partie quasi inhabitée du pays. Elle découvre alors que le régime syrien est en train de construire un réacteur nucléaire secret, très probablement pour son programme militaire, sur le modèle de réacteurs nord-coréens. En d'autres termes, le régime de Bachar El-Assad développerait des armes nucléaires. « On ne s'attendait pas à ce qu'ils appellent Pyongyang pour leur construire ça au milieu du désert[2] », reconnaît un responsable de la CIA. Une surveillance aérienne est déployée. Depuis leur quartier général et les stations de l'Agence de la région, les espions américains surveillent en temps réel l'avancée des travaux. À Langley, on rebaptise le lieu « The Enigma Site ».

Un intense débat éclate dans les couloirs du pouvoir à Washington : que faire avec ce réacteur ? Les options sont limitées. Celle qui consiste à bombarder est écartée, les experts craignent une réaction en chaîne qui serait une catastrophe. George W. Bush, soucieux de ne pas ouvrir un nouveau front au Moyen-Orient, ne veut pas prendre le risque. L'option diplomatique en demandant aux Syriens de démanteler leur réacteur n'emporte pas davantage la mise. « On avait peur qu'en découvrant que nous étions au courant, ils mettent des enfants à proximité pour nous empêcher de bombarder, explique un cadre de la CIA qui participe aux discussions. C'était très problématique[3]. » Et l'heure continue de tourner. Les Syriens n'en ont plus que pour quelques semaines de travaux avant d'achever la construction, trois mois tout au plus. Les Israéliens, avec qui la CIA a partagé ses informations, décident que la menace est trop grande et prennent les devants. Le Premier ministre Ehoud Olmert ordonne à son aviation de bombarder le bâtiment dans la nuit du 5 au 6 septembre 2007. Une opération baptisée Orchard et également suivie en direct à Langley grâce aux images satellitaires. La destruction du réacteur d'Al-Kibar est vécue à la CIA comme une victoire contre le régime Assad qui n'a pu que constater les dégâts. Il s'est plaint dans un courrier adressé au secrétaire général de l'ONU mais n'a pas mené de riposte, par peur d'un embrasement. Israël ne reconnaîtra publiquement avoir détruit le réacteur que des années plus tard, en mars 2018.

Le retour des grandes oreilles

En janvier 2011, l'administration Obama désormais au pouvoir aux États-Unis décide de relancer ses relations diplomatiques avec Damas. Le régime syrien s'est engagé dans des négociations jugées prometteuses autour d'un possible rapprochement avec Israël. Washington décide donc d'encourager le mouvement en renvoyant un ambassadeur dans la capitale syrienne. Robert Ford débarque à Damas le 15 janvier 2011. Mais le diplomate n'arrive pas seul : la CIA profite de l'opportunité pour redéployer des hommes et des infrastructures d'écoutes dans le pays.

« Les Américains étaient bien contents qu'on y soit car eux étaient partis depuis longtemps, se souvient un espion français de la DGSE. À leur retour début 2011, ils n'avaient rien ou presque. Après, une fois sur place, ils nous ont dit qu'ils installaient un autre capteur capable d'aller prendre la température de Bachar matin, midi et soir pour voir s'il avait de la fièvre[4]. »

Cette réinstallation tombe à point nommé pour la CIA car deux mois plus tard éclate la révolution syrienne. Portés par le Printemps arabe qui souffle sur la région, de très nombreux citoyens s'élèvent avec courage contre le régime qui les oppresse depuis 1970. Ils manifestent en masse tous les vendredis. Même la répression par le sang de ces rassemblements n'entame pas leur détermination. Après des mois, une partie de cette opposition se résigne à prendre les armes.

Divisions américaines

Plus d'un an après le début du soulèvement, l'opposition n'a toujours pas réussi à renverser Bachar El-Assad malgré les promesses des grandes capitales occidentales. À Langley, le directeur David Petraeus milite pour soutenir militairement les rebelles en leur fournissant non seulement un appui en renseignement, mais aussi des armes. Il est soutenu par la secrétaire d'État Hillary Clinton. Cependant, malgré leur lobbying, le duo échoue à convaincre Barack Obama d'aider massivement l'opposition modérée. Dans les couloirs de la CIA, les responsables du dossier syrien estiment que le président américain fait le strict minimum. « La Maison-Blanche n'a pas mis en place une politique qui nous permette de réussir[5] », juge Doug Wise, chargé du soutien aux rebelles au sein de l'Agence.

L'opposition syrienne tente d'afficher une certaine unité et assure se réunir sous la bannière de l'Armée syrienne libre (ASL) autour d'anciens généraux qui ont fait défection, mais dans la réalité, l'état-major de cette entité n'a que très peu de contrôle sur le terrain. Une équipe de la CIA est chargée de cartographier l'ensemble des groupes d'opposants. Elle n'en recense pas moins de mille cinq cents !

« L'Armée syrienne libre n'était pas une armée, tranche Doug Wise. C'est un terme qui plaît aux Occidentaux, qui passe bien dans les médias, qui crée une perception d'unité et de structure. C'était une illusion nécessaire, mais une illusion quand même[6]. »

Les attaques chimiques changent la donne

Officiellement, le soutien américain aux combattants rebelles commence en juin 2013. Deux mois plus tôt, les renseignements américains confirment avec une très haute certitude que le régime syrien a bel et bien mené des attaques chimiques. Ces accusations d'attaques étaient régulières depuis fin 2012 mais les services secrets occidentaux ne parvenaient pas à obtenir suffisamment de preuves. « Il était très difficile d'obtenir du renseignement sur le terrain et d'avoir des certitudes, confie un membre de la direction de l'Agence. Mais il devenait de plus en plus clair, d'après les informations et les échantillons que l'on récoltait, que le régime utilisait très probablement des armes chimiques. On savait qu'il en avait la possibilité[7]. »

Barack Obama avait tracé publiquement une ligne rouge à ne pas franchir quant à l'utilisation de ces armes. Il est donc contraint de réagir… tout en voulant maintenir un engagement le plus limité possible dans le conflit. Le locataire de la Maison-Blanche n'a qu'une crainte : que son pays s'embarque dans une nouvelle guerre au Moyen-Orient. « Il y avait une obligation de faire quelque chose, témoigne un officier de la CIA qui travaille sur la Syrie. Il n'a pas été décidé de faire autant que ce que certains, comme moi, auraient voulu mais ils ont compris que cela aurait été un crime moral de ne pas réagir[8]. » Le président américain ne souhaite pas bombarder la Syrie ou provoquer un changement de régime, il décide d'armer enfin les rebelles.

Mais en réalité, malgré le refus public de s'engager du président Obama, cela fait déjà un an que la CIA est à leurs côtés et leur apporte un soutien financier et matériel à un niveau très modeste. Cette fois-ci, le soutien doit prendre une autre ampleur et surtout, Washington choisit de le faire savoir.

Les armes mettront plusieurs semaines à être livrées. Avant d'y procéder, les spécialistes de Langley ont mené un travail de fourmi pour analyser la situation sur le terrain. Parmi la myriade de groupes présents en Syrie, Langley doit désormais faire le tri et choisir qui aider. Les analystes de la CIA font réaliser une cartographie des forces en présence, pour mieux comprendre qui sont ces mille cinq cents groupes d'opposition recensés et leurs affiliations, s'ils peuvent représenter une menace pour les États-Unis et l'Occident ou non, etc. Tous ne méritent pas d'être aidés, estime-t-on à Washington. Certains sont jugés trop extrémistes, d'autres, trop petits pour avoir la moindre utilité opérationnelle. La liste finale compte moins de dix groupes à aider. Une équipe avec des officiers de terrain et des analystes s'implante dans le sud de la Turquie, à deux pas de la frontière. Les espions américains se rendent clandestinement en Syrie et partent à la rencontre des opposants syriens sélectionnés. Aucun groupe kurde ne fait partie des heureux élus.

Le nombre d'espions présents en Syrie à cette période est extrêmement limité. La plupart sont positionnés en Turquie, au nord, ou en Jordanie, au sud, et font des incursions régulières sur le territoire syrien avant de revenir à leur camp de base de l'autre côté de la frontière.

C'est depuis ces deux pays, la Turquie et la Jordanie, que les livraisons d'armes aux rebelles s'organisent. Le Liban est jugé trop instable pour devenir une base arrière du soutien à l'opposition, et la présence du Hezbollah, qui combat en Syrie pour soutenir le régime, n'aide pas. L'Irak, pays en guerre et instable depuis près de dix ans, est évidemment trop compliqué.

Des pays occidentaux comme la France et le Royaume-Uni mais surtout des pays sunnites de la région fournissent de l'armement. Et ce sont les hommes de la CIA qui mènent la danse et assurent la répartition de ce soutien aux groupes rebelles.

Une dizaine de services de renseignement occidentaux et de la région, dont la CIA, unissent leurs forces pour venir en aide à l'opposition syrienne. Les patrons de ces services se réunissent désormais tous les quatre mois environ, au Moyen-Orient ou en Europe. Ils alternent les retrouvailles entre palaces et salles de conférences austères. Chacun apporte ses informations pour tenter de mieux cartographier le terrain et l'évolution permanente des forces en présence, identifier et localiser chaque groupe pour mieux définir lesquels soutenir et comment. L'aide militaire et en matériel aux groupes armés de l'opposition se fait, sur le papier, en coopération avec les autres services. « On n'avait pas tous les mêmes lignes rouges, témoigne un participant. Certains franchissaient des lignes plutôt orange[9]… » C'est aussi un moyen pour ces services de se surveiller les uns les autres.

Problème : tous ou presque dénoncent l'extrême division de l'opposition et le manque de charisme et de crédibilité de Selim Idriss, le général censé diriger « la soi-disant Armée syrienne libre[10] », selon les mots du chef d'une agence de renseignement occidentale.

« Ces combattants, dans leur immense majorité, n'étaient pas entraînés, explique Doug Wise. C'étaient des citoyens qui voulaient se débarrasser de leur dictateur. Ils ne pouvaient pas avoir une organisation très efficace au combat, surtout face à une armée organisée même si elle n'est pas très bonne. Cela étant dit, ils ont montré beaucoup de courage, et plus d'efficacité que ce qu'avaient prédit nos analystes. Même si certains étaient quand même totalement inefficaces[11]... »

L'annonce de livraisons d'armes par les États-Unis ne semble pas freiner le régime. Le 21 août 2013 à l'aube, il mène des attaques chimiques d'une ampleur inédite sur plusieurs cibles dans la Ghouta, aux abords de Damas. Opposition et Occidentaux estiment que plus de mille civils sont décédés dans ces attaques sans qu'un décompte précis ait jamais pu être établi. Les officiers de la CIA contactent leurs sources au sein de l'opposition. Ils ont besoin d'éléments à analyser pour déterminer ce qui s'est passé, quel agent chimique a été utilisé et prouver que le régime est bien responsable. La Maison-Blanche a besoin de renseignements solides pour affiner sa réponse. Les opposants récupèrent des morceaux de vêtements, des échantillons de sang et de peau avant de les porter aux espions américains à la frontière. Les Français et les Britanniques parviennent à sortir eux aussi des éléments de preuves par leurs propres moyens. Chacun veut analyser ses échantillons indépendamment, dans son propre pays, pour croiser ensuite les résultats. Et tous parviennent à la même conclusion : l'armée syrienne est très probablement responsable des attaques. Malgré cela, Barack Obama renonce à lancer des frappes prévues pour mettre à mal le programme chimique syrien. Il est réfractaire à voir son armée se lancer dans une nouvelle opération militaire dans la région et a été convaincu à la dernière minute par son secrétaire général Denis McDonough de renoncer lors d'une marche de quarante-cinq minutes sur la pelouse sud de la Maison-Blanche. À quelques heures du début de l'opération, le président américain téléphone à son homologue français François Hollande pour l'en informer. C'est la stupéfaction à l'Élysée. Paris devait participer à ces frappes. Les équipes étaient briefées, les cibles, recensées et les avions français, prêts à décoller.

Après le renoncement de Barack Obama, les espions de la CIA en constatent immédiatement les conséquences sur le terrain. De très nombreux rebelles, qui ont perdu tout espoir en l'Occident, quittent les groupes modérés et rejoignent en masse des mouvements islamistes parmi les plus durs où, par ailleurs, on leur offre une compensation financière plus intéressante[12]. L'État islamique, encore en gestation, en profitera largement.

À Langley, le directeur de la CIA John Brennan, qui a remplacé David Petraeus en mars 2013, est lui aussi abasourdi et peine à digérer le renoncement de son président. Il s'entretient avec l'un de ses homologues étrangers en visioconférence sécurisée qui lui dit ne pas comprendre la politique américaine. « J'ai moi aussi des difficultés à la comprendre en ce moment », lâche Brennan dans un rare moment où il fend l'armure.

C'est lui qui est chargé du programme d'armement clandestin. Mais la Maison-Blanche impose de telles restrictions que les rebelles se plaignent en permanence d'avoir des armes… mais pas assez de munitions pour s'en servir !

Le renoncement

Alors que l'État islamique prend une ampleur démesurée et devient une menace directe pour les pays occidentaux, un autre élément vient changer le calcul de la CIA : le soutien accentué et direct au régime du Hezbollah libanais, de l'Iran *via* les Gardiens de la Révolution, et de la

Russie de Poutine. Tout espoir de victoire face à Assad s'envole. « Il aurait été complètement dingue de continuer comme ça et de perdre énormément de vies supplémentaires pour rien[13] », témoigne un officier de la CIA impliqué dans l'armement des rebelles.

« Au fil du temps, les choses ont évolué et la guerre a radicalisé les groupes, confirme le directeur d'un service de renseignement occidental. À un moment, il n'était plus décemment possible de les aider[14]. »

Les Américains ont soutenu l'opposition syrienne trop peu et trop tard pour influer sur le cours des événements. En juillet 2017, quelques mois après son arrivée à la Maison-Blanche, Donald Trump met un terme définitif au programme d'armement et d'entraînement des rebelles syriens par la CIA.

Langley redirige donc son action. La nouvelle priorité est de lutter contre l'État islamique et c'est sur les Kurdes, dans le nord de la Syrie et de l'Irak, qu'elle va désormais s'appuyer pour mener ce combat, au grand dam de la Turquie.

Le président turc Recep Tayyip Erdoğan fait tout pour décourager les Occidentaux de soutenir les Kurdes. Hakan Fidan, le tout-puissant et très respecté patron du MIT, les services secrets turcs, s'y emploie aussi activement. Car les Kurdes sont vus comme l'ennemi principal par Ankara. Ce peuple vit à cheval sur plusieurs pays, essentiellement en Syrie, Irak, Iran et Turquie donc, où ils sont installés principalement dans le sud du pays. Les affrontements entre l'armée turque et le groupe kurde du PKK, considéré comme terroriste, ont fait plus de 40 000 morts depuis 1984. Bien qu'ils soient une entité différente, les Kurdes de Syrie ont des liens établis avec le PKK côté turc. Ankara proposera aux Occidentaux de déployer des forces au sol en Syrie pour repousser l'État islamique. Mais Recep Tayyip Erdoğan peine à convaincre Américains et Européens de sa bonne foi. Ces derniers sont convaincus que le président turc veut surtout en profiter pour repousser les Kurdes qui habitent dans le nord de la Syrie loin de sa frontière. Washington, Paris, Londres et les autres capitales préfèrent s'appuyer sur les Kurdes pour leur lutte contre les jihadistes. Plus de 20 000 camions remplis d'armes leur auraient été livrés par la CIA et l'armée américaine depuis l'Irak, essentiellement en 2017 et 2018, selon un cadre des services de renseignement turcs[15].

Lors de rencontres avec ses homologues étrangers, le chef espion Hakan Fidan s'amuse régulièrement à les bousculer en leur montrant sur une carte de la Syrie les positions que la Turquie s'apprête à bombarder. C'est un leurre, il s'agit en réalité de positions secrètes de la CIA ou de la DGSE. Une manière pour le chef espion turc de montrer à ses interlocuteurs qu'il sait parfaitement ce qu'ils font aux frontières de son pays… et qu'il désapprouve fortement !

« Les Kurdes ne sont pas des anges, ni des parangons de démocratie, mais ils sont pour nous un atout important, explique Bernard Bajolet, le patron de la DGSE. Ils ont été des partenaires fiables et fidèles. Je ne suis pas certain que nous les ayons gratifiés d'une totale réciprocité[16]… » Contrairement à la décision d'arrêter l'armement des rebelles par la CIA, celle de Donald Trump d'abandonner les Kurdes à leur propre sort suscite la controverse. Elle achèvera de convaincre le général James « Jim » Mattis de quitter son poste de secrétaire à la Défense début 2019.

21.

L'État islamique et les attentats en Europe

John Brennan est bien perçu par ses homologues européens. Avec Bernard Bajolet, en France, une relation de confiance, et presque amicale, s'est nouée. « C'est un homme bien, droit et sain, témoigne alors le patron de la DGSE. On ne vit pas dans un monde de Bisounours, on sait que la CIA nous espionne, mais il n'est pas du genre à nous faire un croche-pied ou à donner des coups dans le dos[1]. »

Brennan non plus n'a pas de mots assez élogieux pour son partenaire : « Durant quatre ans, j'ai travaillé de manière très étroite avec mes homologues français Bernard Bajolet et Patrick Calvar*. Ce sont des professionnels très compétents et nous avions des relations très proches. Je comptais beaucoup sur eux et eux comptaient sur moi pour échanger des informations afin de protéger les vies des Français et des Américains[2]. »

La DGSE fait partie des trois premiers partenaires de la CIA. Les deux chefs espions se parlent tous les mois en visioconférence sécurisée, parfois accompagnés de collaborateurs si certains sujets l'exigent. Tous les six mois, Américains et Français se retrouvent physiquement pour

---

* Patrick Calvar a dirigé la DGSI (ex-DCRI) de 2012 à 2017.

un séminaire. Une fois en France, une fois aux États-Unis. Les espions de la DGSE sont reçus à Camp Peary, surnommé « la Ferme ». C'est dans cette immense propriété de la CIA en Virginie que l'Agence forme ses officiers de terrain. Lorsqu'ils se rendent de l'autre côté de l'Atlantique, c'est à Paris ou en région parisienne que les Américains sont le plus souvent reçus. Des dizaines d'espions de chaque camp participent à ces séminaires où des groupes de travail thématiques sont mis en place. Si aucun des deux services ne dévoile jamais son mode opérationnel, les échanges de renseignements et d'analyses sont très importants. Les Américains s'appuient sur l'expertise française en Afrique de l'Ouest, au Maghreb, au Moyen-Orient et sur les questions de contre-prolifération, notamment concernant l'Iran et la Corée du Nord. Inversement, les Français sont très demandeurs d'informations sur des zones plus compliquées pour eux, comme la Russie ou la Chine. Si la relation est franche et amicale, chaque service monnaye ses renseignements. Sauf urgence avec une tentative d'attentat repérée, tout renseignement doit obtenir une contrepartie. Ces séminaires sont agrémentés de moments de détente autour d'un grand barbecue à la Ferme ou de dîners dans les bons restaurants parisiens.

Dans la lutte contre l'État islamique, nul besoin de marchander. Les échanges fusent en permanence et les principaux services occidentaux travaillent main dans la main. Les attentats du 13 novembre 2015 en France auront pour conséquence d'améliorer grandement le partage d'informations entre militaires français et américains, notamment sur les cibles et les mouvements de groupes terroristes en Syrie et en Irak. Mais ils n'auront en revanche aucun impact du côté des services de renseignement, la coopération étant déjà maximale.

Le contrôle de territoires gigantesques dès janvier 2014, l'administration du califat autoproclamé à l'été de la même année, l'arrivée de dizaines de milliers de jihadistes du monde entier sur la zone irako-syrienne, la vague d'immigration que cela a déclenché (et qui avait commencé avec le massacre de l'opposition pacifique en Syrie par le régime de Bachar El-Assad), et la crainte de voir ces islamistes revenir frapper leurs pays d'origine ont secoué les services de renseignement occidentaux et de la région. Leurs directeurs se rencontrent régulièrement, quant à leurs collaborateurs, ils se parlent et s'informent quotidiennement « sur le contre-terrorisme, il n'y avait quasiment pas de restriction[3] », assure un chef espion occidental. Le monde unit ses forces pour tenter de mieux cerner cette nouvelle menace représentée par l'État islamique, ses avancées, son organisation… et les risques concrets pour les autres pays. Plusieurs mois après la proclamation du califat, la DGSE aidera par exemple Pékin à déjouer un attentat contre des intérêts chinois.

Dès 2014, la DGSE surveille de près Abdelhamid Abaaoud. Les services de renseignement extérieur français connaissent sa dangerosité et tentent de suivre les déplacements de ce Belgo-Marocain qui a grandi à Molenbeek, un quartier de Bruxelles. Le 1er janvier 2015, Abaaoud est arrêté à l'aéroport d'Athènes en possession d'un faux passeport néerlandais. Mais les services grecs n'ont pas été informés de la dangerosité du jeune homme par leurs homologues belges ou français. Ils le laissent repartir. Le lendemain, une interception téléphonique captée par les services belges permet de localiser Abaaoud à Athènes. La DGSE prévient tous les services amis (la CIA, le MI6 britannique, le Mossad israélien, le BND allemand, etc.) pour tenter de dénicher la cache du jihadiste dans la capitale grecque.

Mais personne n'est en mesure de mettre la main dessus. Abaaoud parvient à quitter le pays sans se faire prendre.

Quelques mois plus tard, en septembre 2015, la DGSE pense qu'Abaaoud est probablement en Syrie, sans en avoir la certitude. « Ses identifiants techniques, son téléphone notamment, sont toujours dans le nord du pays, témoigne un espion français. Même si on sait que les jihadistes en utilisent plusieurs et qu'il faut donc être prudent[4]. » Paris apprend, grâce à des écoutes téléphoniques, des interceptions d'e-mails et grâce à une source humaine au sein du réseau terroriste, que l'État islamique prépare des attentats contre la France. Mais elle ne parvient pas à savoir ni où, ni quand. L'EI s'est organisé intelligemment en cloisonnant les groupes et les informations pour éviter qu'un espion infiltré puisse avoir accès à tous les détails. Et ça marche, la source française n'a que des bribes à faire remonter à Paris. La DGSE envoie un message d'alerte interne pour prévenir que la localisation d'Abdelhamid Abaaoud est la priorité absolue. Le même message est envoyé à la CIA et à d'autres partenaires étrangers. Langley répond poliment, déploie des moyens, mais n'est pas davantage en mesure de localiser le terroriste que Paris.

La DGSE finira par trouver où il se cache seulement le 16 novembre. Trois jours plus tôt, Abaaoud et ses neuf complices ont tué 130 personnes et blessé plus de 400 autres à Paris et à Saint-Denis dans une série d'attentats inédits.

Abdelhamid Abaaoud est suivi jusqu'à sa dernière planque rue du Corbillon, à Saint-Denis, en proche banlieue parisienne. Il y est tué lors de l'assaut mené par le Raid et la BRI. Il projetait de se faire exploser dans le quartier d'affaires de La Défense. Oussama Attar, qui a piloté les attentats de Paris mais aussi ceux de Bruxelles depuis la Syrie, est repéré deux ans plus tard par la DGSE qui transmet les informations à la CIA. Les Américains se chargent de mener la frappe qui le neutralise définitivement.

« L'incident tragique qui est arrivé à Oussama Attar l'a été grâce à nos renseignements, se réjouit, avec un peu d'ironie, un haut responsable des services français. Ça a été aussi le cas pour la quasi-totalité des autres responsables des attentats. On ne l'a pas fait par vengeance, mais pour neutraliser une menace en éliminant la chaîne de commandement des attentats du 13-Novembre[5]. »

Des espions sur le terrain

Comme tous les services de renseignement du monde, la CIA surveille de près l'avènement de l'organisation État islamique (EI) et ses ramifications. D'autant que plusieurs Américains sont retenus en otages, et certains exécutés par les islamistes. Mais, tant en Irak qu'en Syrie, les deux pays où l'EI a installé son pseudo-califat, les espions américains peinent à pénétrer le cœur du groupe terroriste. En Irak, où les États-Unis ont désormais une petite présence militaire mais ne contrôlent plus rien, ils restent barricadés. « Il n'est pas raisonnable d'attendre de l'Agence qu'elle recueille dans une ambassade fortifiée en zone de guerre autant d'informations précises que lorsqu'elle pouvait s'appuyer sur les bases et les troupes américaines partout dans le pays[6] », estime Kevin Carroll, un ancien officier de terrain déployé au Moyen-Orient.

Depuis que William Buckley, le chef de sa station au Liban, a été kidnappé par des hommes du Jihad islamique en 1984 à Beyrouth et est mort l'année suivante après avoir été retenu quatorze mois en otage, la CIA veut à tout prix éviter qu'un tel scénario se reproduise. Elle est donc prudente, parfois trop, lorsqu'il s'agit de déployer des espions sous couverture en terrain hostile. Mais les retrancher dans une base qui peut être découverte empêche le travail d'infiltration de longue haleine nécessaire pour obtenir la confiance de ses interlocuteurs. Et cela n'empêche pas, comme on l'a vu à Benghazi[*], de pouvoir être pris pour cible.

* La représentation diplomatique et la base secrète de la CIA dans cette ville libyenne ont été attaquées le 11 septembre 2012. L'ambassadeur Christopher Stevens a été tué ainsi que trois autres Américains (dont deux qui travaillaient pour la CIA).

22.

Trump et la CIA

La victoire surprise de Donald Trump à l'élection présidentielle de novembre 2016 réveille les ambitions dans les rangs républicains. Beaucoup n'y croyaient pas et attendaient, presque avec impatience, la défaite de leur candidat pour s'imposer ensuite et prendre d'assaut le parti. Mike Pompeo est l'un des élus du Kansas à la Chambre des représentants, l'une des deux chambres du Congrès. Proche du Tea Party, ce mouvement libertarien qui a fait sombrer le parti républicain dans le populisme, il n'a pas été avare de critiques envers Trump, même après l'avoir soutenu publiquement dans la dernière ligne droite. L'élu du Kansas, fervent partisan de Marco Rubio pendant la primaire, estimait alors que le milliardaire New Yorkais n'était « pas un républicain convaincu ».

Mais en politique, les ambitions dépassent souvent les convictions. Immédiatement après la victoire de Donald Trump face à la grande favorite Hillary Clinton, Mike Pompeo commence à militer de toutes parts pour obtenir un strapontin. De préférence à la tête du Pentagone ou de la CIA. Il efface alors tout l'historique de son compte Twitter. Plus aucun message critique ne doit être ressorti. Pompeo passe son temps pendu au téléphone. Il appelle

Steve Bannon, conseiller spécial du futur président ; le lobbyiste Dave Urban qui a aidé Trump à l'emporter dans l'État de Pennsylvanie ; Marc Short (conseiller en vue et qui s'apprête à prendre la direction des affaires juridiques de la Maison-Blanche) ; et même le vice-président élu, Mike Pence. Les deux hommes ne sont pas proches mais se connaissent bien. Ils ont travaillé plusieurs années ensemble au Congrès, où Pence représentait l'Indiana et Pompeo, le Kansas, et partagent une pratique religieuse particulièrement zélée. Ce lobbying finit par fonctionner.

Le lundi 14 novembre dans la matinée, Pompeo reçoit un appel de Mike Pence : « Que dirais-tu de diriger la CIA ? » Pompeo n'est pas le meilleur spécialiste de renseignement du pays, loin de là, mais il s'intéresse depuis des années aux questions de sécurité nationale et est un fervent critique du directeur sortant, John Brennan. Il accepte immédiatement, tout en sachant que d'autres personnalités ont probablement été approchées et qu'un long processus reste à venir. Mais le calendrier s'accélère. Vingt-quatre heures plus tard, la responsable de l'agenda de Donald Trump appelle directement Mike Pompeo sur son portable pour l'inviter à rencontrer le président élu en fin de semaine dans son golf de Bedminster. « Bien sûr, j'y serai, répond Pompeo. Mais quelqu'un va devoir m'indiquer où est Bedminster. »

« Si vous ne pouvez pas trouver Bedminster, réplique la secrétaire, alors je ne pense pas que vous soyez qualifié pour le poste pour lequel vous venez rencontrer le président élu. » Éclat de rire au téléphone. La responsable de l'agenda rappellera plus tard dans la journée, le rendez-vous se tiendra finalement dès le lendemain dans la célèbre Trump Tower de New York. Alors qu'ils se rencontrent pour la première fois, Pompeo est accueilli par un : « Mike, comment pouvez-vous avoir autant tort sur la Russie ? On doit essayer d'être gentil avec eux[1] ! » Les deux hommes finiront par convenir que Vladimir Poutine est un « *bad guy* » mais qu'il faut trouver une voie pour mieux coexister pacifiquement avec Moscou. Le courant passe entre les deux anciens adversaires. L'élu du Kansas parvient à convaincre Donald Trump de sa loyauté.

Le lendemain, Mike Pompeo est en réunion dans son bureau du Congrès lorsqu'un numéro avec l'indicatif de New York s'affiche sur son téléphone. Il s'écarte un instant pour prendre l'appel. « Salut Mike, c'est Donald ! Que diriez-vous de devenir mon directeur de la CIA ? » Cette fois, plus de doute, c'est bien l'élu du Kansas qui va prendre la tête de la plus célèbre agence d'espionnage au monde.

Le futur président semble avoir oublié les fortes critiques de Mike Pompeo à son égard pendant la campagne. Lorsqu'il avait eu vent de ces attaques, notamment après un discours âpre prononcé à Wichita, Donald Trump avait demandé qui était cet homme qui osait s'opposer ainsi à lui. Lorsqu'il entend l'annonce de la nomination de Pompeo à la CIA, Jeff Roe, ancien directeur de campagne de Ted Cruz pendant la primaire républicaine, décroche immédiatement son téléphone pour appeler Jared Kushner. Le gendre et conseiller de Donald Trump est alors à ses côtés et enclenche le haut-parleur. Jeff Roe rappelle alors aux deux hommes qui est réellement Pompeo. « Non ! C'était lui qui avait dit ça contre moi ? Il faut revenir sur notre annonce. Voilà ce qui arrive quand je laisse Pence choisir qui il veut… » lance un Trump remonté. Mais le nouveau président revient une nouvelle fois sur ce qu'il dit et confirme finalement qu'il souhaite que Pompeo s'installe à Langley.

TRUMP À LANGLEY

Mike Pompeo a bien conscience que le nouveau président élu a eu des mots très durs contre les services de renseignement pendant la campagne électorale, et qu'il n'est pas en odeur de sainteté dans les couloirs de Langley. Début décembre 2016, lors d'un entretien avec Donald Trump à New York, il lui assure que si lui aussi déteste John Brennan, le précédent directeur (sous Obama) particulièrement critique contre le président républicain élu, il va en revanche adorer les hommes et les femmes de la CIA. Il lui propose de faire un acte fort et de venir visiter le quartier général de l'Agence le jour même de son investiture le 20 janvier. Trump et son principal conseiller, Steve Bannon, adoptent l'idée immédiatement. Le directeur de cabinet, moins convaincu, fait remarquer que ce n'est pas possible le jour de l'investiture. Un compromis est vite trouvé, Trump se rendra à Langley le lendemain, 21 janvier. Manque de chance pour Pompeo, les démocrates font traîner son processus de confirmation au Congrès et il ne sera pas officiellement directeur avant le lundi 23. Meroë Park, qui assure l'intérim à la tête de la CIA, lui assure que Langley est déserté le samedi et que faire venir des employés de l'Agence un week-end risque d'être compliqué. Donald Trump pourrait se retrouver devant une assemblée clairsemée. Pompeo lui demande d'envoyer tout de même un e-mail d'invitation à l'ensemble du personnel.

Moins de dix jours avant son investiture, le président élu avait été accusé par certains médias d'avoir des liens avec la Russie. Donald Trump avait crié à la chasse aux sorcières… et lancé une nouvelle attaque. « C'est une honte, c'est quelque chose dont l'Allemagne nazie était capable », dénonçait-il avant de pointer du doigt les services de renseignement qui « pourraient », selon lui, être à l'origine des fuites. « Ce serait une énorme tache sur leur réputation. » À Langley, les oreilles ont sifflé… et on ne sait trop sur quel pied danser. Après tant de piques et même d'attaques, on accueille donc Donald Trump avec beaucoup de méfiance. Mais un espoir demeure. Après tout, son tout premier déplacement en tant que président, c'est à la CIA qu'il le réserve. « Je me suis dit que c'était peut-être un bon signe, l'occasion de remettre notre relation avec lui sur de bons rails[2] », témoigne un cadre de l'Agence. Mais rapidement, les espions déchantent. Le nouveau président n'arrive pas avec un rameau d'olivier à la main et semble toujours en campagne. Ce n'est pas un discours de chef d'État mais un discours politique qu'il prononce. Et il le fait devant les étoiles fixées au mur représentant les dizaines d'officiers de la CIA tués alors qu'ils servaient leur pays. « Je sais que vous avez tous voté pour moi », lance Donald Trump avant de se féliciter de l'affluence la veille, lors de son discours inaugural. En réalité, les médias américains n'ont cessé de montrer un public clairsemé en comparaison de la foule immense présente huit ans plus tôt lorsque son prédécesseur, Barack Obama, était arrivé au pouvoir. Vexé, Trump ne parle plus que de ça, ou presque, et en fait une obsession. Et il continue ainsi de longues minutes, affirmant, à tort, être la personne qui a été le plus souvent à la une du célèbre magazine *Time*.

Au premier rang, dans le lobby de Langley, les principaux responsables de l'Agence applaudissent poliment mais timidement. Dans l'audience derrière, la pilule a du mal à passer. « C'était un sale moment, confie un espion présent ce jour-là. Ce discours m'a rendu triste, mécontent et frustré. Je me suis dit que cet homme ne comprenait décidément rien à la culture qui régnait dans ce bâtiment[3]. »

La torture récompensée

En débarquant au septième étage de Langley, Mike Pompeo sait qu'il doit désormais trouver un adjoint respecté et issu de la maison. Il a fait la connaissance de Gina Haspel lors d'une visite parlementaire à Londres où elle était cheffe de station de la CIA dans le pays. Il la décrit comme efficace, agressive, patriotique et brillante. « Encore aujourd'hui, je n'ai peur que de deux femmes : mon épouse Susan et Gina[4] », assure Pompeo. Après trois décennies à enchaîner les missions clandestines à la CIA, Gina Haspel est surtout connue pour avoir participé activement au programme de torture après le 11-Septembre*.

« Elle avait soutenu l'Agence lors des controverses sur les interrogatoires renforcés, souligne le nouveau directeur. Elle avait même été punie pour son engagement envers l'Amérique alors qu'elle travaillait sur ce programme qui a sauvé des vies américaines. Je voulais redresser la barre et montrer à l'Agence que le fait de tout donner pour l'Amérique n'était pas synonyme de relégation professionnelle, mais que c'était au contraire récompensé[5]. »

Certaines voix se font entendre et se demandent ouvertement si l'administration Trump va réautoriser la torture. Lorsque le nouveau président, connu pour être sans tabou, a rencontré le général James Mattis pour le poste de secrétaire à la Défense, il a mis cette question sur la table et a demandé à son interlocuteur ce qu'il en pensait. « Je ne crois pas à son efficacité, a répondu Mattis.

– Que voulez-vous dire ? l'a interrogé Trump.

---

* Voir chapitre 6, p. 81.

– Je peux faire parler ces mecs avec une tasse de café et une cigarette bien mieux qu'en les torturant et en leur faisant un simulacre de noyade. »

La petite assemblée, peu habituée à ces questions-là, est impressionnée. Mattis a fait forte impression à Trump et à son entourage. Celui qui est pourtant surnommé « chien méchant » se révélera un précieux garde-fou contre les emportées du nouveau locataire de la Maison-Blanche.

Un pied à Langley, l'autre à la Maison-Blanche

Mike Pompeo cultivera avec soin sa relation avec Trump. S'il a décliné la première invitation à être présent au briefing de la CIA présenté chaque matin au président dans le Bureau ovale, c'est parce qu'il prend alors encore ses marques à Langley. Mais la deuxième demande, envoyée *via* SMS par Steve Bannon, le conseiller spécial du président, ne lui a plus laissé le choix : « Toi. Tes fesses. Dans le fauteuil. Lundi. POTUS* n'assistera pas au briefing si tu n'y es pas. »

Ces briefings matinaux lui permettront finalement de se rapprocher du président et d'apparaître comme un allié incontournable (autant qu'on puisse l'être sous cette présidence à nulle autre pareille). Il sera vu presque quotidiennement dans les couloirs de la *West Wing*, l'aile ouest et cœur du pouvoir à la Maison-Blanche. Quelques années plus tôt, sous la présidence Clinton, la situation était bien différente. James Woosley, qui était alors à la tête de la CIA, tentait par tous les moyens d'obtenir un rendez-vous

* POTUS est l'acronyme par lequel on désigne le président en exercice des États-Unis, le *President of the United States*.

avec le président mais Bill Clinton renvoyait sans cesse à plus tard. Si bien que lorsqu'un petit avion de tourisme s'est écrasé par accident dans les jardins de la Maison-Blanche en septembre 1994, le tout-Washington s'est amusé à penser que c'était Woosley qui tentait désespérément de pénétrer enfin dans le Bureau ovale ! L'ancien chef espion a sur le coup peu apprécié la plaisanterie mais, vingt-cinq ans plus tard, certains en rient encore…

Pour Pompeo, rien de tout ça. Trump « a très vite sympathisé avec Mike et ce dernier en a bénéficié. Mike comprend le président[6] », assure Christopher Ruddy, l'un des intimes de Donald Trump. Les couples Trump et Pompeo se rapprocheront même beaucoup au fil des mois et des années.

Coopération internationale

Lors de ses premiers pas à Langley, le nouveau directeur de la CIA consultera beaucoup, en interne, mais aussi ses homologues étrangers. Avant chaque déplacement international, il décroche son téléphone pour sonder Bernard Bajolet, qui dirige la DGSE à Paris, ou Alex Younger, patron du MI6 à Londres. Les séminaires instaurés entre la CIA et la DGSE sous John Brennan et Bernard Bajolet sont d'ailleurs maintenus par Pompeo. Quelques mois après avoir pris la direction de Langley, le nouveau directeur de l'Agence est accueilli pendant deux jours avec cinquante hommes et femmes de la CIA dans un site somptueux des Hauts-de-Seine, près de Paris. Les espions français ont mis les petits plats dans les grands pour s'assurer d'entamer la relation avec cette nouvelle administration du bon pied. L'épouse de Mike Pompeo est également parmi les invités. Du côté du boulevard Mortier, l'idée de ce séminaire est aussi politique. Le président François Hollande est très perplexe face à Donald Trump, qui ne ressemble à aucun autre chef d'État. Lors de leur première rencontre, l'Américain n'a fait que parler d'argent et a un peu déboussolé le Français. À l'Élysée, comme à la DGSE, on souhaite donc tenter de canaliser, ou tout du mois d'encadrer un tant soit peu le nouveau locataire de la Maison-Blanche en passant par ses collaborateurs. « On voulait limiter la casse[7] », témoigne un officiel français. Les services de renseignement s'attellent donc à la tâche, tout comme le chef d'état-major de l'armée.

Mais ces deux jours d'échange ne sont pas que cosmétiques. Pendant quarante-huit heures, espions français et américains travaillent d'arrache-pied, discutent, apprennent à mieux se connaître… et débattent de l'accord sur le nucléaire iranien que Donald Trump a promis de quitter tout au long de sa campagne électorale. Les Français veulent à tout prix conserver cet accord signé sous la présidence Obama après des années de négociations acharnées par l'Iran, la France, le Royaume-Uni, l'Allemagne, la Russie, la Chine, l'Union européenne et les États-Unis donc. Paris est prêt à le faire évoluer pour apporter davantage de garanties de long terme et s'assurer que Téhéran ne se dotera jamais de la bombe atomique. Mike Pompeo, fervent opposant à cet accord, écoute, réfléchit, argumente. Mais il ne flanche pas.

L'Iran en ligne de mire

S'il tentera souvent d'expliquer au locataire de la Maison-Blanche que son rôle n'est pas de donner un avis sur la politique à tenir, il ne résistera pas à l'envie de franchir la ligne à plusieurs reprises, essentiellement sur cette question. À deux reprises, le directeur de la CIA a recommandé formellement à Donald Trump de renoncer à l'accord lors de réunions dans la *Situation Room*. Le chef du renseignement extérieur n'est pourtant pas censé donner son avis et pousser à des décisions politiques. Selon un ambassadeur américain qui travaille avec lui à cette période, Pompeo est alors « comme un missile à tête chercheuse pour le cul de Trump[8] »*. Il fait notamment face au secrétaire d'État Rex Tillerson et au secrétaire à la Défense qui, eux, tentent de sauver l'accord.

Et en interne à la CIA aussi, Pompeo décide de mettre l'accent sur Téhéran. Il crée un centre de mission dédié à la question. Ces centres de mission, ou de fusion diront certains, ont été mis en place lors de la réorganisation de l'Agence par John Brennan. Ils permettent de rassembler analystes et officiers de terrain qui travaillent sur un sujet commun dans la même pièce. Celui-ci sera baptisé Centre de mission République islamique, mais sera plus connu sous le nom de Centre de mission Iran. Pompeo met à l'écart tous les membres de la CIA jugés favorables à l'accord sur le nucléaire iranien et nomme Michael D'Andrea, un fervent opposant, à la tête du centre. Lorsqu'elle est informée de cette nomination, la directrice adjointe Gina Haspel rappelle à Pompeo qu'au sein de l'Agence beaucoup pensent que Michael est « un con, une tête de mule et quelqu'un avec qui il est impossible de travailler ». D'Andrea a dirigé le centre de contre-terrorisme de la CIA pendant neuf ans, de 2006 à 2015, avant d'être mis au placard par John Brennan. Il a longtemps été appelé « Roger » dans les couloirs de Langley mais aussi « Ayatollah Mike » ou « le prince des ténèbres », notamment lorsqu'il supervisait les assassinats ciblés de

* La phrase originale est : « *He's like a heat-seeking missile for Trump's ass.* »

taliban et de membres d'Al-Qaïda par des opérations de drones. Mais cela ne fait que renforcer la conviction de Pompeo qui impose son choix.

Dans sa lutte obsessionnelle contre l'Iran, Pompeo sait qu'il trouvera des alliés en Israël. C'est là qu'il se rend pour son premier déplacement à l'étranger. Il y rencontre Yossi Cohen, le directeur du Mossad, autour d'un petit déjeuner à l'hôtel King David, dans le centre de Jérusalem. Avec son homologue israélien, ils décident de travailler main dans la main pour accentuer la pression sur Téhéran. Cohen réunit son équipe chargée de l'Iran et leur présente Pompeo : « Nous allons travailler encore plus ensemble que nous ne l'avons jamais fait. Pas d'ego, pas de secret, je veux un travail d'équipe. Et celui qui n'est pas content peut prendre la porte ! » Sur le chemin du retour à Washington, Pompeo a invité Cohen à l'accompagner. Il veut à son tour le présenter à son équipe du Centre de mission Iran et faire passer le même message.

Fin 2017, Mike Pompeo prend la plume et rédige une lettre à l'intention de Qassem Soleimani. Ce général iranien dirige la force Al-Quds*, chargée des interventions extérieures des Gardiens de la Révolution, le bras armé de Téhéran. C'est Soleimani qui soutient (et parfois contrôle) les milices chiites en Syrie et en Irak, qui gère les relations et l'aide au Hezbollah libanais et autres forces proches de l'Iran dans la région. Le directeur de la CIA décide de le mettre en garde par ce courrier : il sera personnellement tenu pour responsable de toute attaque iranienne contre des intérêts américains. « Avant l'administration Trump, les États-Unis répondaient aux attaques de Soleimani contre des Américains en tuant quelques-uns de ses sbires, écrit

* Al-Quds est le nom arabe de Jérusalem.

Mike Pompeo dans ses Mémoires. Il n'y avait aucun coût à payer pour lui et il devait probablement bien rire de voir des représailles si faibles. Désormais, Soleimani savait que ses jours étaient comptés[9]. » L'Iranien ne répondra pas à la missive.

Brennan, premier opposant

Du côté des salariés de la CIA, le changement se fait aussi sentir. S'ils sont loin d'être tous enthousiastes à l'idée de servir un président si particulier, certains estiment que le processus de décision va plus vite. Sous Obama, les décisions demandaient trop souvent de nombreuses réunions dans un processus parfois pesant. Avec Trump, c'est beaucoup plus direct. Pour le meilleur… comme pour le pire ! Car s'il y a moins de strates, le président veut tout valider en personne. « Trump et les gars de la Maison-Blanche ne prenaient pas la moindre putain de décision, fulmine un cadre de la CIA. Il ne savait pas ce qu'il faisait, il n'avait jamais travaillé pour le gouvernement avant et donc il découvrait tout. Il n'avait pas la moindre idée de comment les choses fonctionnent. Et comme il est autoritaire, personne n'ose bouger tant qu'il n'en a pas donné l'ordre. Beaucoup de décisions restaient en suspens au sein de l'Agence[10]. » Après plusieurs mois de présidence Trump, plusieurs employés dénoncent un « désastre » et démissionnent.

Les anciens de la CIA, notamment ses directeurs successifs, se retiennent habituellement de critiquer un président en exercice. Mais cette fois-ci ç'en est trop pour certains d'entre eux. À commencer par John Brennan, dernier en date à avoir dirigé Langley sous la présidence Obama : « [Un jour, Trump] avait déclaré : “Je vais devoir me concentrer sur la Corée du Nord et la Russie. Je dois me remettre au travail." Et qu'est-ce qu'il fait ensuite ? Ses vingt ou trente tweets suivants portent tous sur "Hillary la corrompue", ou sur l'inconstitutionnalité du procureur spécial. Il est obsédé. Obsédé de façon maladive par son destin, ce qui est compréhensible. Car je pense qu'il sait de quoi il est coupable. Il sait ce qu'il a fait de mal. Et il s'aperçoit qu'il est plus difficile aujourd'hui de s'en sortir que par le passé[11]. »

Brennan est particulièrement furieux et critique publiquement le président après sa rencontre avec Vladimir Poutine, lors d'un sommet à Helsinki, en Finlande, le 16 juillet 2018. Donald Trump avait alors déclaré croire son homologue russe quand il lui disait qu'il n'y avait pas eu d'interférence de Moscou dans l'élection présidentielle de 2016. Une déclaration vécue comme une gifle par les services de renseignement américains, CIA et FBI en tête : leur propre chef remettait en cause leur travail et leur parole pour croire à la place sur parole un dirigeant totalitaire qui ne cesse de s'opposer aux États-Unis.

Sur Twitter, John Brennan accuse directement Donald Trump de trahison et d'être « dans la poche de Poutine ». « Patriotes républicains : où êtes-vous[12] ? », interroge-t-il. Le locataire de la Maison-Blanche riposte aussitôt et réclame que l'habilitation secret-défense de Brennan soit révoquée. Aux États-Unis, les anciens hauts responsables sécuritaires continuent de bénéficier de ces habilitations après avoir cessé leurs fonctions. Elles leur permettent d'avoir accès à des informations sensibles et confidentielles.

De très nombreux anciens de la CIA, y compris certains restés jusque-là silencieux, sortent alors du bois et signent une lettre ouverte pour soutenir Brennan et s'insurger contre une telle vengeance politique dans un domaine qui concerne la sécurité nationale. George Tenet, Porter Goss,

Michael Hayden, Michael Morell et des dizaines d'autres noms prestigieux sont apposés au bas de cette lettre. Mais Donald Trump ne s'embarrasse pas de l'indignation des autres et a la dent particulièrement dure. Il réclame à John Kelly, le secrétaire général de la Maison-Blanche, de révoquer immédiatement les habilitations de Brennan ainsi que celles de James Clapper, ancien directeur national du renseignement et autre critique véhément du président. Kelly tente de temporiser mais Trump revient à la charge… entre cinquante et soixante-quinze fois, selon Kelly[13]. Ce sera finalement chose faite.

23.

L'œil de Moscou

De tout temps, la Maison-Blanche, quel que soit le président, a connu des difficultés avec Moscou. Et c'est en partie dû, selon d'anciens membres de la CIA, spécialistes du pays, à l'incapacité des politiques à comprendre la Russie. Une incapacité qui touche aussi parfois les plus hautes sphères de l'Agence… Le lendemain des attentats du 11 septembre 2001, le directeur George Tenet et son chef du CTC Cofer Black sont reçus par George W. Bush. Cofer Black, qui n'a jamais travaillé sur la Russie pendant sa carrière, assure au président que le Kremlin sera un allié précieux dans la guerre contre le terrorisme qui vient de s'engager, qu'il apportera un soutien massif. À leur retour à Langley, ils convoquent certains membres de la Russia House, le bureau des opérations russes composé d'une centaine de membres. Les spécialistes montent au septième étage, celui de la direction, pour retrouver Tenet et Black. « On vient de rencontrer le président et lui expliquer à quel point nous allons pouvoir compter sur l'aide de Moscou, lancent les deux chefs à la petite assemblée. Préparez-nous un petit topo avec toutes les informations dont vous disposez sur le sujet s'il vous plaît. »

Mais les membres de la Russia House s'étranglent : « Vous avez vraiment dit ça au président ? Il ne faut pas rêver, la

Russie ne va jamais nous soutenir, ils nous détestent ! On est l'ennemi pour eux. »

Tenet et Black blêmissent. Ils décident d'envoyer une équipe au plus vite à Moscou pour tâter le terrain. Cofer Black s'envole avec Michael Sulick, directeur de la division Europe centrale et ancien chef de la station de la CIA à Moscou, ainsi que John Sipher, numéro deux de la Russia House et lui aussi ancien de la station. Rolf Mowatt-Larssen, passé à plusieurs reprises par la station de Moscou au cours de sa carrière au sein de l'Agence et parfaitement russophone, est également du voyage. Il avait été expulsé du pays par les autorités russes quelques années plus tôt, mais le Kremlin l'autorise exceptionnellement à revenir étant donné l'urgence de la situation. Les Américains sont accueillis chaleureusement par leurs homologues du FSB à coups de repas bien arrosés et de promesses de coopération entre leurs deux pays. Des promesses qui resteront sans lendemain.

« Tous les douze ou vingt-quatre mois, un nouveau responsable débarquait pour nous dire que la coopération avec la Russie ne fonctionnait pas et qu'il fallait réessayer, explique un cadre de Russia House. À chaque fois on recommençait, et c'était le même scénario encore et encore. Ça ne débouchait sur rien de concret. Au final, on obtenait même le résultat inverse, c'est à nous que les Russes en demandaient le plus[1]. » Après le 11-Septembre, Moscou a tout de même fourni certaines informations à Washington. Notamment des renseignements logistiques sur les grottes creusées dans les montagnes afghanes et les meilleurs moyens de les atteindre. Des éléments précis, les Russes ayant passé dix ans dans le pays entre 1979 et 1989, et utiles dans la chasse à l'homme engagée pour retrouver Oussama Ben Laden.

Coup bas entre « amis »

Dans sa lutte contre le terrorisme peu après le 11-Septembre, la CIA a travaillé main dans la main avec le département d'État pour aider les pays en développement, notamment en Asie centrale, à mieux contrôler leurs frontières et repérer les terroristes. Des logiciels et autres outils sont mis à leur disposition pour contrôler plus efficacement qui entre et sort de leur territoire. Moscou apporte de son côté une base de données de terroristes présumés pour qu'ils puissent être interceptés avant d'entrer dans les pays en question. Mais les services secrets russes glissent volontairement dans cette base les identités de tous les officiers de la CIA dont ils connaissent les noms, soit parce qu'ils ont été en poste à Moscou, soit parce qu'ils ont démasqué leurs couvertures. Les espions américains se retrouvent par conséquent face à un gros problème : ils sont arrêtés ou interrogés à chaque fois qu'ils mettent le pied dans ces pays. Ce coup bas provoque la colère des spécialistes de la Russie à Langley.

Se venger de la guerre froide

En ce début des années 2000, les responsables politiques américains peinent à appréhender la nouvelle génération qui prend le pouvoir à Moscou. Vladimir Poutine, arrivé en 1999 au Kremlin, est encore vu comme sage et presque manipulable. Cette vision fait enrager certains spécialistes de la Russie au sein de la CIA. À commencer par Paul Kolbe qui dirige la station à Moscou. Avec d'autres, il voit clair dans le jeu de Poutine et est convaincu que le président russe va très rapidement devenir un problème pour Washington.

Kolbe et son équipe organisent en 2004 une réception en l'honneur de leurs homologues du FSB au célèbre Café Pouchkine, dans le centre de la capitale russe. Les lieux ont été entièrement privatisés par les Américains pour l'occasion. L'objectif de ces rencontres « de liaison » est de tisser des liens, d'approfondir la confiance entre espions. Seuls ceux ouvertement membres de la CIA y participent, les clandestins ne sont naturellement pas présents.

Un général du FSB prend Paul Kolbe par l'épaule et lui lance : « Oh, monsieur Kolbe, je suis du FSB et vous de la CIA. Nous avons été ennemis, mais la guerre froide est terminée. Désormais nous sommes amis et alliés. » L'aide de camp du général qui assiste à la scène toise son officier supérieur et s'indigne sous les yeux de Kolbe : « Général, c'est exactement pour ça que ma génération déteste la vôtre. Parce que vous avez perdu la guerre froide, et nous, on va désormais la gagner[2]. » Le général devient rouge de colère et d'embarras. L'épisode illustre à lui seul le virage pris par la nouvelle Russie de Poutine, sans que les Américains en saisissent la portée.

Quelques années plus tard, la guerre de l'été 2008 en Géorgie avec l'invasion russe des régions de l'Ossétie du Sud et de l'Abkhazie n'a pas non plus ouvert les yeux des Occidentaux. À l'Agence, et à l'image des priorités politiques de la Maison-Blanche, l'obsession reste le contre-terrorisme. C'est là que la majorité des officiers veut faire carrière, là que l'action se passe depuis le 11-Septembre. À l'exception de la division chargée de la Chine, toutes les autres ont des moyens trop limités et peinent à capter l'attention de la direction. Malgré l'alarme que représentait l'invasion de la Géorgie, l'équipe Russie n'échappe pas à la règle et manque d'effectifs. « Mon patron me disait : "La Russie c'est important mais pas urgent", confie Jeff Asher, un analyste qui travaille sur le sujet. Avant 2014*, il y avait un déni de qui était Poutine et de la volonté réelle du Kremlin vis-à-vis de l'Ukraine[3]. »

Du côté du pouvoir politique, on est en pleine campagne électorale et les Américains se demandent qui va remplacer George W. Bush en janvier 2009, pas ce que compte faire Poutine en Europe de l'Est.

Une méfiance réciproque

La méfiance entre la CIA et le Kremlin a toujours été très présente. Celle de Vladimir Poutine est même immense. Elle remonte au temps où il officiait au KGB, dont Langley était l'ennemi juré. Il est depuis convaincu que toutes les « révolutions de couleur », nom donné aux manifestations massives et démocratiques dans la région (essentiellement la « Révolution des roses » en Géorgie en 2003 et la « Révolution orange » en Ukraine en 2004) sont forcément orchestrées par la CIA.

« Dans le monde de Poutine, les masses n'agissent jamais par elles-mêmes, décrypte l'ambassadeur américain Michael McFaul, spécialiste du pays. Elles étaient plutôt des outils, des instruments ou des leviers à manipuler par l'État. [...] En écoutant Poutine, j'ai parfois eu l'impression qu'il croyait même que la CIA et le "complexe

---

* 2014 est en effet un tournant. C'est à cette date que Moscou envahit et annexe la Crimée, et prend *de facto*, par le biais d'activistes et de combattants pro-russes, le contrôle de pans entiers du Donbass, dans l'est de l'Ukraine. La Géorgie n'était donc pas une fin en soi, mais un coup de semonce, le début d'un plus vaste projet.

militaro-industriel" étaient les véritables décideurs de notre système. Les élus comme Obama ou Bush vont et viennent, mais ce sont les ministères de pouvoir – ce que certains appellent "l'État profond" – qui dirigent vraiment en coulisses. Après tout, c'est ainsi que cela fonctionnait dans son système ; en Russie, sous Poutine, même le président était issu du KGB. [...] Je me suis également demandé si lui et ses camarades du KGB n'avaient pas développé un complexe d'infériorité vis-à-vis de la CIA au fil des ans, parce que leur pays s'était effondré et pas le nôtre. La CIA est puissante, mais pas autant que le pense Poutine[4]. »

Le président russe n'a jamais cru aux dénégations américaines. À Langley, on se demande comment Poutine peut être aussi mal informé sur le processus de décision en place à Washington.

« Quand j'étais sur mes toilettes, je savais qu'ils me regardaient »

Langley a davantage conscience du problème Poutine que les administrations successives. L'Agence a besoin d'en savoir plus, de multiplier les sources pour mieux pénétrer le pouvoir russe et comprendre les plans précis du Kremlin. Problème, opérer à Moscou est très complexe pour les espions américains. La surveillance y est étouffante. Tous les officiers de la CIA déclarés auprès des autorités sont suivis en permanence et leurs résidences sont sur écoute, parfois même surveillées grâce à des caméras cachées à l'intérieur. « Quand j'étais sur mes toilettes, je savais très bien qu'ils me regardaient[5] », assure l'un d'eux. Certains tentent de sortir de leur appartement au milieu de la nuit et s'aperçoivent qu'une voiture les suit constamment. Les locaux avec qui ils échangent sont interrogés par les services secrets russes immédiatement après. Il est particulièrement périlleux dans ces conditions de recruter des sources. Les Américains y parviennent tout de même mais aucune erreur n'est possible, il faut souvent des mois pour parvenir à organiser un rendez-vous de cinq minutes dans un couloir discret. Pour la CIA, travailler en Russie est un cauchemar logistique.

Afin de contourner ces difficultés, les Américains tentent de recruter des personnalités russes dans tous les pays étrangers où elles sont implantées. L'Agence forme des officiers pour qu'ils parlent la langue et comprennent le pays avant de les envoyer en Finlande, en France, en Afrique, au Moyen-Orient et ailleurs. Sur place, leur mission est de s'approcher de Russes expatriés ou de passage pour entamer un contact et obtenir des renseignements dans tous les domaines : politique, économique, militaire, technologique, etc. En les rémunérant pour en faire des informateurs réguliers, ou en les espionnant à leur insu. Certains sont ciblés parce qu'ils peuvent être sensibles aux idéaux démocratiques qui font défaut à Moscou, d'autres cèdent par appât du gain. Lorsque les officiers de la CIA parviennent à convaincre un Russe de collaborer, ils le préparent à travailler pour eux en Russie une fois qu'il sera rentré chez lui. Lorsqu'il sera de retour dans son pays, les espions américains n'auront plus le moindre contact avec lui pour s'assurer de ne pas se faire prendre. Un tel scénario serait extrêmement dangereux pour le contact russe. Il faut parfois attendre un an ou deux avant que la source ne fasse un nouveau voyage à l'étranger et qu'il soit alors possible de la revoir et de récupérer les informations souhaitées.

Ce travail se fait le plus souvent en concertation avec le pays où se déroulent ces approches, mais certains répugnent à aider la CIA.

« Les Allemands étaient terribles pour ça, témoigne un spécialiste de la Russie au sein de l'Agence. Nous avons cessé de travailler avec eux parce qu'ils ne comprenaient pas la Russie. Ils étaient même pro-russes et ne voulaient pas nous aider. Ils étaient arrogants et disaient que nous étions tout simplement odieux. Donc nous n'avons pas pu travailler avec les Allemands sur la Russie parce que c'était une perte de temps[6]. »

Le FBI surveille aussi l'ambassade de Russie à Washington ainsi que toutes les représentations diplomatiques russes sur le sol américain (consulats, représentation à l'ONU). Dès qu'il repère un diplomate ou un employé un peu trop porté sur la bouteille ou qui trompe son conjoint, le FBI informe immédiatement la CIA qui peut alors se servir de ces informations pour faire chanter les personnes concernées et leur extorquer des renseignements. Un scénario peu fréquent car ces « maillons faibles » s'avèrent le plus souvent être de mauvais espions, peu fiables et sans poste à responsabilité. Les meilleures sources sont généralement des personnes bien éduquées et intelligentes, comme en témoigne une spécialiste de l'Agence qui a travaillé sur la Russie depuis Moscou avant de recruter de nombreux agents russes à l'étranger : « Les meilleures sources étaient des gens qui avaient fait de bonnes études, des gens sérieux, qui parlent d'autres langues, ont voyagé dans d'autres pays. Et à un moment donné, vers 40-45 ans, ils comprennent que tout leur investissement ne paie pas parce qu'ils vivent dans un système corrompu. Ces gens-là aiment leur pays. Ce ne sont pas des traîtres ou de mauvais patriotes parce qu'ils travaillent avec nous, ils veulent simplement détruire le système qui gangrène leur nation. Et vous pouvez imaginer qu'il y aura de plus en plus de gens qui se diront que Poutine est en train de détruire la Russie pour des décennies. Certains se disent : "L'économie se dégrade, on ne peut plus voyager dans le monde entier, comme on est russe les gens nous regardent mal et en plus on dépend de plus en plus de la Chine… c'est quoi ce bordel ?!" C'est pour ça que ce sont les meilleures sources[7]. »

Une taupe au sein du Kremlin

Selon un ancien haut responsable de la CIA à Moscou, 75 % des renseignements obtenus par l'Agence sur la Russie viennent non pas des sources de la CIA sur le terrain ou de ses surveillances téléphoniques et satellitaires, mais des services de renseignement étrangers qui partagent leurs informations. Seuls 5 % des renseignements proviendraient de sources humaines. Mais lorsqu'elles sont bien placées, celles-ci font toute la différence. Elles sont parfois recrutées depuis des décennies, les espions américains attendent patiemment qu'elles montent en grade et se voient confier de plus en plus de responsabilités. C'est exactement ce que la CIA a fait dans les années 2000 avec une source qui, au fil des ans, est parvenue à obtenir un poste bien placé au Kremlin la décennie suivante. Si l'homme n'est pas un intime de Vladimir Poutine, il le voit régulièrement, aurait photographié des documents sur son bureau et aurait accès aux principaux responsables de la présidence[8]. Il confirme à la CIA l'implication personnelle de Vladimir Poutine dans l'opération d'ingérence russe pour tenter de déstabiliser l'élection présidentielle américaine de 2016. Une véritable mine d'or pour Langley ! Les médias font de nombreuses révélations sur ces tentatives d'ingérence. Certaines informations laissent entendre que la CIA aurait un agent au Kremlin.

Langley s'inquiète alors pour la sécurité de sa source et lui propose de l'extraire rapidement du pays. Mais elle refuse pour ne pas s'éloigner de sa famille. Les espions américains s'interrogent : et si leur informateur souhaitait rester à Moscou parce qu'il joue double jeu ? Quelques mois plus tard, courant 2017, après de nouvelles révélations dans la presse, l'homme comprend que le temps tourne à l'orage et qu'il faut partir. Il accepte la deuxième proposition d'exfiltration faite par Langley. Les Américains perdent une source inestimable, l'une des plus importantes des dernières décennies, mais ne peuvent pas se permettre de mettre sa vie en danger. Le quotidien économique russe *Kommersant* assure que cette source se nommerait Oleg S. et qu'elle a disparu avec sa famille lors d'un voyage au Monténégro en 2017. Les autorités russes ont pensé pendant un temps qu'Oleg et sa famille étaient tout simplement morts avant de comprendre qu'ils étaient en vie et à l'étranger. Toujours selon *Kommersant* et plusieurs médias américains, ils seraient installés sous de fausses identités aux États-Unis sous la protection de la CIA et du FBI car plane sur eux la menace de représailles des services russes.

La chaîne d'information en continu CNN assure que la décision d'extraire l'informateur aurait été motivée « en partie » par peur que le nouveau président Donald Trump dévoile par mégarde la présence d'une source de la CIA au Kremlin. Le locataire de la Maison-Blanche est accusé d'avoir la langue bien pendue et d'être bien trop laxiste avec Moscou, qu'il croit davantage que ses propres services. Pour éviter tout risque de gaffe, mieux vaudrait alors se passer de cette source et ne pas l'exposer à des répercussions qui seraient terribles si elle était découverte. La porte-parole de l'Agence, Brittany Bramell, a officiellement démenti cette hypothèse.

La révélation de la présence d'une source de la CIA si haut placée a en tout cas, à coup sûr, compliqué encore davantage les possibilités d'en trouver d'autres et de pénétrer à nouveau l'entourage de Vladimir Poutine.

Ces jeux d'espions font beaucoup de bruit lorsqu'ils sont découverts mais chaque pays sait qu'il est espionné par les autres et en fait autant. Cela n'empêche pas une certaine solidarité lorsqu'il s'agit de terrorisme, même entre pays qui vivent une relation tourmentée. La CIA et son homologue russe du SVR partagent des informations régulièrement. En octobre 2017 notamment, l'Agence alerte Moscou sur un projet d'attentat dont elle vient de découvrir l'existence et qui doit frapper la cathédrale Notre-Dame-de-Kazan de Saint-Pétersbourg. L'attaque sera déjouée. Vladimir Poutine en personne décrochera son téléphone pour remercier directement Donald Trump… et le directeur de la CIA, Mike Pompeo.

Sept ans plus tard, en mars 2024, l'Agence obtient de nouvelles informations. L'organisation terroriste État islamique au Khorassan (EI-K) préparerait un attentat à Moscou. Washington prévient le Kremlin par plusieurs canaux, y compris par la CIA. Mais cette fois-ci, Vladimir Poutine décide de ne pas écouter les alertes des États-Unis. « Les récentes déclarations provocantes d'un certain nombre de responsables occidentaux sur de possibles attaques terroristes en Russie » ne sont que « purs chantages », selon le président russe. Trois jours après ces déclarations, les prédictions américaines se confirment. Un attentat mené par l'EI-K frappe un concert de rock dans la banlieue de Moscou. Cent quarante-cinq personnes sont tuées. Ironie du sort, c'était lors d'un discours devant les espions du FSB que Poutine avait dénoncé les mises en garde américaines…

24.

Chine : l'empire du secret

À Pékin, une collaboration entre services de renseignement américains et chinois a été mise en place de longue date. La relation a été particulièrement efficace dans les années 1980 pour travailler main dans la main avec comme objectif de chasser les Soviétiques d'Afghanistan*.

« Nous avons beaucoup travaillé ensemble à cette époque-là et nous avons continué depuis sur d'autres sujets comme la lutte contre la prolifération, les stupéfiants, le crime organisé international, etc., témoigne l'ambassadeur et ancien spécialiste de la Chine à la CIA Joseph DeTrani. Je pourrais énumérer toute une liste de domaines dans lesquels nous avons fait du très bon travail en collaborant avec le type d'opérations menées en République populaire de Chine[1]. »

Même au plus fort de la lutte contre le terrorisme, la Chine n'a jamais été négligée au sein de l'Agence. Pékin représente une menace économique, industrielle et parfois même

* L'Union soviétique a envahi l'Afghanistan en 1979 pour venir soutenir le gouvernement communiste local face aux groupes de moudjahidine, appuyés notamment par les États-Unis. L'Armée rouge comptera jusqu'à 150 000 hommes dans le pays. Le dernier soldat quittera l'Afghanistan en 1989.

diplomatique et militaire. Elle est donc l'une des obsessions de Washington… et de Langley. Lorsque le bureau Chine a laissé partir quelques-uns de ses experts (comme toutes les autres divisions) au CTC au lendemain du 11-Septembre, il ne s'est pas retrouvé sans ressources pour autant. Malgré tout, un ancien directeur des opérations de l'Agence pour l'Asie de l'Est regrette qu'un effort suffisant n'ait pas été fourni pour « étudier de près le développement de la Chine à mesure qu'elle devenait une superpuissance[2] ».

Langley consacrera tout de même beaucoup de temps et d'argent à former des officiers non seulement pour qu'ils parlent mandarin, mais aussi pour leur permettre de s'immerger dans la culture et l'histoire chinoise. Au fil des ans, la CIA continuera de dispenser des formations linguistiques très efficaces, d'une durée de douze à dix-huit mois, à des recrues qui ont généralement déjà de premières bases apprises à l'université.

Il est tout aussi difficile pour l'Agence d'opérer en Chine qu'en Russie. Le système de surveillance y est poussé à l'extrême. « La Chine dispose de capacités uniques et peut vous surveiller vingt-quatre heures sur vingt-quatre, sept jours sur sept, explique un ancien officier de la CIA spécialiste de la région. Il faut donc partir du principe que quelqu'un vous surveille en permanence et avoir la capacité de travailler dans des environnements comme ça. Avec l'intelligence artificielle et les capacités de surveillance dont dispose la Chine dans son pays, ce qu'elle peut faire est immense[3]. »

Ces capacités sont de sacrées épines dans le pied mais les opérations de la CIA sont essentielles pour les États-Unis qui tentent de mieux comprendre (et contrer) les intentions de Pékin en mer de Chine ou à Taïwan, notamment. Malgré la redoutable efficacité des services de contre-espionnage locaux, Langley est loin d'être aveugle dans l'Empire du milieu où elle dispose de sources patiemment recrutées et d'officiers déployés sur le terrain.

Dans les années 2000, la CIA est parvenue à infiltrer tout l'appareil politique et sécuritaire chinois. Elle a réussi à déjouer cette surveillance poussée à l'extrême pour rencontrer des responsables chinois et les convaincre de travailler pour elle. L'Agence a ainsi recruté des sources au sein du Parti communiste chinois (PCC), l'organe qui dirige le pays, mais aussi dans l'armée, les grandes entreprises et même dans les services de renseignement ! Afin de compléter ce travail d'espionnage et de recueil d'information, Washington fait également voler en permanence des avions espions au large des côtes chinoises pour tenter d'intercepter des communications.

L'effondrement du réseau

Les Américains exploitent autant qu'ils le peuvent la corruption qui règne dans le pays. Avec l'argent qu'ils fournissent à leurs sources en Chine, ces derniers payent des pots-de-vin pour monter en grade dans leur secteur… et ainsi avoir davantage de renseignements à fournir. Mais en 2010 le système de communication interne de la CIA aurait été hacké par l'Iran. Les spécialistes estiment que cette faille a été utilisée par Pékin. Téhéran lui aurait donné accès aux nombreuses données secrètes piratées[4]. Certains observateurs penchent plutôt pour une trahison humaine. Toujours est-il que grâce à cela, Pékin identifie de très nombreux officiers de la CIA dont l'identité devait rester secrète… mais aussi leurs sources chinoises ! Cette brèche dans le système est la pire depuis des décennies pour l'Agence. Le résultat est catastrophique pour Langley.

Pendant deux ans, de 2010 à 2012, le réseau de la CIA en Chine est dépecé. Une vingtaine de sources humaines, jusque-là grassement rémunérées en échange de leurs informations, sont emprisonnées, certaines seraient même tuées. Selon le *New York Times*[5], l'un de ces informateurs aurait été retrouvé par les renseignements chinois. Ces derniers seraient venus le chercher sur son lieu de travail, l'auraient attrapé, amené dans la cour du bâtiment gouvernemental et abattu froidement devant ses collègues. Le message est clair : gare aux traîtres !

Les services de contre-espionnage chinois ont été particulièrement efficaces. Ils ont notamment mis sur écoute un restaurant où des officiers de la CIA venaient régulièrement rencontrer certaines sources. Les serveurs de l'établissement étaient en fait des espions chinois…

Lorsqu'elle réalise l'ampleur de la catastrophe, début 2011, la direction de la CIA craint que les déplacements de ses officiers à travers le monde ne soient traqués et que les services chinois ne parviennent à démasquer d'autres sources, en cherchant quelles personnalités chinoises sont au même endroit dans le monde et en même temps que ces espions américains. Et c'est en partie le cas. Car Pékin continue d'être agressif dans son espionnage. Les services chinois parviennent à subtiliser des quantités phénoménales de données informatiques un peu partout et même, en 2014, à pénétrer dans le système de l'agence américaine chargée de la fonction publique*. Les données confidentielles de plusieurs millions de fonctionnaires et anciens fonctionnaires sont ainsi exposées. Parmi eux, des officiers de la CIA qui sont démasqués lors de leurs déplacements à l'étranger.

---

* Office of Personnel Management (OPM).

Washington crée alors une équipe spéciale composée d'agents du FBI et de spécialistes de la CIA. Cette *task force* s'installe dans un lieu sécurisé de l'État de Virginie, à l'écart de Langley, et tente de comprendre comment cet échec dramatique a pu se produire.

C'est aussi le futur des activités clandestines de la CIA dans le pays qui est fortement remis en cause par toutes ces brèches. Les Américains n'ont pas une connaissance précise et certaine de ce que les services chinois savent. Autrement dit, envoyer un nouvel officier sur le terrain pourrait l'exposer, et mettre la vie de ses sources en danger. Des dizaines d'affectations sont ainsi brusquement annulées entre 2010 et 2015 environ[6]. Langley va marcher sur des œufs pendant des années.

Un membre du Conseil de sécurité national américain chargé de la Chine sous la présidence de Donald Trump estime que plus de dix ans après, les séquelles se font encore sentir. « Franchement, explique-t-il, on ne s'est jamais complètement remis de ce démantèlement de nos sources par les Chinois. Et Pékin s'améliore chaque année dans le domaine du contre-espionnage, ils sont devenus très bons, donc c'est de plus en plus difficile d'envoyer des espions et d'obtenir des informations. On a perdu nos sources au sein du pouvoir[7]. »

Si la CIA peine désormais à pénétrer le cœur du système politique chinois, ses renseignements sont aussi jugés très limités sur les questions financières, selon une source au sein de la Maison-Blanche.

Pékin cloisonne de plus en plus. Les interceptions sont difficiles à obtenir, d'autant que le pays a son propre réseau Internet. Les Chinois autorisés à parler aux étrangers n'ont pas accès au cœur du pouvoir et aux informations les plus sensibles. Et « les Chinois sont très prudents, ils utilisent encore beaucoup le papier pour éviter les interceptions[8] », souffle un officiel américain spécialiste du pays.

Alors, comme pour la Russie, la CIA tente davantage de recruter des sources chinoises à l'étranger que dans le pays même. La question chinoise est notamment l'une des priorités des espions américains déployés en Afrique. Le spécialiste Roger Faligot[9] estime que l'Agence compte aussi sur les services de renseignement alliés bien implantés dans la région, occidentaux (notamment les Britanniques et allemands) ou asiatiques (Taïwanais, Japonais et Sud-Coréens), pour récupérer des informations, voire parfois directement des informateurs, Langley ayant des moyens importants pour favoriser leur fuite et leur réinstallation hors de Chine.

Agents doubles

Pékin est de plus en plus agressif et parvient de son côté à recruter des sources au sein des services de renseignement américains. Plusieurs anciens de la CIA sont pris en flagrant délit de trahison et de collaboration avec la Chine. Le débat sur leur responsabilité éventuelle dans l'effondrement du réseau de l'Agence en Chine n'est toujours pas tranché. En 2012, Jerry Chun Shing Lee, un ancien de la CIA à Pékin, a été pris la main dans le sac. Ses carnets contenaient notamment la localisation précise de certaines planques de l'Agence en Chine et les noms d'espions américains et de leurs informateurs. Les services chinois lui auraient promis de prendre soin de lui « à vie » et auraient déposé des centaines de milliers de dollars sur son compte bancaire à Hong Kong entre 2010 et 2013[10]. Il plaide coupable de « conspiration ».

En 2019, c'est Kevin Mallory, lui aussi un ancien de la station de Pékin, qui est jugé et reconnu coupable d'avoir été rémunéré 25 000 dollars en échange d'informations transmises aux services chinois. Les enquêteurs ont retrouvé un message qu'il avait fait parvenir à son interlocuteur chinois le 5 mai 2017 et qui disait : « Votre objectif est d'obtenir des informations, et mon objectif est d'être payé. » Il a été condamné à vingt ans de prison.

Les Américains se méfient également beaucoup des entreprises chinoises. Encore plus depuis 2017, année où Pékin et son président Xi Jinping ont fait passer une loi qui impose aux entreprises nationales de coopérer avec les services de renseignement. Autrement dit, tout contact ou activité d'une entreprise étrangère avec une société chinoise sera connu très rapidement de leurs services d'espionnage. Secrets industriels, informations sur les personnes permettant potentiellement de les faire chanter et donc de les recruter comme sources, etc. Alors que le pays a pris un tour encore plus totalitaire, les entreprises locales sont devenues des instruments au service du Parti communiste chinois et de ses espions. Sous les présidences Obama, Trump et Biden, de gros efforts seront faits par la CIA et d'autres agences comme la NSA pour tenter de se prémunir de cette menace.

Changement de priorité

Sous la présidence Trump, de 2017 à 2021, le Conseil de sécurité nationale regrettera le peu de renseignements détaillés disponibles sur la Chine alors que Washington mène une guerre commerciale féroce à Pékin. Il intimera à la CIA de s'améliorer sur cette question mais les États-Unis sont alors toujours en guerre en Afghanistan et l'Agence est encore très focalisée sur le terrorisme et le Moyen-Orient. « C'est difficile pour la CIA, reconnaît un conseiller de Donald Trump pour l'Asie. Il ne suffit pas de leur demander d'être bons, il faut ensuite beaucoup de temps pour changer votre focus, que suffisamment de personnes soient formées, etc. C'est comme déplacer un navire. Donc ils ont été lents, mais ils sont probablement meilleurs aujourd'hui qu'ils ne l'étaient en 2017[11]. »

Un ancien haut responsable de l'administration pour la Chine pointe lui du doigt l'analyse faite des informations obtenues : « Les analystes de la CIA, et ceux de nos autres agences de renseignement, n'ont pas compris comment analyser la Chine, accuse-t-il. Ils ont un parti pris. Ils travaillent sur des informations qui viennent de discussions avec des diplomates, des cercles de réflexion ou des hommes d'affaires chinois. Il faut comprendre que tous ces gens sont un peu les mêmes. Ils reçoivent tous leur message du PCC*. Ceux qui sont autorisés à sortir du pays et à parler aux étrangers font partie, d'une manière ou d'une autre, d'un front uni. Les analyses qui nous remontaient de la CIA à la Maison-Blanche correspondaient en gros à ce que ces gens nous donnent. C'est un peu comme si nous reprenions à notre compte tous leurs arguments[12]. »

La menace principale

Les efforts engagés sous la présidence Trump pour déployer davantage de moyens sur la région et notamment sur la Chine se poursuivent après l'arrivée de Joe Biden au pouvoir en 2021. Ils s'intensifient même. La nouvelle

* Parti communiste chinois, le parti unique qui dirige le pays depuis 1949.

administration réalise l'ampleur des tentatives d'espionnages chinois sur le sol américain et des cyber attaques menées par Pékin. Elle décide de réagir. Quelques mois après son arrivée à la tête de la CIA, début 2021, Bill Burns assure publiquement que sa priorité est de grossir les rangs des spécialistes de la Chine au sein de l'Agence. Analystes, officiers de terrain, experts en technologies, personnel qui parle couramment le mandarin, etc. Le chef espion américain veut recruter à tours de bras. Au moment du 11-Septembre, la CIA manquait cruellement d'officiers et d'analystes parlant couramment l'arabe. Elle a mis des années à rattraper ce retard. Elle se retrouve désormais dans une situation similaire avec le mandarin.

Ce changement de politique vise à former des spécialistes de la Chine au sein de l'Agence et à s'appuyer sur leurs compétences sur le très long terme, à remettre l'espionnage, cœur de métier historique de la CIA, au centre de ses activités aux dépens des activités paramilitaires privilégiées pendant les guerres en Irak et en Afghanistan. Les premiers rapports de l'Agence sur le président Xi Jinping au début des années 2010 brossaient le portrait d'un homme qui allait se consacrer à la politique nationale. Il s'est avéré que Xi Jinping a démultiplié la menace chinoise, qu'elle soit cyber, diplomatique, économique ou même militaire.

Signe de l'importance de Pékin aux yeux de l'administration Biden, Bill Burns crée au printemps 2021 un nouveau centre de mission consacré uniquement à la Chine au sein de la CIA, le seul centre consacré à un seul pays et pas à une région ou une thématique*. Auparavant, le sujet était englobé dans un centre de mission plus large sur l'Asie de

* Il existait un Centre de mission Corée et un Centre de mission Iran sous la présidence de Donald Trump, mais ces deux entités seront englobées dans des Centres de mission régionaux plus vastes à l'arrivée de Joe Biden.

l'Est. « C'est délibéré, confie Burns au journaliste David E. Sanger. Il s'agit en partie de signaler la priorité que nous accordons – et que le gouvernement américain continuera d'accorder pendant des décennies – à la concurrence avec la Chine[13]. » Le chef de ce Centre de mission rencontre désormais le directeur de l'Agence toutes les semaines pour un point complet et ajuster la stratégie. Pékin est vu comme une menace principale. Il faut dire que le centre confirme rapidement les inquiétudes existantes et découvre de nombreux détails sur la course à l'armement engagée par Pékin, les efforts chinois pour développer des « satellites tueurs » capables de lancer des frappes, ou encore de nouveaux outils de cyberattaques très difficilement arrêtables.

Le centre s'intéresse également de très près aux visées chinoises sur Taïwan. Durant l'été 2022, la présidente de la Chambre des représentants Nancy Pelosi, l'un des personnages politiques les plus importants des États-Unis, effectue une visite polémique à Taïwan. Dans les jours qui suivent, la CIA s'inquiète des manœuvres chinoises et met en garde l'administration Biden : Pékin pourrait attaquer l'île très prochainement par peur que les Américains n'aient le temps d'y déployer des armes défensives en nombre. Auparavant, l'Agence estimait que Pékin n'interviendrait pas avant plusieurs années. Le président chinois ne franchira finalement pas le pas. Pour l'instant. Xi Jinping, selon l'analyse de la CIA et d'autres agences de renseignement, aurait perdu confiance en ses principaux généraux pour mener une telle invasion[14].

25.

Corée du Nord : diplomatie parallèle

Les deux hommes sont loin d'être proches. Quand l'un dit quelque chose, l'autre prend le contrepied. Mais s'il y a bien un message que le président élu Donald Trump a retenu, sans objection, de son entretien avec le président sortant Barack Obama le 10 novembre 2016, c'est que la Corée du Nord représente la plus grande menace pour les États-Unis.

Washington dispose de 28 500 soldats déployés en Corée du Sud et n'a qu'une crainte : que Pyongyang développe des missiles balistiques à tête nucléaire capables de frapper son territoire. Langley surveille donc Pyongyang comme le lait sur le feu. Le Peninsula Intelligence Estimate, système mis en place par le bureau Corée du Nord au sein de l'Agence, permet d'estimer et d'identifier toute attaque potentielle. Elle tente aussi d'obtenir le maximum d'informations sur le cœur du régime et sur le jeune Kim Jong-un, arrivé au pouvoir à moins de 30 ans à la mort de son père en 2011. La CIA dispose de trop peu d'informations sur le dirigeant nord-coréen. Kim Jong-un a étudié en Suisse plusieurs années en utilisant un pseudonyme, et Langley n'a pas semblé s'intéresser de trop près à cet héritier à l'époque. « À ma connaissance, on n'a même pas essayé de l'approcher quand il était en Europe[1] », témoigne un ancien de la CIA, spécialiste de la Corée du Nord. Après avoir pris les rênes du pays, Kim Jong-un a rebattu les cartes du régime en limogeant de nombreux responsables, réaffectant d'autres à de nouvelles tâches et en promouvant de nouveaux visages. Un véritable casse-tête pour Langley qui peine, malgré des années de travail, à obtenir une cartographie précise et intime de ce nouveau pouvoir, et à l'infiltrer. « Nous n'avons aucune présence humaine en Corée du Nord, c'est encore bien plus difficile d'y travailler qu'en Chine[2] », prétend Joseph De Trani, qui a dirigé la division Asie du Sud-Est à la CIA. « Si c'est le cas, c'est dramatique, s'étrangle l'ancien patron des services français Bernard Bajolet. Mais j'ai du mal à y croire[3]... »

Pour tenter de mieux comprendre ce qui se passe dans ce régime extrêmement fermé, la CIA s'appuie notamment sur les Coréens du Nord qui font défection au sud. Séoul dispose d'un programme poussé pour les accueillir et les interroger. Les renseignements sont ensuite largement partagés avec les services de renseignement américains qui, de leur côté, surveillent et analysent très méticuleusement chaque tir de missile nord-coréen et ont réussi au fil des ans à obtenir une idée assez précise du programme balistique et nucléaire du pays.

Changement de braquet

Peu après l'arrivée de Donald Trump à la Maison-Blanche, le nouveau directeur de la CIA Mike Pompeo décide de renforcer les activités de l'Agence vis-à-vis de la Corée du Nord. Comme pour l'Iran, pas question d'entendre des voix dissonantes. Il rappelle Andy Kim, un Américano-Coréen qui a grandi à Séoul avant de rejoindre les États-Unis et de travailler de longues années à la CIA. Kim, partisan de la ligne dure contre Pyongyang, vient de prendre sa retraite. Pompeo lui promet qu'il aura une ligne directe avec lui et le convainc de revenir pour prendre la tête du tout nouveau Centre de mission dédié au pays qu'il vient de créer.

À la même période, un discret canal de discussion s'est ouvert avec la Corée du Nord. Gabriel Schulze est un homme d'affaires qui vit à Singapour et a travaillé avec Ivanka, la fille du président, dans le passé. Il a depuis de longues années des relations poussées avec un certain nombre de personnalités à Pyongyang. Le régime nord-coréen est géré en famille, et apprécie que la fille et le gendre de Donald Trump, Jared Kushner, aient pris des responsabilités importantes à la Maison-Blanche. Gabriel Schulze vient rencontrer Kushner avec un message : « L'un de mes partenaires nord-coréens de longue date, une personne en qui j'ai confiance, me dit qu'un très haut responsable du pays aimerait ouvrir un canal avec la famille Trump pour le compte de Kim Jong-un. J'ai vérifié avec d'autres contacts et c'est sérieux. Ils veulent explorer la possibilité d'un accord avec Trump et pensent que vous êtes la bonne personne à qui parler. »

Kushner est déjà en froid avec le secrétaire d'État, Rex Tillerson, et aimerait éviter d'empirer encore les choses en prenant la main sur ce dossier… mais il n'a aucune confiance en Tillerson Alors le gendre du président transmet le dossier à Mike Pompeo, le directeur de la CIA. Il certifie à Schulze qu'il peut rassurer les Nord-Coréens : Pompeo a la confiance du président, ce sera comme traiter avec lui, et il restera impliqué mais en coulisses. Le directeur de la CIA prend donc le relais et entame un dialogue secret avec Pyongyang.

Alors que la pression diplomatique et économique s'intensifie contre le régime de Kim Jong-un, et que la CIA renforce ses activités en coulisses, Pyongyang renvoie aux États-Unis un jeune américain retenu prisonnier depuis dix-sept mois. La santé d'Otto Warmbier est désastreuse, il rentre dans l'Ohio dans un état végétatif et y décède quelques jours après son retour. À Langley, le Centre de mission Corée se réunit et se promet de venger cette mort. D'autant que la Corée du Nord réclame désormais à Washington de rembourser les frais médicaux des soins qu'ils ont dispensés à Otto Warmbier lorsqu'il était hospitalisé dans leur pays. Pyongyang multiplie également les actes hostiles, à tel point que Donald Trump promet que la Corée du Nord va connaître « le feu et la fureur comme le monde n'a jamais vu[4] ». La guerre des mots n'en est qu'à ses débuts. Bien loin des envolées lyriques et diplomatiques de certains, Kim Jong-un et Donald Trump jouent à celui qui a la plus grosse arme nucléaire. « Un bouton nucléaire est toujours sur mon bureau », dit le Nord-Coréen. « Quelqu'un de son régime affamé et à bout de souffle pourrait-il l'informer que j'ai moi aussi un bouton nucléaire, mais qu'il est beaucoup plus gros et puissant que le sien, et que mon bouton fonctionne ? » répond l'Américain sur Twitter, en l'affublant du sobriquet « Little Rocket Man », dont il est très fier.

Fin 2017, Mike Pompeo participe au briefing matinal du président dans le Bureau ovale. Après que l'analyste de la CIA a terminé son tour des principales informations du jour et qu'il s'apprête à quitter la pièce avec son directeur, Trump fait signe à Pompeo de rester un moment avec lui. Une fois qu'ils sont seuls, il lui demande si un canal de communication existe avec les Nord-Coréens. Pompeo confirme que c'est bien le cas. « Très bien, appelle-les, répond Trump. Dis-leur que tu veux aller les voir. »

À son retour à Langley, Pompeo envoie le message à ses intermédiaires du régime de Kim Jong-un. La réponse n'arrive que plusieurs semaines plus tard. Pyongyang accepte le principe d'une visite en Corée du Nord mais à condition qu'elle soit tenue secrète et que seule une équipe très réduite y participe. Autre condition imposée : connaître l'agenda des Américains, les points précis qu'ils souhaitent aborder. La CIA accepte les deux premières mais refuse d'en dire plus et se contente de glisser un « vous allez aimer nos idées »… Rendez-vous est pris, Mike Pompeo sera reçu à Pyongyang à Pâques avec Andy Kim. Pendant ces mois d'attente, le directeur engloutit toute la documentation sur la Corée du Nord que lui envoie son chef du Centre de mission Corée : état des lieux du programme nucléaire nord-coréen, détail des négociations passées, etc. Rex Tillerson, le chef de la diplomatie américaine, a été tenu à l'écart. Trump a ordonné qu'on ne lui dise rien. Même à Langley, seule une poignée de gens de confiance sont informés de cette mission clandestine.

« As-tu parlé de Kim à Dennis Rodman ? », demande Donald Trump à Pompeo quelques semaines avant le jour J. L'ancienne star du basket, champion excentrique autant habitué aux titres NBA qu'aux boîtes de nuit et aux changements de couleur de cheveux, est probablement l'Américain ayant passé le plus de temps avec le dictateur nord-coréen. Il s'est rendu à plusieurs reprises à Pyongyang ces dernières années et entretient une relation amicale avec Kim Jong-un. Trump et Rodman se connaissent également, ils ont participé à la même émission de télévision, *The Apprentice*. « En revanche, assure-toi de l'appeler avant midi, explique Trump à Pompeo. Après, il est généralement soit bourré, soit défoncé. » Pour le président américain, son propre secrétaire d'État ne doit donc pas être tenu informé de cette mission diplomatique secrète… mais une ancienne star du basket qui abuse quotidiennement de l'alcool et d'autres substances peut l'être… Rodman ne décrochera jamais son téléphone et Pompeo ne parviendra pas à le joindre.

Tillerson définitivement écarté

Les Jeux olympiques d'hiver, organisés en février 2018 en Corée du Sud, permettent des échanges discrets entre officiels des deux Corées. Notamment avec Kim Yo-jong, la très influente sœur de Kim Jong-un, envoyée représenter son pays lors de la cérémonie d'ouverture. Après ces discussions, le conseiller sud-coréen à la sécurité nationale s'envole pour Washington le jeudi 8 mars. Chung Eui-yong rencontre son homologue américain H. R. McMaster, le secrétaire à la Défense Jim Mattis et le secrétaire général de la Maison-Blanche John Kelly. Lorsque Donald Trump apprend la nouvelle, il les interrompt et les fait venir dans le Bureau ovale. Chung Eui-yong s'adresse alors directement au président américain : « Kim Jong-un veut vous rencontrer en personne et nous pensons, en Corée du Sud, que vous devriez accepter. » Trump y voit l'occasion de faire un coup et de conclure un accord. Il ne laisse pas le temps à ses conseillers de se prononcer, c'est oui ! Il accepte la rencontre. H. R. McMaster tente d'intervenir : « Je sais que vous allez quand même le faire, mais la Corée du Nord commence tout juste à sentir la pression que nous leur mettons. Cette invitation en est la preuve ! Pourquoi est-ce que l'homme le plus puissant du monde accepterait un sommet avec Kim sans rien en échange ? »

Mais Trump n'écoute pas, il se laisse emporter par sa fougue. Il faut trouver une date dès le mois prochain, un lieu, et vite. Son entourage parvient à juguler un peu son enthousiasme et à gagner quelques semaines pour prendre le temps d'organiser les mille détails d'une telle rencontre. Une date est fixée : ce sera en mai. Mais le président l'ordonne, il faut l'annoncer immédiatement. H. R. McMaster s'isole dans son bureau avec l'envoyé nord-coréen pour travailler ensemble la déclaration que Chung va faire à la presse dans l'enceinte de la Maison-Blanche mais à l'extérieur du bâtiment, sans logo de la présidence ni drapeau américain en arrière-plan. Une fois la déclaration rédigée, Chung s'avance devant les reporters accrédités tandis que McMaster monte dans sa voiture et rentre chez lui sans assister à cette conférence de presse improvisée. Il préfère se préparer pour le pot de départ de son ami Gary Cohn, en désaccord avec la politique de Donald Trump et qui vient de démissionner de son poste de président du Conseil économique national.

Si McMaster baisse les bras, Rex Tillerson veut, lui, monter au créneau. Il appelle la Maison-Blanche et essaye de convaincre Trump : organiser un tel sommet sans avoir au préalable obtenu des contreparties n'est pas digne d'un président américain. Mais le secrétaire d'État n'est pas dans les petits papiers de Donald Trump, l'entourage du président lui scie constamment la branche sur laquelle il est assis, et il n'a pas la main sur le dossier nord-coréen. Sur cette question centrale de la politique étrangère américaine, le chef de la diplomatie a été doublé depuis longtemps par le directeur de la CIA, Mike Pompeo.

FACE-À-FACE CLANDESTIN

Le 30 mars 2018, le directeur de la CIA et Andy Kim embarquent discrètement dans un avion fourni par l'armée sur la base militaire aérienne d'Andrews et s'envolent pour leur mission secrète. Après de longues heures de vol, l'appareil entre dans l'espace aérien nord-coréen. Plusieurs avions de chasse locaux surgissent aussitôt et suivent l'appareil à une très courte distance. Le pilote américain vient alors trouver le directeur à l'arrière de l'appareil : « Ne vous en faites pas monsieur le Directeur, si les Nord-Coréens font quelque chose de stupide, une équipe de secours de l'armée américaine sera envoyée immédiatement pour récupérer nos corps. » L'humour du pilote fait sourire Pompeo.

À leur atterrissage à l'aéroport Sunan de Pyongyang, les Américains ne voient pas un seul autre avion sur la piste. La destination n'est pas des plus fréquentées… L'ambiance de cet aéroport déserté donne le ton. Un cortège de Mercedes noires, encadré par des véhicules militaires, attend les visiteurs secrets. Le chef de la sécurité du directeur de la CIA descend d'abord seul avec un traducteur rencontrer son homologue local pour s'assurer que tout est en ordre. Lorsqu'il remonte à bord rendre compte à Mike Pompeo, il le regarde, l'air embêté, et l'informe que le régime refuse de laisser les Américains prendre leurs armes avec eux en ville. Pompeo s'en moque royalement et descend de l'avion avec Andy Kim, expert du pays à la CIA, et une escorte désarmée. Ils sont accueillis par Kim Yong-chol, le propagandiste en chef de la dictature nord-coréenne, qui ne s'embarrasse pas des formules de politesse habituelles : « Nous avons mangé de l'herbe ces cinquante dernières années, nous pouvons en manger pendant les cinquante prochaines.

– Général Chol, je suis moi aussi ravi de vous rencontrer, lui répond Mike Pompeo. J'ai hâte que nous passions à table et je préfère mon herbe fumée. » Chol ne décroche pas un sourire et invite son visiteur à monter dans le convoi. Après quelques minutes de trajet et un minuscule aperçu des meilleurs quartiers de la capitale, loin de la réalité du pays, l'équipe de la CIA descend de voiture et est accueillie par Kim Yo-jong, celle-là même qui avait montré des signes d'ouverture lors des Jeux olympiques. Elle les emmène directement rencontrer son frère. Le dictateur nord-coréen les attend dans une pièce à la décoration particulièrement chargée et au mur orange brillant. Et contrairement au général Chol, il les reçoit avec un grand sourire aux lèvres… mais sans perdre le nord pour autant : « Monsieur le Directeur, je ne pensais pas que vous viendrez alors que je sais que vous avez essayé de me tuer !

– Monsieur le Président, j'essaye toujours de vous tuer », lui répond Pompeo, qui a décidément choisi l'humour pour tenter de briser la glace.

La rencontre dure plusieurs heures. Kim Jong-un, qui sort fumer une cigarette toutes les quarante-cinq minutes, pose beaucoup de questions sur Donald Trump. Il assure vouloir rediriger son attention vers le développement économique de son pays, et moins sur les dépenses militaires. Pompeo, de son côté, tente de jouer la carte de la carotte. Il assure que les États-Unis pourraient devenir des partenaires économiques de premier plan, et aussi inciter fortement des pays de la région comme le Japon et la Corée du Sud à investir également pour aider à développer l'économie nord-coréenne. Mais le contrat est clair : Pyongyang doit cesser son programme et détruire ses installations militaires nucléaires, notamment ses capacités d'enrichissement d'uranium, et s'engager sur une paix durable avec son voisin du sud.

Mike Pompeo assure dans ses Mémoires que lors de cet entretien Kim Jong-un s'engage à se débarrasser entièrement de ses armes nucléaires (« un fardeau économique de taille »), à engager un moratoire sur ses programmes nucléaires et de développement de missiles, et confirme son souhait de rencontrer Donald Trump en personne. Au sein de la CIA, certains spécialistes de la région sont convaincus que le leader nord-coréen ne souhaite pas vivre sous sanctions, qu'il pourrait incarner la modernisation de son pays où sévit la famine, et qu'il y a donc une véritable carte à jouer, même si la partie s'annonce compliquée. Cet avis est partagé à la Maison-Blanche.

Quelques photos et puis s'en va

La poignée de main historique entre Donald Trump et Kim Jong-un se déroule finalement à Singapour, le 12 juin 2018. D'autres rencontres suivront, notamment une dans la fameuse DMZ, la zone démilitarisée à la frontière entre les deux Corées. Trump sera ainsi le premier président américain à mettre officiellement un pied en Corée du Nord.

Mais les efforts du locataire de la Maison-Blanche, accompagnés de ceux de la CIA, ne payent pas. Kim Jong-un refuse de se débarrasser ou même de réduire son arsenal nucléaire sans levée des sanctions. Hors de question pour Washington. Le 1er janvier 2020, Pyongyang finit par annoncer la fin d'un moratoire qu'elle avait consenti sur les essais nucléaires et balistiques. La lune de miel est terminée. Le leader nord-coréen peut se targuer d'avoir mené un coup politique et médiatique magistral en ayant rencontré le président de la première puissance mondiale à trois reprises, sans rien concéder en échange. La culture du deal chère à Donald Trump n'a pas fonctionné cette fois-ci.

« Il a été en partie roulé dans la farine mais il voulait essayer, c'est sa façon de faire et il a été très près de réussir, estime Ivan Kanapathy, directeur adjoint pour les affaires asiatiques à la Maison-Blanche. Finalement, ça a échoué mais si on n'avait pas essayé… et on n'a pas non plus ouvert les vannes et tout donné aux Nord-Coréens. Seul Kim peut décider, donc c'est avec lui qu'il fallait traiter. Même si personnellement j'étais pessimiste[5]. »

Face à cette impasse, Washington cessera les discussions et se concentrera sur d'autres sujets.

Lors de l'arrivée au pouvoir de Joe Biden en 2021, bien que la CIA assure que Pyongyang poursuit son programme nucléaire, le Centre de mission Corée sera absorbé dans une entité plus grande, un Centre de mission pour l'Asie de l'Est, signe que la priorité est désormais davantage à Pékin qu'à Pyongyang.

26.

Obsessions trumpiennes

Lorsqu'il ne vous aime pas, Donald Trump peine à faire semblant. Il n'essaye pas, d'ailleurs. Et avec son chef de la diplomatie, Rex Tillerson, le courant n'est jamais vraiment passé. Le secrétaire d'État n'a pas réussi à instaurer une relation forte avec le président et n'a pas su gagner sa confiance. Personne ne peut l'ignorer. Début 2018, de plus en plus de bruits de couloir le donnent partant. Trump n'éprouve aucune difficulté à licencier des gens, cela a d'ailleurs fait son succès dans une émission de télévision avant même son entrée en politique.

En coulisses, sa fille Ivanka et son gendre Jared Kushner ont compris que le temps de Tillerson au gouvernement était compté. Ils poussent pour que Nikki Haley, la représentante américaine aux Nations unies, prenne le relais. Le choix n'emballe pas le président. Le couple milite alors ardemment pour un autre nom : celui de Mike Pompeo, le directeur de la CIA. Déjà très engagé sur les sujets diplomatiques, notamment avec la Corée du Nord, il fait du lobbying en coulisses depuis plusieurs semaines déjà pour remplacer Tillerson et a su tisser un lien fort avec Trump malgré leurs accrochages passés*. Ce dernier l'appelle désormais

---

* Voir chapitre 22, p. 287.

« mon Mike »... « Je me dispute avec tout le monde, dit le président américain, sauf avec Pompeo[1]. » Il faut dire que le directeur de la CIA n'est pas du genre à contrarier le président, il est même réputé pour aller systématiquement dans son sens.

Lors d'un dîner à la résidence de l'ambassadeur des Émirats arabes unis à Washington, le sujet s'invite à table. Parmi les convives, Jared Kushner ne cache pas son antipathie pour Tillerson. « Si c'était moi, le problème serait vite réglé », lâche le gendre du président avant de confirmer que sa préférence va à Pompeo[2] pour le remplacer.

Et il a manifestement été entendu. Début mars 2018 dans la matinée, le président lui propose le poste de chef de la diplomatie lors d'un aparté dans le Bureau ovale après son briefing quotidien. Pompeo accepte immédiatement. Son zèle auprès du président a fini par payer. « Je ne serais probablement jamais devenu secrétaire d'État si je n'avais pas participé en personne à tous les briefings quotidiens du président[3] », reconnaît-il dans ses Mémoires. Le directeur de la CIA suggère alors de nommer son adjointe, Gina Haspel, pour lui succéder. Ce serait la première femme de l'Histoire à ce poste. Il suggère aussi de penser à Tom Cotton, le sénateur ultra-conservateur de l'Arkansas. Trump pensait, lui, à Gary Cohn l'ancien patron de la banque Goldman Sachs qui dirige alors pour quelque temps encore l'équipe économique de la Maison-Blanche. Mais le profil de Gina Haspel plaît au président : « On a déjà trop de mecs de Goldman. Gina a des couilles, faisons ça ! » lance-t-il à Pompeo.

Quelques jours plus tard, le dimanche 11, le chef de la diplomatie américaine est en tournée en Afrique. Il tente de réparer les dégâts des propos de Donald Trump qui ont fuité dans la presse – lors d'une précédente réunion sur le continent organisée dans le Bureau ovale, le président américain avait en effet évoqué « des pays de merde ». Entre deux rendez-vous, Rex Tillerson prend un appel du secrétaire général de la Maison-Blanche. Il lui annonce que Donald Trump prévoit de le virer et qu'il ferait bien de rentrer dès que possible aux États-Unis. Tillerson reprend la direction de Washington. Son avion se pose sur le sol américain le matin du mardi 13 mars et le secrétaire d'État est encore assoupi à bord lorsque le tweet fatal du président est envoyé : « Mike Pompeo, le directeur de la CIA, va devenir notre nouveau secrétaire d'État. Il va faire un boulot fantastique ! Merci à Rex Tillerson pour son service ! » Ce dernier devra attendre plusieurs heures avant d'avoir droit à un coup de fil du président*.

Première femme à diriger la CIA

John Kiriakou, ancien officier de la CIA, a été lanceur d'alerte sur la torture. C'est le premier fonctionnaire de la CIA à avoir confirmé publiquement et détaillé l'utilisation de la tristement célèbre technique du *waterboarding*, le simulacre de noyade, par l'Agence. Mais il a payé cher cette audace. La justice l'a condamné pour avoir dévoilé des informations confidentielles et l'a envoyé dans une prison de Virginie pendant deux ans. Plus que tout autre, et ils sont nombreux, il fulmine lorsqu'il apprend que Gina Haspel, directement et personnellement impliquée dans le programme de torture, est désignée pour devenir la nouvelle directrice de la CIA. « Le message que cela envoie au

* Fin 2018, Trump se montrera bien moins diplomate. Dans un nouveau tweet assassin, il accuse son ancien secrétaire d'État de ne pas avoir « la capacité mentale requise » avant d'ajouter : « Il était bête comme une pierre, je n'ai pas pu me débarrasser de lui assez vite. Il était tellement fainéant. »

personnel de la CIA, explique-t-il, c'est que vous pouvez commettre tous les crimes que vous voulez. Vous pouvez commettre des crimes de guerre, des crimes contre l'humanité, des meurtres. Et non seulement vous ne serez pas arrêté, non seulement vous ne serez pas poursuivi en justice, mais vous serez promu et récompensé. Et vous pourriez même diriger la CIA[4] ! »

Haspel a dirigé la prison secrète de l'Agence en Thaïlande, dont le nom de code était « Cat's Eye », dans les années 2000. Sous ses ordres, un suspect, Abd Al-Rahim Al-Nashiri, a été torturé. Gina Haspel a également tenté d'en détruire les preuves en jouant un rôle direct dans la destruction des enregistrements vidéo de ces tortures et interrogatoires lorsqu'elle était le bras droit de Jose Rodriguez, à Langley*.

Sous la présidence Obama, Haspel était aussi montée en grade. John Brennan, lorsqu'il était à la tête de l'Agence, l'avait nommée directrice adjointe du service des actions clandestines. L'administration Trump va désormais bien plus loin.

Dès l'annonce de la volonté du président de nommer Gina Haspel à la tête de la CIA, le Centre européen pour les droits constitutionnels et les droits de l'homme, une ONG basée à Berlin, a demandé aux procureurs allemands d'émettre un mandat d'arrêt à son encontre en raison de son rôle présumé dans les interrogatoires. Les procureurs allemands n'ont jamais délivré de mandat, estimant que l'affaire n'avait pas de lien avec leur pays. Mais le symbole médiatique a pour le moins chahuté la promotion de la nouvelle directrice… et éclipsé le fait que, pour la première fois, une femme se voit enfin confier la direction de l'agence de renseignement la plus célèbre du monde.

---

* Voir chapitre 6, p. 81.

Le Sénat a confirmé sa nomination dans un vote inhabituellement serré : 54 voix pour, 45 contre.

Découpé en morceaux

Un autre épisode vient noircir un peu plus la relation entre Donald Trump et la CIA. Le 2 octobre 2018, Jamal Khashoggi se rend au consulat saoudien à Istanbul. Ce journaliste du *Washington Post* qui vit dans la banlieue de la capitale américaine était un proche du pouvoir à Riyad avant d'entrer en dissidence en 2017. Il ne cesse depuis de critiquer la monarchie, et notamment le prince héritier Mohammed Ben Salman (MBS). Il est de passage sur les bords du Bosphore avec sa fiancée Hatice Cengiz, une citoyenne turque, et doit récupérer des papiers officiels pour leur permettre de se marier. À l'intérieur du consulat, une équipe de tueurs l'attend, le torture puis l'assassine. Son corps est découpé en morceaux sur place pour le faire sortir, éparpillé dans des sacs plastiques. Les restes de son cadavre seront brûlés pour tenter d'effacer toute trace.

Un homme de la même corpulence récupère ses habits et les enfile pour sortir du consulat et être ainsi filmé par les caméras de surveillance postées à l'extérieur du bâtiment. Les Saoudiens veulent faire croire que Khashoggi est ressorti vivant et qu'il a simplement disparu dans la nature ensuite.

Mais ils ignoraient que les services secrets turcs avaient placé le consulat saoudien sur écoute. Les services locaux espionnent toutes les représentations diplomatiques présentes dans le pays. Un enregistrement audio du meurtre existe. Il est présenté au président Recep Tayyip Erdoğan. Les renseignements turcs assurent au chef de l'État que l'équipe de tueurs est directement liée à MBS. Erdoğan ordonne de partager ces informations avec les principaux services étrangers, dont la CIA. C'est le début d'une crise diplomatique et médiatique majeure.

Le 22 octobre, Gina Haspel s'envole pour la Turquie, pays où elle a déjà été en poste sous couverture et dont elle parle la langue. Ses homologues turcs lui présentent les preuves accablantes contre l'entourage de MBS et lui font écouter tout l'enregistrement. On y entend notamment le médecin légiste de l'équipe, hilare : « J'écoute souvent de la musique quand je découpe des cadavres. Parfois avec un café et un cigare à la main. C'est la première fois de ma vie que je dois découper des morceaux sur le sol. Même un boucher qui veut découper un animal le suspend, il ne découpe pas de la viande sur le sol. » Les meurtriers rient. Ils plaisantent. Haspel, pourtant habituée aux horreurs, n'en croit pas ses oreilles.

Le mois suivant, la CIA conclut avec une « forte confiance » que le prince héritier saoudien est impliqué dans le meurtre du journaliste du *Washington Post*. Le 28 novembre, Gina Haspel snobe, manifestement sous la pression de Mike Pompeo et de la Maison-Blanche, une audition réclamée par le Congrès. Les sénateurs sont furieux. La directrice de la CIA finira par se rendre devant les élus le 4 décembre et leur présenter à huis clos les conclusions de l'Agence sur le meurtre de Jamal Khashoggi. En sortant de l'audition, sénateurs républicains comme démocrates dénoncent devant la presse la responsabilité du prince héritier saoudien. « Mohammed Ben Salman est un destructeur. Je pense qu'il est complice du meurtre de Khashoggi au plus haut niveau possible », lâche notamment le sénateur républicain de Caroline du Sud Lindsey Graham devant les journalistes. « S'il était devant un jury, il serait reconnu coupable en trente minutes », ajoute son collègue du Tennessee Bob Corker.

Mais à la Maison-Blanche, Donald Trump ne veut rien entendre. « Le monde est dangereux, dit-il devant la presse. Nos services de renseignement continuent de collecter les informations. Peut-être que le prince héritier était au courant, peut-être pas... » MBS est un partenaire privilégié de l'administration Trump et entretient une relation très forte avec Jared Kushner, le gendre du président. Donald Trump ordonne à Mike Pompeo, dont il connaît la loyauté, de publier une déclaration de soutien à Mohammed Ben Salman sans consulter au préalable son conseiller à la sécurité nationale John Bolton, opposé à cette idée. Dans ce communiqué, le secrétaire d'État assure qu'aucun élément direct liant le prince héritier à l'ordre de tuer Jamal Khashoggi n'est présent dans le rapport de la CIA. Le locataire de la Maison-Blanche fait le choix clair de croire le prince héritier saoudien, une nouvelle fois aux dépens de la CIA et de ses propres services, et de réaffirmer la force des relations entre Washington et Riyad.

Le « commandant fantôme »

Depuis qu'il est à la tête de la diplomatie américaine, Mike Pompeo n'a pas calmé son obsession iranienne. Le 29 décembre 2019, il est avec le secrétaire à la Défense et le chef d'état-major à Mar-a-Lago, la résidence floridienne de Donald Trump. Les trois hommes se présentent devant le président : « Nous avons une recommandation à vous faire, prendre pour cible Qassem Soleimani. »

Donald Trump donne son feu vert. Les États-Unis, pense-t-il, doivent éliminer leur ennemi numéro un au

Moyen-Orient. Soleimani et sa force Al-Quds, des Gardiens de la révolution, soutiennent de nombreux groupes et milices de la région, comme le Hezbollah au Liban ou les milices chiites en Irak, qui s'en prennent aux Américains ou à ses alliés depuis de nombreuses années, causant d'importantes pertes humaines. Les services de renseignement, dont la CIA, traquent désormais l'homme fort du régime iranien, que la presse surnomme le « commandant fantôme ».

« Commandant fantôme... quelle connerie ! Tout le monde le connaissait, s'insurge un haut responsable de la CIA chargé de l'Iran. Et il n'était pas l'homme le plus puissant du Moyen-Orient comme on a aussi pu l'entendre. C'est le chef du Centcom* qui l'est ! Soleimani n'était personne dans les années 2000. Pourquoi est-il devenu cette créature ? Parce que nous suivons des règles que les Iraniens ne suivent pas[5]. »

Le secrétaire à la Défense, Mark Esper, et le chef d'état-major interarmées Mark Milley n'ignorent rien de la dangerosité de Soleimani mais ils s'interrogent : « Pourquoi maintenant ? Quelle est la menace imminente ? Pourquoi ne pas réunir l'équipe de sécurité nationale pour en discuter[6] ? » Les deux hommes en viennent à la conclusion que Trump, en pleine campagne électorale pour sa réélection, veut se servir de cette élimination pour apparaître comme le garant de la sécurité des Américains et gagner des points dans l'opinion. Le président assurera plus tard que Soleimani envisageait de mener des attaques contre quatre ambassades des États-Unis dans le monde. Esper assure ne jamais avoir vu de telles menaces dans les briefings

* Le Centcom est le commandement de l'armée américaine pour les opérations militaires des États-Unis au Moyen-Orient, en Asie centrale et en Asie du Sud.

quotidiens réalisés par la CIA et l'ensemble de la communauté du renseignement…

Depuis l'automne 2019, selon Washington, les bases américaines en Irak ont été régulièrement ciblées par des milices pro-iraniennes. Fin décembre, un citoyen américain trouve la mort dans un tir de roquette à Kirkouk, dans le nord du pays, et des militants tentent de forcer l'entrée de l'ambassade des États-Unis à Bagdad. Des attaques bien plus meurtrières avaient été menées par des groupes pro-iraniens soutenus par Soleimani depuis le début des années 2000. Mais pour Trump, l'Iranien « aurait dû être éliminé depuis de nombreuses années ». Il est donc temps.

Israël, qui surveille toutes les activités iraniennes de très près, a fourni des renseignements cruciaux à la CIA pour localiser Soleimani. Le 3 janvier 2020, un drone américain lance une frappe sur le convoi de Qassem Soleimani. Le général iranien vient d'atterrir en Irak et est en train de quitter l'enceinte de l'aéroport avec son entourage en voiture. Il est tué aux côtés d'Abou Mehdi Al-Mohandis. Cet Irakien aux dix-neuf pseudonymes était l'une des principales figures du Hachd Al-Chaabi*, une coalition de paramilitaires majoritairement pro-Iran qui a participé de manière très active au combat contre l'État islamique dès 2014.

Donald Trump assure que l'État hébreu devait participer à l'opération pour tuer le commandant de la force Al-Quds mais que le Premier ministre Benyamin Netanyahou a finalement reculé la veille de l'opération sur laquelle les deux pays travaillaient ensemble depuis plusieurs mois. Une information confirmée par des sources israéliennes. « Je n'oublierai jamais que Bibi Netanyahou nous a laissé tomber[7] », assure Trump avant de poursuivre : « Nous

* La mobilisation populaire.

avons été déçus, très déçus. Mais nous avons fait le travail nous-mêmes, avec une précision absolue… et Bibi a ensuite essayé de s'en attribuer le mérite. »

UNE RELATION CONTRARIÉE

La lune de miel n'aura jamais vraiment commencé entre Donald Trump et la CIA.

« Il n'était ni aussi nul, ni aussi bon qu'on a pu le dire, nuance un ancien cadre de l'Agence. Beaucoup de dirigeants sont toujours formidables en public, et beaucoup moins en privé. Trump, c'est l'inverse. C'était quelqu'un de très réfléchi et intelligent en privé. Il écoutait ce qu'on lui disait. Et il voyait des responsables de la CIA six jours sur sept pour son briefing matinal, même en déplacement. Alors que le secrétaire aux Transports n'a dû le rencontrer que quatre fois par an[8] ! »

La méfiance entre Langley et la Maison-Blanche se sera poursuivie tout au long de son mandat. Les attaques portées par Trump pendant la campagne ont laissé des traces durables… Et le président n'a pas hésité à envoyer de nouveaux signaux négatifs jusque dans les derniers mois de son mandat comme lorsque, en juillet 2020, le général à la retraite Anthony Tata intègre l'équipe du Pentagone. Invité régulier de la chaîne ultra-conservatrice Fox News, il est connu pour avoir qualifié Barack Obama de « leader terroriste[9] » et avoir accusé la CIA d'avoir tenté d'assassiner Donald Trump. En novembre de la même année, il sera même promu pour diriger les activités politiques du secrétariat à la Défense…

27.

Afghanistan : la fin d'une guerre, le début d'une autre

Peu de sujets désespèrent autant les officiers de la CIA que l'Afghanistan. À Langley, on se rappelle avec fierté l'équipe Jawbreaker et la chute de Kaboul en seulement quelques semaines fin 2001*. Ce succès stratégique mené de main de maître par l'Agence a très vite cédé la place à une nouvelle réalité avec une guerre de long terme, la mise en place d'un changement de régime, un pays sous perfusion américaine et un enlisement inévitable. La Maison-Blanche a voulu chasser Al-Qaïda d'Afghanistan puis faire du pays la Suisse d'Asie centrale. Une décision incompréhensible pour les espions américains.

« Ce n'est pas à nous de diriger leur gouvernement, de gérer leur pays, de les financer et d'essayer de changer leur façon de vivre ! s'agace un officier de la CIA. Est-ce que je crois à l'égalité des sexes ? Bien entendu ! Mais est-ce notre travail d'aller verser notre sang et notre argent pour forcer les Afghans à faire ce que nous croyons bon ? Soudainement, vingt ans après, on découvre que c'est toujours le XIIe siècle là-bas et que ça ne va pas se passer comme on l'espérait[1]. »

---

* Voir chapitre 3, p. 45.

Les États-Unis comptent pendant de longues années plusieurs centaines d'espions déployés dans le pays. « C'est une maison absolument gigantesque[2] », témoigne un espion européen qui fut accueilli dans la station de la CIA à Kaboul. Si les médias ont régulièrement expliqué – à raison – que la guerre en Irak a détourné le regard des Américains de l'Afghanistan, ce n'est pas le cas pour l'Agence. L'administration Bush s'est concentrée sur la recherche d'une excuse pour envahir l'Irak et sur les plans pour mettre en œuvre une telle opération, au lieu d'adapter la stratégie contre Al-Qaïda et de dépenser son énergie à retrouver Oussama Ben Laden. Les espions américains eux, n'ont pas vu leurs moyens réduits à Kaboul et dans le reste du pays. Mais si les Américains n'ont pas compté à la dépense pour déployer des ressources considérables sur le terrain et dans le ciel, les bons investissements en matière de renseignement n'ont pas été réalisés. Notamment en ce qui concerne la formation de suffisamment de personnels parlant les langues locales. Selon des documents officiels et confidentiels révélés par le lanceur d'alerte Edward Snowden, après onze ans de guerre, seuls quatre-vingt-huit des dizaines de milliers de membres des services de renseignement connaissaient le pachtou, la langue parlée dans le sud du pays, notamment par les taliban.

Certains analystes tombent également des nues lorsqu'ils sont affectés au bureau chargé de l'Afghanistan au sein de l'Agence. Plusieurs d'entre eux décrivent, des années après le début de l'invasion, un manque cruel de connaissance de la culture et de l'histoire afghanes, ou encore du mode de fonctionnement politique dans le pays. Les premiers espions envoyés sur le terrain fin 2001, comme Gary Schroen, étaient de véritables connaisseurs, ils avaient tissé des liens et multipliés les séjours sur place. Mais le nombre de ces experts est bien trop limité.

« À l'Agence, on ne nous distribue pas les postes en fonction de nos compétences, témoigne l'un d'entre eux. Les spécialistes de l'Afrique ne sont pas forcément affectés à la division Afrique. Personnellement, on m'a demandé de travailler sur l'Afghanistan alors que je n'étais pas du tout un expert de ce pays, j'ai travaillé toute ma vie sur l'Europe ! Et les gens autour de moi n'étaient pas non plus des spécialistes de la question. À mon arrivée au bureau Afghanistan, on m'a donné des livres à lire, tous écrits par Louis et Nancy Dupree, Barnett Rubin, etc. Ce sont des experts des années 1970 ou 1980, leurs livres sont remplis de clichés et tout le monde lisait ça pour comprendre la situation sur place ! On se contentait de ces clichés et nous avions une vision des Afghans particulièrement cynique[3]. »

Une vision qui prétend bâtir une démocratie tout en pensant que la population locale et ses dirigeants en sont incapables.

Cet Américain, qui a depuis quitté la CIA, estime que trop d'argent et de ressources ont été déployés vers les groupes « les plus archaïques », notamment côté pachtoune, au détriment de la majorité de la population et des centres urbains. Pire, « la CIA a sapé tous les efforts du département d'État en subventionnant les seigneurs de la guerre[4] », estime un espion de l'Agence déployé dans le pays. La priorité était de vaincre militairement les taliban plutôt que d'instaurer la démocratie ou d'aider les populations.

L'Agence fait beaucoup de contre-terrorisme, mais peine à s'intéresser suffisamment au reste et donc à comprendre la société et les tendances, notamment politiques. « Les meilleures informations sur le parlement afghan provenaient d'une ONG belge, pas de chez nous. On aurait dû espionner tous les parlementaires mais on s'en foutait complètement[5] ! » regrette un analyste déployé dans le pays. À chaque fois que ces analystes, à Kaboul ou à Langley, demandent à la station de la CIA un complément d'information sur un sujet, il leur faut remplir un formulaire et faire face à une machine bureaucratique digne d'une démocratie pluricentenaire européenne. Le plus souvent, leur demande reste lettre morte. La direction des opérations concentre ses moyens sur les actions clandestines.

Après vingt ans de guerre, nombre d'anciens de la CIA déployés dans la région restent incapables de décrire leur mission, tant l'objectif politique manquait de clarté. Un constat fait en tout cas presque l'unanimité au sein de l'Agence : pour gagner la guerre, il faut en finir avec les ingérences pakistanaises, Islamabad soutenant les taliban afghans tout en prétendant être l'allié des États-Unis. Cette démarche, la Maison-Blanche n'a jamais osé la mettre en œuvre. Au fil des ans, de George W. Bush à Joe Biden, la CIA constate impuissante l'embourbement des forces internationales, la perte de popularité du gouvernement afghan, l'explosion de la corruption et, par conséquent, le retour des taliban. Elle n'a pourtant pas manqué d'alerter les autorités politiques à de nombreuses reprises sur la dégradation de la situation.

« Qu'est-ce qu'on fout en Afghanistan ? »

Début 2018, le directeur du renseignement national rencontre le président Donald Trump pour un point complet sur l'Afghanistan. Il lui explique qu'au cours de l'année écoulée, les Américains n'ont repris aucun territoire, qu'il n'y a aucune amélioration sur le terrain. La situation se dégrade même considérablement dans certaines régions. Quant au Pakistan, explique-t-il, le pays ne joue toujours pas le jeu. Trump comprend qu'il n'y a rien à gagner dans ce conflit et multiplie alors les confidences auprès de son entourage et de certains membres du Congrès, comme le sénateur républicain du Kentucky Rand Paul : « Qu'est-ce qu'on fout en Afghanistan ? Il faut se retirer totalement de ce pays, c'est un désastre. » Le 29 février 2020, les États-Unis signent un accord avec les taliban sur un calendrier de retrait des forces américaines d'ici le 1er mai 2021. En contrepartie, les taliban s'engagent à ce que leur territoire ne serve plus à préparer la moindre attaque contre les États-Unis ou leurs intérêts.

Entre-temps, Joe Biden est élu à la présidence et il devient clair que la date du 1er mai ne sera pas respectée. En avril 2021, toutefois, le démocrate annonce que l'ensemble des troupes américaines se retireront d'Afghanistan avant le 11 septembre de cette même année, date du vingtième anniversaire des attentats de New York et Washington. Les rapports de la CIA estiment alors que l'avancée des taliban est à prévoir et s'accélérera mais uniquement après le départ des derniers soldats américains. Langley prévoit que Kaboul pourrait tomber en l'espace d'un ou deux ans. Sur place, pourtant, des diplomates occidentaux assurent qu'un départ américain sera synonyme de chaos immédiat et que toutes les représentations diplomatiques étrangères seront dans l'obligation de quitter précipitamment les lieux, le pays devenant trop dangereux pour elles sans la protection de l'armée américaine[6]. Bill Burns, le directeur de la CIA, fait alors un déplacement secret dans le pays pour préparer l'évacuation progressive de ses équipes et des forces afghanes et collaborateurs locaux qui ont travaillé directement avec l'Agence. Au fil des semaines, la plupart d'entre eux se dirigent vers Kaboul avant d'être discrètement sortis du pays. Langley a préparé les papiers administratifs et les solutions de relogement.

Le gouvernement perd de plus en plus pied face à la résurgence des taliban. Et les dirigeants du pays perdent peu à peu la confiance des Européens et des Américains. « La dernière rumeur dit que le président Ashraf Ghani surveille les caméras du salon VIP de l'aéroport depuis son bureau et qu'il détourne des dizaines de millions de dollars chaque mois. En ville, on appelle ses proches les Whisky Boys. C'est un technocrate qui est devenu une brute[7] », glisse un ambassadeur occidental en poste à Kaboul, sous couvert d'anonymat. Fantasme ou réalité, le pouvoir de ce président, ancien de la Banque mondiale, est fragilisé. Face à la poussée massive des taliban dans tout le pays, la CIA met en garde dans plusieurs rapports. Elle estime le 3 août que si les capitales régionales continuent à tomber aussi vite dans les mains des insurgés, le gouvernement pourrait à son tour s'écrouler dans les jours ou semaines à venir[8]. Cette prophétie de Langley se confirme. Le 15 août, moins de deux semaines plus tard, le président Ashraf Ghani fuit le pays et l'abandonne aux mains de ses adversaires. Les taliban prennent Kaboul sans la moindre résistance et avant même que les Américains n'aient terminé leur retrait. C'est le chaos.

La dernière mission

Le lundi 24 août, le directeur de la CIA Bill Burns se rend une nouvelle fois en urgence et en secret à Kaboul. Il rencontre le mollah Abdul Ghani Baradar, le principal chef taliban. Ironie du sort, ce même Baradar avait été capturé par la CIA onze ans plus tôt dans une opération menée conjointement avec les services de renseignement militaires pakistanais. Il avait passé les huit années suivantes en prison… avant de devenir le négociateur en chef des taliban lors des discussions avec l'administration Trump à Doha, au Qatar. Au milieu de ce chaos de la fin août 2021, et après d'âpres négociations sur l'organisation de cette rencontre, Burns et Baradar se retrouvent dans l'ancien terminal civil de l'aéroport dans une ambiance très tendue. Les équipes de sécurité des taliban et de la CIA restent à l'extérieur de la pièce et ne se lâchent pas une seconde des yeux. L'Américain négocie un délai pour évacuer en sécurité un maximum d'Occidentaux et certains de leurs collaborateurs. Il met en garde le taliban contre toute tentative de saboter cette évacuation… et contre l'éventualité de refaire de l'Afghanistan un sanctuaire pour des organisations terroristes. La branche locale de l'organisation État islamique prend de plus en plus d'importance dans le pays et cette montée en puissance inquiète fortement Langley. L'organisation mènera un attentat sanglant le lendemain aux portes de l'aéroport.

Les hommes de la CIA ont été les premiers américains à poser le pied en Afghanistan en 2001, ils font partie des tout derniers à quitter le pays vingt ans plus tard. Alors que les responsables afghans quittent le navire les uns après les autres, le jeune chef d'état-major de l'armée récemment nommé, le général Habitullah Alizai, tente de mobiliser les troupes et de s'organiser. Le chef de station de la CIA à Kaboul l'appelle et lui demande de venir en aide à ses équipes à Kandahar, le grand fief taliban situé dans le sud du pays. La ville est déjà tombée depuis trois jours. Cent vingt-cinq personnes sont ainsi coincées dans l'aéroport de Kandahar. Parmi elles, des officiers de la CIA mais aussi certaines de leurs sources et des soldats afghans payés par l'Agence qui risquent la mort s'ils se font prendre par les nouveaux maîtres du pays. Il faut à tout prix les évacuer.

Seuls deux avions C-130 sont disponibles sur l'aéroport de Kaboul. L'un d'eux n'a pas de moteur en état de marche. Trois cents personnes sont réfugiées dans le second, la capacité maximale de l'appareil. Le général Alizai les fait débarquer sur le tarmac et se met à la recherche d'un pilote. Il en trouve un qui accepte la mission à condition que le chef d'état-major l'accompagne. Il le voit comme une assurance-vie et pense, probablement à tort, que des secours seront forcément envoyés en cas de problème. Le C-130 décolle de la capitale afghane à 22 h 10. Lorsqu'il se pose à Kandahar, une heure plus tard, le pilote ne coupe pas les moteurs. Les Américains, leurs collaborateurs et quelques forces spéciales afghanes, coincées elles aussi, attendent sur le tarmac alors que les taliban sont aux abords de l'aéroport et s'apprêtent à y pénétrer. Ils montent rapidement à bord de l'appareil, qui redécolle immédiatement pour Kaboul, où il se pose à 00 h 31. « C'était la dernière mission spéciale de ma vie en Afghanistan », regrette le général Alizai, aujourd'hui réfugié dans la banlieue de Washington, aux États-Unis.

Alizai va trouver les responsables de la CIA et de l'armée américaine. Il les implore de ne pas laisser derrière eux ceux qui les ont aidés comme ces membres des forces spéciales et le pilote de l'avion. Tous seront évacués par les États-Unis. Selon le *Washington Post*, vingt mille Afghans, des collaborateurs des Américains et leurs familles, ont été sauvés lors de la chute de Kaboul et les mois précédents[9].

NE PAS REVIVRE LE PASSÉ

Vingt ans après, presque jour pour jour, c'est le retour à la case départ. Les milliards engloutis et les milliers de morts n'auront débouché que sur un retour des taliban au pouvoir. En cause, le manque de vision, les stratégies bancales, la corruption endémique ou encore la méconnaissance criante de la réalité du pays.

« Les taliban n'ont jamais vraiment été nos ennemis, tente de nuancer un ancien haut responsable de la CIA déployé dans la région. Ils n'ont jamais été ma raison d'aller en Afghanistan ou au Pakistan, parce que les taliban n'ont jamais eu l'intention de projeter une force au-delà de leurs frontières. Nous ne nous attendions pas à ce que les taliban posent une bombe dans un bus à New York et tentent de tuer des Américains. Ce n'était pas leur truc. Ils voulaient simplement qu'on les laisse tranquilles. Ils suivent une vision wahabite, très stricte, du monde. Ils ne veulent pas d'étrangers, ils veulent juste qu'on les laisse tranquilles. On n'est pas allés en Afghanistan pour eux. La seule raison pour laquelle ils étaient problématiques, c'est parce qu'ils avaient accordé un refuge à Al-Qaïda. Donc on a dû y aller[10]. »

La nouvelle situation affecte fortement les capacités de la CIA à collecter du renseignement dans le pays. Mais l'Agence conserve des sources en Afghanistan et dans les pays voisins. Elle poursuit aussi abondamment sa surveillance technique pour garder un œil attentif sur les membres d'Al-Qaïda et de l'État islamique au Khorassan. Même si leurs capacités ont été considérablement affaiblies, notamment pour Al-Qaïda, par vingt ans de présence militaire américaine et de travail acharné de la CIA, l'Agence veut s'assurer qu'aucun de ces groupes ne pourra s'en prendre aux intérêts des États-Unis ou de ses alliés depuis l'Afghanistan.

Pour solde de tout compte

L'objectif initial de l'engagement en Afghanistan était de punir les responsables des attaques du 11-Septembre. Mais cela fait déjà vingt ans que les premiers Américains ont posé le pied sur le sol afghan, et dix ans que Ben Laden a été neutralisé. Pourtant Ayman Al-Zawahiri, son ancien bras droit, tête pensante d'Al-Qaïda et désormais chef de l'organisation, court toujours au moment où Joe Biden rapatrie les derniers *boys* à la maison. Une cavale de vingt ans au nez et à la barbe des espions de la CIA et des dizaines de milliers de soldats déployés pendant deux décennies, cela fait tache pour l'image de Langley. Alors Bill Burns décide d'accentuer les efforts pour retrouver Zawahiri. L'Égyptien aurait évité l'Afghanistan depuis de longues années mais, qui sait, le retour des taliban au pouvoir va peut-être lui donner une nouvelle marge de manœuvre et l'occasion de faire un faux pas ?

Début avril 2022, la CIA retrouve sa trace. Le leader d'Al-Qaïda serait à Kaboul. Un homme lui correspondant est aperçu dans une maison où vivent des membres de sa famille. Une surveillance accrue est mise en place. Courant juillet, la CIA est désormais presque certaine que Zawahiri se cache dans cette maison du quartier de Shirpur, en plein cœur de la capitale, à deux pas de l'ancienne ambassade américaine.

Le dimanche 31 juillet 2022 à 6 h 15 du matin, Zawahiri sort prendre l'air sur son balcon. Les responsables de la CIA ont reçu le feu vert du président Joe Biden quelques jours plus tôt, le 25 juillet, et attendaient ce moment derrière leurs écrans de contrôle. Trois minutes plus tard, deux missiles Hellfire tirés par un drone de l'Agence viennent frapper directement le leader d'Al-Qaïda qui meurt sur le coup. Il avait 71 ans. Aucun autre occupant de la maison n'est touché.

C'est en cherchant à tout prix à mettre la main sur Zawahiri que la CIA a fait un faux pas et perdu sept de ses membres à Khost en 2009[*]. Le mettre définitivement hors d'état de nuire est une revanche personnelle pour les espions de Langley. Al-Zawahiri était devenu une figure symbolique et, après deux décennies de cavale, ne pouvait avoir autant de poids qu'auparavant. Mais son élimination montre que vingt ans plus tard, même si son nom a grandement déserté les unes des journaux et que sa dangerosité a diminué, Al-Qaïda est toujours une menace. Par rapport à 2001, quatre fois plus de groupes à travers le monde ont prêté allégeance à l'organisation terroriste. Et la présence de Zawahiri en plein cœur de Kaboul démontre que les « nouveaux taliban » ne sont pas prêts à lâcher leurs vieux alliés jihadistes, contrairement à leurs promesses publiques. Les espions américains ont encore du pain sur la planche…

---

* Voir chapitre 15, p. 215.

28.

Ukraine : la guerre clandestine

Ils tiennent à leur indépendance et le font savoir. En février 2014, les Ukrainiens descendent massivement dans la rue. Le président Viktor Ianoukovitch, très russophile, veut rompre l'accord d'association entre son pays et l'Union européenne et se heurte à un très fort mouvement de contestation. La colère de la rue le pousse à abandonner le pouvoir et à fuir… en Russie. Un nouveau gouvernement, ouvert vers l'ouest, arrive aux affaires et, avec lui, un nouveau chef espion : Valentyn Nalyvaïtchenko. Nouveau mais pas tant que ça : l'homme a déjà occupé ce poste par le passé. Lorsqu'il retrouve pour la première fois le siège des services de renseignement, le bâtiment est déserté par les employés. Il découvre des piles entières de documents secret-défense en train de finir de se consumer dans la cour où un feu avait été allumé. Les ordinateurs sont vides ou infestés de logiciels espions russes[1]. Il est minuit lorsque, après avoir fait un bref état des lieux, il appelle le chef de station de la CIA à Kiev et celui du MI6 britannique. Il leur demande de venir sur-le-champ. Cette nuit-là commence une coopération très étroite entre les trois services. Jusqu'à présent, les renseignements ukrainiens étaient infiltrés par leurs homologues russes. Moscou connaissait tout ou presque des informations les plus sensibles qui y circulaient. Les Ukrainiens décident donc de réorganiser leurs services de renseignement de fond en comble, avec l'aide appuyée des Américains et des Britanniques. La CIA est particulièrement investie. Quelques mois plus tard, l'invasion de la Crimée et de régions de l'est du pays, dans le Donbass, accentuent encore la nécessité de faire le ménage.

Pour autant, les services ukrainiens, se sachant infiltrés de longue date par Moscou, font tout dans les années qui suivent pour montrer à Langley qu'ils sont désormais dignes de confiance. Ils fournissent notamment de nombreux renseignements très poussés sur la Russie, son nouveau sous-marin nucléaire, son interférence dans l'élection américaine, le crash de l'avion de la Malaysia Airlines, etc. Kiev fourni quantité d'écoutes téléphoniques interceptées en Russie. La station de la CIA dans le pays croule sous les informations et ne sait plus comment y faire face. Selon une enquête du *New York Times*[2], Langley aide les services locaux à construire tout un réseau de bases d'espionnage dans le pays, dont douze à proximité de la frontière russe. Elle fournit également du matériel d'écoute encore plus sophistiqué que ceux déjà en possession des Ukrainiens, pour mieux intercepter les communications de l'autre côté de la frontière. Ce remodelage de l'appareil sécuritaire va s'avérer vital pour Kiev…

L'heure de vérité

Dès le mois de mars 2021, Vladimir Poutine commence à masser des troupes à la frontière ukrainienne. Officiellement, il s'agit de manœuvres d'entraînement.

Beaucoup d'observateurs sont convaincus que le maître du Kremlin bluffe. Pendant l'été, il affirme publiquement que l'Ukraine n'est pas une nation indépendante. Poutine se rêve en Pierre le Grand et entend restaurer la Grande Russie. Quelques mois plus tard, en novembre, la CIA et ses amis du MI6 interceptent des communications inquiétantes : Moscou s'apprête à lancer une invasion de l'Ukraine à grande échelle et entend y installer un gouvernement fantoche qui sera à sa botte. Les Américains ont également réussi à pénétrer en profondeur les réseaux de communication russes, capté des messages envoyés, et ont obtenu des informations de la part d'une poignée d'agents sur le terrain. La variété des sources ne laisse plus de place au doute. Ils parviennent à obtenir une liste des officiels ukrainiens que les Russes ont décidé d'abattre ou de capturer, le président Volodymyr Zelensky fait partie des cibles. Une force d'occupation d'environ 100 000 hommes viendrait ensuite en renfort pour gérer l'occupation, tandis que les dizaines de milliers de militaires déjà déployés dans le pays auraient la charge de continuer les combats pour prendre définitivement le dessus sur les soldats locaux. Les espions américains et britanniques partagent tous ces renseignements avec leurs homologues ukrainiens.

« Ces plans dépassent l'entendement, même pour Poutine[3] », lâche Joe Biden à l'un de ses conseillers. Le locataire de la Maison-Blanche décide d'envoyer immédiatement un émissaire au Kremlin pour mettre en garde le président russe et tenter de le dissuader. C'est le directeur de la CIA, Bill Burns, expert ès négociations secrètes, qui s'envole alors pour Moscou à bord d'un avion de l'Agence sans la moindre inscription sur la carlingue. Le chef espion américain connaît parfaitement le pays et ses acteurs, il y a été ambassadeur de 2005 à 2008. « La plupart de mes cheveux blancs viennent du fait que j'ai été en poste à Moscou et ai dû travailler avec la Russie de Poutine[4] », plaisante-t-il. Burns est porteur d'une lettre personnelle signée par Biden pour son homologue du Kremlin. Mais à son arrivée, surprise, Vladimir Poutine n'est pas à Moscou. Le président russe, devenu paranoïaque sur le plan sanitaire depuis la crise du Covid, limite considérablement ses rencontres et s'est isolé dans sa datcha de Sotchi, sur les bords de la mer Noire. Burns devra se contenter de lui parler au téléphone, sur une ligne sécurisée installée dans un bureau de la capitale, ce qu'il aurait pu faire depuis Langley. Il présente au président russe et à son entourage une foule d'informations détaillées pour montrer à ses interlocuteurs qu'ils ne peuvent rien lui cacher. Pendant près d'une heure, il met en garde le maître du Kremlin contre toute tentative d'envahir l'Ukraine, une « erreur terrible » qui lui « coûterait cher ». Des sanctions économiques massives pourraient notamment s'abattre sur la Russie. Poutine est passé maître pour ne pas laisser transparaître ses émotions. Il n'offre ni colère, ni embarras à son interlocuteur. Le président russe n'a pas de mots assez durs contre les dirigeants ukrainiens, il estime qu'il n'a pas le choix… Le directeur de la CIA a le sentiment qu'il essaye de se convaincre lui-même. « Je suis revenu de cette rencontre encore plus troublé qu'à mon arrivée, témoigne Bill Burns. Poutine n'a même pas essayé de nier ses plans. […] Je pense qu'il a réfléchi à la question [d'envahir l'Ukraine] au cours des deux dernières années et qu'il s'est convaincu que c'était le moment[5]. » Le directeur de la CIA pense tout de même que le maître du Kremlin n'a pas encore pris une décision ferme. Il a bien conscience, en revanche, que son interlocuteur est tenté de lancer cette invasion et qu'il est convaincu de la faiblesse des Occidentaux. Poutine est persuadé que jamais ils ne bougeront le petit doigt puisqu'ils ne l'ont pas fait (ou si peu) après l'utilisation des armes chimiques par le régime syrien, soutenu par Moscou, en 2013 ou lors de la prise de la Crimée par la Russie en 2014. Poutine dit en privé que l'Ukraine n'est pas un vrai pays mais rien n'est encore irréversible. Dès son retour aux États-Unis, Burns se rend à la Maison-Blanche pour rendre compte à Joe Biden. Il s'entretient également au téléphone avec le président ukrainien Volodymyr Zelensky.

Les semaines passent et toutes les informations glanées par l'Agence corroborent ses premières estimations. Washington décide de rendre publique une partie des renseignements glanés par la CIA pour mettre Poutine face à ses responsabilités. L'administration offre en coulisses des informations inédites différentes et à petites doses à plusieurs grands médias américains et internationaux. Elle les pousse à couvrir largement le sujet dans leurs colonnes ou sur leurs antennes. Certains journalistes sont frileux et disent vouloir prendre le temps de vérifier. Tout le monde se rappelle les mensonges de la CIA sur les armes de destruction massive en Irak près de vingt ans plus tôt. La Maison-Blanche insiste, notamment auprès du *New York Times*. « Écoute, on n'est pas l'administration Bush et on n'invente rien, lance un conseiller de Joe Biden au journaliste David E. Sanger. Ils essayaient d'envahir un pays, nous, on essaye d'empêcher une invasion[6]. » Au sein de la chaîne de télévision CNN aussi, des responsables doutent. « Les armes de destruction massive de l'Irak étaient des fantômes. La force d'invasion russe se trouve juste à la frontière en 3D. Cette fois-ci, ils ne devinent rien[7] », tente de les convaincre le reporter Jim Sciutto, spécialiste des questions sécuritaires. Progressivement, les médias américains vont être convaincus et publier de nombreuses preuves des manœuvres russes, images satellitaires à l'appui.

À Kiev, pourtant, on ne semble toujours pas prendre conscience de l'urgence de la situation. Après le secrétaire d'État Antony Blinken, Bill Burns, encore lui, tente de convaincre Volodymyr Zelensky que Poutine ne bluffe pas. Il se rend sur place pour présenter les dernières informations obtenues par ses services et mettre le président ukrainien devant des faits incontestables : 75 % des forces russes seraient aux frontières de l'Ukraine ou en attente de feu vert pour s'en approcher, selon la CIA. Les dirigeants des pays de la région, eux aussi, doutent des informations américaines.

Le 24 février 2022, des milliers de soldats russes pénètrent en Ukraine par la Russie, la Biélorussie et les territoires occupés depuis 2014. Langley avait vu juste. Les efforts de remise en question et de formation lancés au sein de l'Agence après l'affaire des armes de destruction massive irakiennes près de vingt ans plus tôt ont porté leurs fruits : les anciens de la CIA estiment que les analystes sont désormais mieux équipés. Les questions psychologiques ont été peu à peu intégrées à la réflexion, les formations sont plus complètes. Si l'analyse de Langley a été une réussite sur l'Ukraine, ce n'est pas un succès sur toute la ligne. Poutine pensait conquérir Kiev et l'ensemble du pays en seulement quelques jours. La CIA aussi. Elle a évacué la plupart de ses espions déployés dans le pays à l'exception d'une petite équipe qui a trouvé refuge dans un hôtel de l'est du pays. Les documents confidentiels de la station de l'Agence à Kiev et de l'ambassade ont été détruits avant qu'espions et diplomates quittent les lieux. Or, à la grande surprise du Kremlin et de Langley, l'armée russe patine, conquiert des pans entiers de territoires mais se fait refouler d'autres régions. Elle est contrainte d'abandonner le projet de prendre Kiev et de mettre Volodymyr Zelensky hors jeu alors qu'une équipe est chargée de le traquer. Le complot sera déjoué en partie grâce à des informations de la CIA. Poutine s'est donc fortement trompé sur la capacité de résilience de l'armée ukrainienne… tout comme les espions américains ! Ils étaient, eux aussi, convaincus que Kiev tomberait en une semaine, deux tout au plus. L'Agence se préparait même déjà à fournir une aide clandestine à ce qui serait devenu une guérilla ukrainienne de résistance.

Une nouvelle guerre

La reconstruction de l'armée et des services de renseignement ukrainiens après 2014 leur a permis de tenir et de ne pas céder face à la poussée de l'armée russe. « D'une certaine manière, c'est parce que Poutine a attaqué la Crimée en 2014 que les Ukrainiens ont eu huit ans pour se préparer, rendre leurs services beaucoup plus efficaces, améliorer leur renseignement militaire, approfondir la relation avec nous, analyse un cadre de la CIA. Quand la guerre éclate en 2022, les Ukrainiens sont vraiment efficaces, ils peuvent s'adapter. Si Poutine n'avait pas pris la Crimée en 2014, il aurait peut-être conquis tout le pays relativement facilement en 2022[8]. » La CIA, notamment, a formé pendant des années des éléments ukrainiens, y compris aux États-Unis[9].

Le soutien rapide des Occidentaux, notamment en partage de renseignement sur les positions de l'ennemi, a également été précieux. Zelensky réclame chaque jour toujours plus d'armes pour ses troupes. Mais il a aussi besoin de renseignements pour frapper juste. Car la force de frappe de Kiev n'est pas la même que celle de Moscou. Il faut donc être plus malin, plus organisé et plus précis. La CIA participe amplement à cette mission en fournissant de nombreuses coordonnées de cibles potentielles. Lorsque la Maison-Blanche s'aperçoit que Langley s'est complètement trompé dans ses prédictions sur la chute de Kiev, elle demande à la CIA de renvoyer ses hommes dans le pays et de tout faire pour le soutenir. Au fil des mois, cette présence d'espions américains s'accentue pour accompagner l'effort de guerre ukrainien. L'Agence déploie de nombreux officiers supplémentaires sur le terrain même si elle s'est fixé un cap à ne pas dépasser. Certains sont envoyés sur les douze bases construites avec les Ukrainiens. D'autres participent à la création de deux nouvelles bases secrètes. Ces officiers traquent également, avec un certain succès, les espions russes infiltrés dans le gouvernement, l'armée, l'administration et les services ukrainiens. Quantité d'autres assurent la même mission dans les pays alentour. L'Agence s'est notamment déployée en nombre en Pologne avec qui elle entretient d'excellents rapports.

Le dialogue et le partage d'information sont constants avec Kiev. Bill Burns lui-même s'est rendu plus de dix fois en Ukraine lors des deux premières années de guerre. Mais la Maison-Blanche a imposé à l'Agence des lignes rouges à ne pas dépasser pour ne pas entrer dans un conflit direct avec Moscou. Officiellement, Langley aide les Ukrainiens à se défendre et à reprendre le contrôle de leur territoire, mais ne cherche pas à aller plus loin en Russie, ni à provoquer la mort directe de citoyens russes. Et encore moins à y imposer un changement de régime. Joe Biden est très prudent sur le sujet. Il sera particulièrement furieux lorsque le *New York Times* affirmera le 6 mai 2022 que le *Moskva*, navire amiral de la flotte russe, a été coulé un mois plus tôt en mer Noire par les Ukrainiens grâce au renseignement fourni par Washington. Le président américain ne cachera pas sa colère à Bill Burns lors d'un entretien téléphonique ce matin-là…

Espionnage 3.0

En Russie, les derniers médias non inféodés au pouvoir ont fermé peu après le début de la guerre, l'information est muselée. Mais la population n'est pas aveugle. Des centaines de milliers de Russes sont mobilisés, au front ou à l'arrière. Et ils sont très nombreux à revenir dans des cercueils. Même si la liberté d'expression est illusoire dans le pays, une certaine colère se fait sentir. Et la CIA veut en profiter.

« Le mécontentement à l'égard de la guerre continuera à ronger les dirigeants russes, assure Bill Burns lors d'un discours au Royaume-Uni à l'été 2023. Ce mécontentement crée pour nous, à la CIA, une occasion qui ne se présente qu'une fois par génération. Nous ne la laisserons pas passer[10]. »

L'Agence tente de convaincre des Russes frustrés par cette guerre et pressés d'en finir de collaborer avec elle. « On est prêts à faire des affaires avec eux[11] », assure David Marlowe, le directeur des opérations, lors d'une très rare apparition publique. Le 16 mai 2023, l'Agence va jusqu'à poster une vidéo en russe sur différents réseaux sociaux et messageries comme Telegram, très utilisée dans le pays, en expliquant comment joindre la CIA en toute sécurité *via* le Dark Web. « Est-ce la vie dont j'ai vraiment rêvé ? Ai-je vraiment choisi ce chemin ? interroge la voix off. Ce sera toujours ma Russie, et nous y vivrons avec dignité grâce à mes actions. » Langley renouvellera l'opération et assure que, depuis le début de la guerre, ce type d'action a débouché sur des résultats très positifs. Une affirmation impossible à vérifier.

Le Kremlin vacille

Ce samedi 24 juin 2023, Joe Biden et son équipe de sécurité sont confortablement installés dans les sous-sols de la Maison-Blanche. Les yeux rivés sur les écrans devant eux, ils assistent, médusés, à un spectacle peu ordinaire. Evgueni Prigojine, chef de la milice russe Wagner, a lancé une colonne entière de blindés et autres véhicules militaires en direction de Moscou. Les satellites américains n'en manquent pas une miette. Biden et son entourage découvrent en direct les images du coup d'État en cours en Russie. La CIA et les autres agences américaines de renseignement ont fait remonter de nombreuses informations les semaines précédentes. Selon elles, Prigojine envisageait très sérieusement l'hypothèse de renverser le pouvoir. L'ancien proche de Vladimir Poutine a vertement critiqué, et même insulté, le ministre de la Défense Sergueï Choïgou et les principaux généraux de l'armée depuis des mois. Il les exècre et estime que seuls les hommes de Wagner font réellement le travail en Ukraine.

Alors que ces mêmes hommes foncent sur Moscou, les Américains interceptent leurs communications et les entendent discuter. Biden ne veut surtout pas soutenir ce coup de force et apparaître comme un protagoniste, mais il n'entend pas non plus appeler Poutine et l'aider à anticiper l'attaque qui se prépare[12]. Bill Burns, spécialiste de la Russie, n'a jamais assisté à une telle rébellion contre Vladimir Poutine. Il en reste stupéfait. D'autant que l'armée russe ne semble pas opposer la moindre résistance ou presque. Les rares hélicoptères envoyés sur zone ont été abattus par la défense antiaérienne des troupes de Prigojine.

À la surprise générale, manifestement après des négociations sous l'égide du président biélorusse, Prigojine stoppe son avancée et renonce à atteindre Moscou. L'asile lui est offert en Biélorussie et son empire est démantelé en Russie. Deux mois plus tard, l'avion qui le transporte explose « mystérieusement » en plein vol… La CIA n'était pas convaincue qu'un Prigojine au pouvoir aurait été plus simple à gérer que Vladimir Poutine.

Conclusion

« J'ai adoré et détesté travailler à la CIA. On a eu beaucoup de réussites dont je suis très fier, mais aussi d'échecs dont je ne suis pas fier du tout[1]. » Cette confession d'un ancien de l'Agence rencontré au cours de cette enquête résume à elle seule l'ambiguïté du dernier quart de siècle. Le service de renseignement le plus célèbre au monde peut être d'une redoutable efficacité. Il est utile et même indispensable à la sécurité des États-Unis et de ses alliés lorsqu'il s'en tient à son véritable métier : le renseignement. George W. Bush et son administration ont voulu en faire, par endroits et par périodes, une milice paramilitaire aux actions répréhensibles. Mais *quid* de la morale ? Si cette valeur ne peut être la boussole de toute politique étrangère et peut être une faiblesse, elle est aussi la force des pays démocratiques, leur différence, et ne peut être complètement négligée sans qu'on en subisse les conséquences. Or la CIA, poussée par l'administration Bush, a bien trop oublié les valeurs fondamentales de la démocratie pendant quelques années. Réduire ses activités à cela serait pourtant simpliste et trompeur. Elle est peuplée d'un grand nombre d'Américains patriotes, intelligents et dévoués qui subissent la bureaucratie, les obsessions politiques des pouvoirs successifs et, par moments, une mauvaise gestion.

L'Agence a été poussée à une suractivité permanente depuis 2001 pour traquer les responsables du 11-Septembre, anticiper et déjouer les prochains attentats potentiels, créer un plan d'intervention pour la guerre en Afghanistan, trouver à tout prix des armes de destruction massive inexistantes, accompagner une autre guerre en Irak, lutter contre l'organisation État islamique, retrouver des otages américains et étrangers, soutenir l'opposition syrienne face à Bachar El-Assad, prévenir une guerre en Ukraine puis accompagner Kiev dans la défense de son territoire, pénétrer les pays hostiles comme la Russie et la Chine, etc. Le monde a changé et les priorités de la Maison-Blanche et de Langley aussi en conséquence. Pourtant un axe reste, celui de la lutte contre le terrorisme. Et dans ce domaine, bien qu'énormément d'argent ait été dépensé et que des milliers d'analystes et officiers de la CIA aient été dépêchés sur le terrain, Langley n'a pas pris le temps de mieux comprendre l'ennemi, de mieux appréhender l'histoire et la culture des pays concernés. Le nombre d'espions originaires du Moyen-Orient, d'Afrique, d'Asie centrale, ou encore de Chine n'est toujours pas suffisant. Or rien ne passe moins inaperçu qu'un Texan blanc, blond et aux yeux bleus dans ces régions. L'Agence craint toujours que les candidats ayant des liens familiaux avec des pays de ces régions ne soient pas entièrement fidèles aux États-Unis, alors que ces deuxièmes ou troisièmes générations de migrants sont souvent les plus patriotes.

Trop peu d'officiers et d'analystes ont été formés sur les langues prioritaires. Les employés sont encore trop basculés d'un sujet à l'autre en fonction des priorités du moment sans toujours qu'on leur permette d'approfondir leurs connaissances et leur réseau sur une zone précise.

« Les Américains ont cette fâcheuse tendance à se reposer sur la technologie et à dépenser beaucoup d'argent pour des jouets à paillettes et des choses de ce genre, regrette Jim Lawler, qui a passé vingt-cinq ans à la CIA. Le *big data*, oui, ça peut aider à l'analyse. Mais il y a souvent beaucoup de battage autour de ça comparé au fait d'avoir une vraie source au sein du Politburo chinois ou d'une source clé au Kremlin, par exemple[2]. » Ou au cœur de l'État islamique… « Le *big data* ne va pas vraiment nous aider dans ce domaine. Nous avons besoin d'espions », conclut-il.

Tout cela vaut pour le terrorisme islamiste, comme pour la volonté expansionniste de la Russie ou la guerre économique et d'influence menée par la Chine. Le renseignement est une activité très difficile. Outre le fait d'analyser le présent, il s'agit d'essayer de prédire l'avenir avec des milliers de bribes d'informations qu'il faut vérifier et assembler tel un immense puzzle. Or « l'Agence est moins diabolique qu'elle n'est incompétente[3] », regrette une ancienne de la maison.

Si les États-Unis et la CIA ont appris à retrouver et à tuer les terroristes où qu'ils se cachent, il est impossible de détruire entièrement une idéologie. Leon Panetta, l'ancien directeur de l'Agence sous Barack Obama rencontré dans son fief californien de Monterey, fait son *mea culpa* et regrette qu'il y ait un élément sur lequel Washington n'a pas travaillé : comment empêcher des terroristes de devenir des terroristes.

Le XXIe siècle est un siècle de données. Tout est filmé, enregistré, stocké. Il est devenu bien plus difficile de mener des opérations d'espionnage sur le terrain. Pour autant, les États-Unis doivent prendre soin de ne pas se reposer sur le tout-technologique, au détriment de la recherche de sources humaines, comme cela lui a parfois été reproché.

Trop oublier l'Afghanistan aujourd'hui, par exemple, car la priorité est sur l'Ukraine ou la Chine, pourrait s'avérer dangereux pour la suite. La dernière fois que Washington a déserté la région, après que les moudjahidine ont réussi à chasser les Soviétiques d'Afghanistan en 1989, les taliban sont arrivés quelques années plus tard au pouvoir et Al-Qaïda s'est implanté et développé dans le pays.

Bill Burns a récemment accroché deux nouveaux cadres dans son bureau. Le premier est le plan russe d'invasion de l'Ukraine. Des flèches rouges partent des nombreuses positions russes et pointent presque toutes vers Kiev, la capitale. Le plan date de février 2022 et fait sa fierté. La CIA avait vu juste et tenté d'alerter le monde. Le second est une affiche d'Ayman Al-Zahiri lorsque le chef d'Al-Qaïda était encore en vie et en cavale.

Le directeur de la CIA n'a pas encore de succès massif contre la Chine à exposer à ses visiteurs. C'est l'un des grands chantiers de demain.

Notes

Dans un souci de protection des sources, certains entretiens cités ne sont ni datés ni situés.

Introduction, p. 11

1. « 11-Septembre, 20 ans de chaos », France 24, septembre 2021.
2. Entretien avec l'auteur, Falls Church (Virginie), États-Unis, 3 mars 2021.
3. Entretien avec l'auteur, Sanibel (Floride), États-Unis, 10 avril 2021.

Chapitre 1
Alec *vs* I-49, p. 17

1. Ric Prado, *Black Ops: The Life of a CIA Shadow Warrior*, St Martin's Press, 2022.
2. Lawrence Wright, *La guerre cachée. Al-Qaïda et les origines du terrorisme islamiste*, Robert Laffont, 2007.
3. Entretien avec l'auteur.
4. Guillaume Dasquié, « Oussama Ben Laden et ses projets d'attaque étaient connus des services français avant le 11 septembre 2001 », *Le Monde*, 16 avril 2007.
5. FF4Films, 12 août 2011. https://youtu.be/bl6w1YaZdf8?si = DsD-zT-dR8zl-LJVN
6. Entretien avec l'auteur.
7. Ric Prado, *Black Ops*, *op. cit.*

Chapitre 2
« On enlève les gants », p. 29

1. Entretien avec l'auteur, Sanibel (Floride), États-Unis, 10 avril 2021.
2. Entretien avec l'auteur, Washington (D.C.), États-Unis, juin 2023.
3. Entretien avec l'auteur, Pennsylvanie, États-Unis, 1er avril 2021.
4. Entretien avec l'auteur, Pennsylvanie, États-Unis, 1er avril 2021.
5. Entretien avec l'auteur, Pennsylvanie, États-Unis, 1er avril 2021.
6. Richard Clarke, *Contre tous les ennemis*, Albin Michel, 2004.
7. Entretien avec l'auteur, Sanibel (Floride), États-Unis, 10 avril 2021.
8. Entretien avec l'auteur.
9. *Documentaire Top Secret America*, Frontline, PBS, 30 avril 2013.

Chapitre 3
Opération Jawbreaker : trois millions en poche, p. 45

1. France 3, 5 août 2001.
2. Entretien avec l'auteur, Kaboul, Afghanistan, 3 février 2021.
3. *Spy Ops: secrets de mission. Opération Jawbreaker*, Netflix, 2023.
4. Gary C. Schroen, *First In: How Seven CIA Officers opened the War on Terror in Afghanistan*, Presidio Press, 2005.
5. *Ibid.*

Chapitre 4
En tête-à-tête avec les taliban :
la négociation de la dernière chance, p. 55

1. Entretien avec l'auteur, Arlington (Virginie), États-Unis, 7 avril 2021.
2. Robert L. Grenier, *88 Days to Kandahar: A CIA Diary*, Simon & Schuster, 2015.
3. Entretien avec l'auteur, Washington (D.C.), États-Unis, 8 avril 2021.
4. George Tenet, *At The Center Of The Storm*, Harper Collins, 2007.
5. Robert L. Grenier, *88 Days to Kandahar*, *op. cit.*

Chapitre 5
Le premier prisonnier, p. 69

1. Entretien avec l'auteur, Washington (D.C.), États-Unis, 15 juin 2023.
2. Entretien avec l'auteur, Washington (D.C.), États-Unis, 15 juin 2023.
3. Entretien avec l'auteur.

Chapitre 6
Black Sites, p. 81

1. *Committee Study of the Central Intelligence Agency's Detention and Interrogation Program*, Rapport déclassifié 113-288 du Sénat américain, 9 décembre 2014.
2. Entretien de l'auteur avec John Kiriakou, officier de la CIA qui a capturé Abou Zoubaydah, Washington (D.C.), États-Unis, 15 juin 2023.
3. Entretien avec l'auteur.
4. *Manhunt: The Inside Story of the Hunt for Bin Laden*, réalisé par Greg Barker, HBO, 1er mai 2013.
5. Entretien avec l'auteur.
6. Dan Eggen et Walter Pincus, « FBI, CIA Debate Significance of Terror Suspect », *The Washington Post*, 18 décembre 2007.
7. Entretien avec l'auteur, Washington (D.C.), États-Unis, 15 juin 2023.
8. *Committee Study of the Central Intelligence Agency's Detention and Interrogation Program*, *op. cit.*
9. Jose Rodriguez, *Hard Measures: How Aggressive CIA Actions After 9/11 Saved American Lives*, Threshold Editions, 2013.
10. Entretien avec l'auteur, Falls Church (Virginie), États-Unis, 3 mars 2021.
11. Entretien avec l'auteur, Washington (D.C.), États-Unis, 15 juin 2023.

12. Entretien avec l'auteur, Washington (D.C.), États-Unis, juin 2023.
13. Entretien avec l'auteur, Washington (D.C.), États-Unis, juin 2023.
14. Entretien avec l'auteur, Puteaux, 19 septembre 2023.

Chapitre 7
L'obsession irakienne, p. 93

1. Richard Clarke, *Contre tous les ennemis*, Albin Michel, 2004.
2. Entretien avec l'auteur.
3. Entretien avec l'auteur, Washington (D.C.), États-Unis, 7 avril 2021.
4. Entretien avec l'auteur, Pennsylvanie, États-Unis, 1er avril 2021.
5. Entretien avec l'auteur.
6. Entretien avec l'auteur, 27 juin 2023.
7. Entretien avec l'auteur, Washington (D.C.), États-Unis, 19 juin 2023.
8. Entretien avec l'auteur, Washington (D.C.), États-Unis, juin 2023.
9. Entretien avec l'auteur, Washington (D.C.), États-Unis, juin 2023.
10. *Report of the Commission on the Intelligence Capabilities of the United States Regarding Weapons of Mass Destruction*, 31 mars 2005.
11. Helen Pidd, « Curveball doubts were shared with CIA, says ex-German foreign minister », *The Guardian*, 17 février 2011.
12. Entretien avec l'auteur, Stockholm, Suède, 29 avril 2001.
13. Entretien avec l'auteur, Washington (D.C.), États-Unis, 19 juin 2023.

Chapitre 8
Les mensonges de Langley, p. 111

1. Entretien avec l'auteur, Washington (D.C.), États-Unis, juin 2023.
2. George W. Bush, *Instants décisifs*, Paris, Plon, 2010.
3. Entretien avec l'auteur, Falls Church (Virginie), États-Unis, 3 mars 2021.
4. Entretien avec l'auteur, Falls Church (Virginie), États-Unis, 19 juin 2023.
5. Entretien avec l'auteur, 27 juin 2023.
6. Entretien avec l'auteur, Falls Church (Virginie), États-Unis, 19 juin 2023.
7. Tyler Drumheller, *On the Brink*, Carroll & Graf Publishers, 2006.
8. Valerie Plame Wilson, *Fair Game,* Simon & Schuster, 2007.
9. Entretien avec l'auteur, Arlington, États-Unis, 7 avril 2021.
10. Entretien avec l'auteur. Stockholm, Suède, 29 avril 2021.
11. Entretien avec l'auteur, Pennsylvanie, États-Unis, 1er avril 2021.

Chapitre 9
Trahie par les siens, p. 135

1. Valerie Plame Wilson, *Fair Game,* Simon & Schuster, 2007.
2. Entretien avec l'auteur, Arlington (Virginie), États-Unis, 7 avril 2021.
3. Entretien avec l'auteur, octobre 2023.
4. Valerie Plame Wilson, *Fair Game,* Simon & Schuster, 2007.
5. Peter Eisner et Knut Royce, *The Italian Letter: How the Bush Administration used a Fake Letter to build the Case for War in Iraq*, Rodale Books, 2007.
6. Joseph C. Wilson, « What I didn't find in Africa », *The New York Times*, 6 juillet 2003.
7. Entretien avec l'auteur, Arlington (Virginie), États-Unis, 7 avril 2021.

8. *The Washington Post*, 28 septembre 2003.

9. Valerie Plame Wilson en tirera le titre de ses Mémoires, *Fair Game. How a Top CIA Agent Was Betrayed by Her Own Government*, publiées chez Simon & Schuster.

10. George Tenet, *At The Center Of The Storm*, Harper Collins, 2007.

11. Valerie Plame Wilson, *Fair Game,* Simon & Schuster, 2007.

Chapitre 10
Base Alliance : la CIA aux Invalides, p. 151

1. Entretien avec l'auteur, juin 2023.
2. Entretien avec l'auteur, printemps 2023.
3. Entretien avec l'auteur, Washington (D.C.), États-Unis, 17 juin 2023.
4. Source : Dana Priest, « Help From France Key in Covert Operations », *The Washington Post*, 3 juillet 2005.
5. Entretien avec l'auteur, Paris, printemps 2023.
6. Entretien avec l'auteur.

Chapitre 11
Guerre civile à la CIA, p. 159

1. Entretien avec l'auteur, juin 2023.
2. Entretien avec l'auteur, 28 juin 2023.
3. Entretien avec l'auteur, 28 juin 2023.
4. Entretien avec l'auteur, juin 2023.
5. Entretien avec l'auteur, septembre 2023.
6. Entretien avec l'auteur, Washington (D.C.), États-Unis, 28 février 2014.
7. Entretien avec l'auteur, Washington (D.C.), États-Unis, 7 avril 2021.
8. ABC News, 8 septembre 2005.
9. Entretien avec l'auteur, juin 2023.
10. *The Commission on the Intelligence Capabilities of the United States Regarding Weapons of Mass Destruction*, Report to the President of the United States, 31 mars 2005.

Chapitre 12
Faux-ami(s), p. 173

1. Entretien avec l'auteur. Poitiers, France, novembre 2023.
2. Entretien avec l'auteur, Poitiers, France, novembre 2023.
3. Entretien avec l'auteur, Poitiers, France, novembre 2023.
4. Entretien avec l'auteur.
5. Entretien avec l'auteur.
6. Entretien avec l'auteur.

Chapitre 13
Saddam & Mister Steve, p. 187

1. *Washington Examiner*, 16 mars 2023.
2. Georges Malbrunot et Christian Chesnot, *Saddam Hussein, Portrait total*, Éditions 1, 2003.
3. Entretien avec l'auteur, Arlington (Virginie), États-Unis, 12 juin 2023.

4. Entretien avec l'auteur, Arlington (Virginie), États-Unis, 12 juin 2023.
5. Entretien avec l'auteur, Arlington (Virginie), États-Unis, 12 juin 2023.
6. John Nixon, *Debriefing The President:The Interrogation of Saddam Hussein*, Blue Rider Press, 2016.
7. Entretien avec l'auteur, Arlington (Virginie), États-Unis, 12 juin 2023.
8. Entretien avec l'auteur.
9. Entretien avec l'auteur, Arlington (Virginie), États-Unis, 12 juin 2023.
10. Entretien avec l'auteur, Arlington (Virginie), États-Unis, 12 juin 2023.
11. Entretien avec l'auteur, Arlington (Virginie), États-Unis, 12 juin 2023.
12. Entretien avec l'auteur.
13. CNN, Peter Bergen, « Opinion: "At my first meeting with Saddam Hussein, within 30 seconds, he knew two things about me", says FBI interrogator », 21 mars 2023.

Chapitre 14
Restaurer la confiance, p. 203

1. Bob Woodward, *Plan d'attaque*, Denoël, 2004.
2. Entretien avec l'auteur, Arlington (Virginie), États-Unis, 12 juin 2023.
3. Valerie Plame Wilson, *Fair Game,* Simon & Schuster, 2007.
4. Chris Whipple, *The Spymasters: How the CIA Directors shape History and the Future*, Simon & Schuster, 2020
5. Entretien avec l'auteur, Washington (D.C.), États-Unis, 15 juin 2023.
6. Entretien avec l'auteur, Washington (D.C.), États-Unis, 13 juin 2023.
7. Entretien avec l'auteur, octobre 2023.
8. Entretien avec l'auteur, Washington (D.C.), États-Unis, juin 2023.

Chapitre 15
Camp Chapman : le jour le plus sombre, p. 215

1. Joby Warrick, *The Triple Agent: The Al-Qaeda Mole who infiltrated the CIA*, Anchor, 2011.
2. Entretien avec l'auteur.
3. Douglas London, *The Recruiter: Spying and the Lost Art of American Intelligence*, Hachette Books, 2021.
4. Entretien avec l'auteur.
5. Chris Whipple, *The Spymasters*, *op. cit.* ; Joby Warrick, *The Triple Agent*, *op. cit.*
6. Chris Whipple, *The Spymasters*, *op. cit.*

Chapitre 16
La guerre « sur écrans », p. 227

1. Entretien avec l'auteur, États-Unis, juin 2023.
2. Entretien avec l'auteur.
3. Entretien avec l'auteur.
4. Entretien avec l'auteur. Washington (D.C.), États-Unis, juin 2023.
5. Entretien avec l'auteur.
6. Entretien avec l'auteur, printemps 2024.

7. Mattathias Schwartz, « John Brennan, Former C.I.A. Spymaster, Steps Out of the Shadows », *The New York Times Magazine*, 27 juin 2018.
8. Mattathias Schwartz, « John Brennan, Former C.I.A. Spymaster, Steps Out of the Shadows », *The New York Times Magazine*, 27 juin 2018.
9. Entretien avec l'auteur.

Chapitre 17
Ben Laden : la traque, p. 239

1. Leon Panetta, *Worthy Fights*, Penguin Press, 2014.
2. Entretien avec l'auteur, juin 2023.
3. Leon Panetta, *Worthy Fights*, Penguin Press, 2014.
4. Entretien avec l'auteur, printemps 2024.

Chapitre 18
Somalie : à la recherche de Denis Allex, p. 255

1. Entretien avec l'auteur.
2. Entretien avec l'auteur.
3. Entretien avec l'auteur.
4. Entretien avec l'auteur.

Chapitre 19
Petraeus, la chute d'un héros, p. 261

1. Entretien avec l'auteur.
2. Walter Pincus, « For Petraeus, first impressions at CIA will be critical », *The Washington Post*, 28 avril 2011.
3. David Ignatius, « David Petraeus's First Year at the CIA », *The Washington Post*, 1er juin 2012.
4. Entretien avec l'auteur.
5. Entretien avec l'auteur.

Chapitre 20
Syrie : vingt ans de lutte contre le régime Assad, p. 267

1. Entretien avec l'auteur, printemps 2023.
2. Entretien avec l'auteur, Washington (D.C.), États-Unis, juin 2023.
3. Entretien avec l'auteur.
4. Entretien avec l'auteur. Voir Antoine Mariotti, *La Honte de l'Occident*, Tallandier, 2021.
5. Entretien avec l'auteur, Puteaux, 19 septembre 2023.
6. Entretien avec l'auteur, Puteaux, 19 septembre 2023.
7. Entretien avec l'auteur, Washington (D.C.), États-Unis, 17 décembre 2016.
8. Entretien avec l'auteur.
9. Entretien avec l'auteur.
10. Entretien avec l'auteur.
11. Entretien avec l'auteur, Puteaux, 19 septembre 2023.
12. Voir Antoine Mariotti, *La Honte de l'Occident*, Paris, Tallandier, 2021.
13. Entretien avec l'auteur.
14. Entretien avec l'auteur.

15. Entretien avec l'auteur.
16. Entretien avec l'auteur, 2024.

Chapitre 21
L'État islamique et les attentats en Europe, p. 281

1. Entretien avec l'auteur, 2024.
2. « Je pense que Joe Biden sera un très bon président », *Le Journal du dimanche*, 5 avril 2021.
3. Entretien avec l'auteur.
4. Entretien avec l'auteur.
5. Entretien avec l'auteur.
6. Associated Press, 25 juin 2014.

Chapitre 22
Trump et la CIA, p. 287

1. Mike Pompeo, *Never give an Inch: Fighting for the America I love*, Broadside Books, 2023.
2. Entretien avec l'auteur, Washington (D.C.), États-Unis, juin 2023.
3. Entretien avec l'auteur, Washington (D.C.), États-Unis, 21 juin 2023.
4. Mike Pompeo, *Never give an Inch*, *op. cit.*
5. *Ibid.*
6. Source : Peter Baker et Susan Glasser, *The Divider*, Doubleday, 2022.
7. Entretien avec l'auteur.
8. Susan B. Glasser, « Mike Pompeo, the Secretary of Trump », *The New Yorker*, 10 août 2019.
9. Mike Pompeo, *Never give an Inch*, *op. cit.*
10. Entretien avec l'auteur, juin 2023.
11. Mattathias Schwartz, « John Brennan, Former C.I.A. Spymaster, steps out of the Shadows », *The New York Times Magazine*, 27 juin 2018.
12. Tweet envoyé par John Brennan (@JohnBrennan) le 16 juillet 2018.
13. Peter Baker et Susan Glasser, *The Divider*, *op. cit.*

Chapitre 23
L'œil de Moscou, p. 301

1. Entretien avec l'auteur.
2. David E. Sanger, *New Cold Wars*, Crown, 2024.
3. Entretien avec l'auteur, 18 octobre 2023.
4. Michael McFaul, *From Cold War to Hot Peace*, Mariner Books, 2018.
5. Entretien avec l'auteur.
6. Entretien avec l'auteur.
7. Entretien avec l'auteur.
8. Julian E. Barnes, Adam Goldman et David E. Sanger, « C.I.A. Informant extracted from Russia had sent Secrets to U.S. for Decades », *The New York Times*, 9 septembre 2019.

Chapitre 24
Chine : l'empire du secret, p. 313

1. Entretien avec l'auteur, octobre 2023.
2. Entretien avec l'auteur, octobre 2023.
3. Entretien avec l'auteur.
4. Zach Dorfman, « China used stolen Data to expose CIA Operatives in Africa and Europe », *Foreign Policy*, 21 décembre 2020.
5. Mark Mazzetti, Adam Goldman, Michael S. Schmidt et Matt Apuzzo, « Killing C.I.A. Informants, China Crippled U.S. Spying Operations », *The New York Times*, 20 mai 2017.
6. David Sanger, *The Perfect Weapon*, Crown, 2018.
7. Entretien avec l'auteur, Washington (D.C.), États-Unis, juin 223.
8. Entretien avec l'auteur, Washington (D.C.), États-Unis, juin 2023.
9. Roger Faligot, *Les services secrets chinois*, Nouveau Monde Éditions, 2022.
10. « Ex-CIA Agent Jerry Chun Shing Lee admits spying for China », BBC, 2 mai 2019.
11. Entretien avec l'auteur, Washington (D.C.), États-Unis, 19 juin 2023.
12. Entretien avec l'auteur, Washington (D.C.), États-Unis, juin 2023.
13. David E. Sanger, *New Cold Wars*, Crown, 2024.
14. Jim Sciutto, *The Return of Great Powers*, Dutton, 2024.

Chapitre 25
Corée du Nord : diplomatie parallèle, p. 323

1. Entretien avec l'auteur.
2. Entretien avec l'auteur, 19 septembre 2023.
3. Entretien avec l'auteur, printemps 2024.
4. Déclaration à la presse de Donald Trump, Bedminster (New Jersey), 8 août 2017.
5. Entretien avec l'auteur, Washington (D.C.), États-Unis, 19 juin 2023.

Chapitre 26
Obsessions trumpiennes, p. 335

1. Olivia Nuzzi,« My Private Oval Office Press Conference with Donald Trump », *Magazine New York*, 10 octobre 2018.
2. Peter Baker et Susan Glasser, *The Divider*, *op. cit.*
3. Mike Pompeo, *Never give an Inch*, *op. cit.*
4. Entretien avec l'auteur, Washington (D.C.), États-Unis, 15 juin 2023.
5. Entretien avec l'auteur, Virginie, États-Unis, juin 2023.
6. Mark Esper, *A Sacred Oath: Memoirs of a Defense Secretary in Extraordinary Times*, William Morrow, 2022.
7. Réunion publique de Donald Trump, West Palm Beach, Floride, États-Unis, 11 octobre 2023.
8. Entretien avec l'auteur, Wasington (D.C.), États-Unis, juin 2023.
9. « Senate cancels Confirmation hearing from Trump nominee who called Obama "Terrorist" », *Reuters*, 30 juillet 2020.

Chapitre 27
Afghanistan : la fin d'une guerre, le début d'une autre, p. 345

1. Entretien avec l'auteur, avril 2021.
2. Entretien avec l'auteur.
3. Entretien avec l'auteur, Washington (D.C.), États-Unis, juin 2023.
4. Entretien avec l'auteur, Washington (D.C.), États-Unis, juin 2023.
5. Entretien avec l'auteur, Washington (D.C.), États-Unis, juin 2023.
6. Entretiens avec l'auteur, Kaboul, Afghanistan, février 2021.
7. Entretien avec l'auteur, Kaboul, Afghanistan, février 2021.
8. David E. Sanger, *New Cold Wars*, *op. cit.*
9. David Ignatius, « Inside the CIA's desperate Effort to rescue Its Afghan Allies », *The Washington Post*, 30 septembre 2021.
10. Entretien avec l'auteur, Washington (D.C.), États-Unis, juin 2023.

Chapitre 28
Ukraine : la guerre clandestine, p. 357

1. Adam Entous et Michael Schwirtz, « The Spy War: how the C.I.A. Secretly helps Ukraine fight Putin », *The New York Times*, 25 février 2024.
2. *Ibid.*
3. David E. Sanger, *New Cold Wars*, *op. cit.*
4. Interview de Bill Burns à la radio publique américaine NPR, 22 juillet 2021.
5. Intervention de Bill Burns à l'Aspen Security Forum, 20 juillet 2022.
6. David E. Sanger, *New Cold Wars*, *op. cit.*
7. Jim Sciutto, *The Return of Great Powers*, Dutton, 2024.
8. Entretien avec l'auteur, Washington (D.C.), États-Unis, juin 2023.
9. David E. Sanger, *New Cold Wars*, *op. cit.*
10. Intervention de Bill Burns devant la Fondation Ditchley, Enstone, Royaume-Uni, 1er juillet 2023.
11. Intervention de David Marlowe au George Mason University's Hayden Center, Washington (D.C.), États-Unis, 15 novembre 2022.
12. David E. Sanger, *New Cold Wars*, *op. cit.*

Conclusion, p. 369

1. Entretien avec l'auteur.
2. Podcast *Intelligence Matters*, 15 décembre 2021.
3. Entretien avec l'auteur, Washington (D.C.), États-Unis, 14 juin 2023.

Chronologie

1995 : création d'Alec Station, unité de la CIA dédiée à la traque d'Al-Qaïda et d'Oussama Ben Laden.

7 août 1998 : attentats contre les ambassades américaines à Nairobi (Kenya) et Dar es Salam (Tanzanie).

12 octobre 2000 : attentat contre le navire américain USS Cole dans la baie d'Aden (Yémen).

11 septembre 2001 : attentats les plus sanglants depuis Pearl Harbor frappant les États-Unis. Deux avions s'écrasent dans les tours jumelles du World Trade Center à New York, un autre sur le Pentagone à Washington et un quatrième, grâce à l'intervention des passagers, n'atteindra pas sa cible et s'écrasera en Virginie. Près de 3 000 personnes sont tuées et plus de 6 000 blessées.

26 septembre 2001 : la première équipe paramilitaire de la CIA, baptisée Jawbreaker, entre en Afghanistan.

14 novembre 2001 : chute de Kaboul, les taliban abandonnent le pouvoir.

28 mars 2022 : capture d'Abou Zoubaydah, présenté par la CIA comme le troisième homme le plus important d'Al-Qaïda. Un titre exagéré selon le FBI.

29 janvier 2002 : lors de son discours sur l'état de l'Union devant le Congrès, le président américain George W. Bush pointe du doigt un « axe du mal » dont fait notamment partie l'Irak, selon lui.

Printemps 2002 : des responsables de la CIA sont informés qu'une invasion de l'Irak est programmée pour le printemps 2003.

Juillet 2002 : une première équipe de la CIA entre clandestinement en Irak.

14 juillet 2002 : l'identité de Valerie Plame Wilson, employée de la CIA, est dévoilée dans la presse alors que son mari critique publiquement l'obsession irakienne de l'administration Bush.

16 septembre 2002 : l'Irak accepte le retour des inspecteurs de l'ONU en désarmement.

5 février 2003 : discours de Colin Powell à l'ONU basé sur des informations biaisées de la CIA.

20 mars 2003 : déclenchement de la guerre en Irak.

13 décembre 2003 : arrestation de Saddam Hussein.

2 novembre 2005 : le *Washington Post* révèle pour la première fois l'existence de prisons secrètes de la CIA.

5 septembre 2007 : Israël bombarde le réacteur nucléaire secret d'Al-Kibar en Syrie.

Été 2008 : invasion de deux régions de Géorgie, l'Ossétie du Sud et l'Abkhazie, par la Russie.

30 décembre 2009 : attentat-suicide d'un agent double d'Al-Qaïda contre Camp Chapman, la base de la CIA à Khost (Afghanistan). Dix personnes, dont le kamikaze et sept membres de la CIA, sont tuées.

2010 à 2012 : la Chine démantèle tout un réseau d'informateurs de la CIA dans son pays.

2 mai 2011 : Oussama Ben Laden, le leader d'Al-Qaïda, est éliminé dans une opération militaire américaine à Abbottabad (Pakistan).

11 janvier 2013 : opération commune entre la CIA et la DGSE pour libérer l'espion français Denis Allex, retenu en otage depuis 2009. L'opération est un échec qui se solde par la mort de ce dernier et deux autres Français.

21 août 2013 : attaques chimiques dans la banlieue de Damas (Syrie).

2014 : invasion et annexion russe de la Crimée. Moscou prend de facto le contrôle de pans entiers du Donbass, région de l'est de l'Ukraine, par le biais d'activistes et combattants pro-russes.

Juin 2014 : l'organisation État islamique proclame son califat à cheval sur l'Irak et la Syrie.

9 décembre 2014 : le Sénat américain publie un rapport qui révèle les techniques d'interrogatoire de la CIA et critique sévèrement les tortures commises par l'Agence dans le cadre de la lutte contre le terrorisme après les attentats du 11-Septembre.

Juillet 2017 : le président américain met un terme définitif au programme d'armement et d'entraînement des rebelles syriens par la CIA.

30 mars 2018 : le directeur de la CIA Mike Pompeo se rend secrètement à Pyongyang, en Corée du Nord, pour engager des négociations clandestines avec le dirigeant Kim Jong-un.

3 janvier 2020 : élimination du général iranien Qassem Soleimani dans une attaque de drone américaine à Bagdad (Irak).

14 avril 2021 : Joe Biden annonce le retrait total des troupes américaines d'Afghanistan avant le 11 septembre 2021, pour le vingtième anniversaire des attaques.

15 août 2021 : chute de Kaboul. Les taliban reprennent le pouvoir en Afghanistan avant même le retrait total des troupes américaines.

20 février 2022 : début de l'invasion à grande échelle de l'Ukraine par la Russie. En réalité, si la guerre n'avait alors pas touché l'ensemble du territoire ukrainien, cette invasion a commencé dès 2014 avec la prise de la Crimée et des rébellions pro-russes dans le Donbass.

31 juillet 2022 : après des mois de surveillance, les États-Unis lancent une attaque de drone qui tue Ayman Al-Zawahiri, le chef d'Al-Qaïda, à Kaboul (Afghanistan).

24 juin 2023 : coup d'État avorté mené par Evgueni Prigojine, chef de la milice Wagner, en Russie.

7 octobre 2023 : attentats terroristes du Hamas en Israël (plus de 1 200 morts) et début de la guerre à Gaza qui fera plusieurs dizaines de milliers de morts.

22 mars 2024 : un attentat revendiqué par l'État islamique fait 145 morts dans une salle de concert de la banlieue de Moscou (Russie). La CIA avait prévenu les autorités russes qu'un attentat était en préparation, le Kremlin avait ignoré l'avertissement.

Glossaire des sigles

ADM : armes de destruction massive.

BND : Bundesnachrichtendienst, service de renseignement extérieur allemand.

CENTCOM : Central Command, division de l'armée américaine chargée du Moyen-Orient, de l'Asie centrale et de l'Asie du Sud.

CIA : Central Intelligence Agency, agence centrale du renseignement américain, chargée de la collecte de renseignements à l'étranger.

COS : Chief of Station. Il s'agit d'un chef d'une station de la CIA située quelque part dans le monde.

CTC : Centre de contre-terrorisme de la CIA.

DCRI : Direction centrale du renseignement intérieur, organe créé en 2008 et qui fusionne les anciens Renseignements généraux (RG) et la Direction de la surveillance du territoire (DST). La DCRI a été renommée DGSI en 2014.

DGSE : Direction générale de la sécurité extérieure (les renseignements extérieurs français). Équivalent français de la CIA.

DGSI : Direction générale de la sécurité intérieure, service français de renseignement intérieur renommé ainsi en 2014 (il s'agissait auparavant de la DCRI).

DIA : Defense Intelligence Agency, l'agence américaine de renseignement militaire.

DST : Direction de la surveillance du territoire. La DST a fusionné avec les Renseignements généraux pour devenir la DCRI, rebaptisée depuis DGSI, les services intérieurs français.

EI : État islamique

FBI : Federal Bureau of Investigation, service de police fédérale et de renseignement intérieur américain.

FSB : Service fédéral de sécurité, service de renseignement russe chargé des affaires de sécurité intérieure.

IED : *Improvised explosive device*, engins explosifs improvisés mis sur le bord des routes par les insurgés en Irak ou en Afghanistan pour les faire exploser au passage de véhicules américains et étrangers.

MI6 : MI6 est l'abréviation de Military Intelligence, section VI. Il est également connu sous le nom de Secret Intelligence Service (SIS). Équivalent britannique de la CIA et service renommé.

NSA : Nation Security Agency, agence américaine spécialisée dans le renseignement électromagnétique et la sécurité des systèmes d'information du gouvernement américain.
NCTC : Le National CounterTerrorism Center a été créé à la suite des préconisations de la commission d'enquête nationale sur les attentats du 11-Septembre. Il permet de rechercher, d'analyser et de stocker toute donnée en lien avec le terrorisme de manière nationale et internationale. Les spécialistes de toutes les entités étatiques y contribuent (CIA, FBI, Pentagone, etc.).
NIC : Conseil national du renseignement (NIC), organisme hébergé à la CIA.
NIE : *National Intelligence Estimate*. Les estimations nationales du renseignement sont les rapports les plus poussés et complets réalisés par la communauté du renseignement aux États-Unis. L'ensemble des agences (CIA, FBI, NSA, etc.) travaillent en commun sur un sujet précis.
ODNI : Bureau du directeur du renseignement national aux États-Unis. Il chapeaute l'ensemble des 18 agences de renseignement américaines.
ONU : Organisation des Nations unies.
Otan : Organisation du Traité de l'Atlantique nord, alliance atlantique qui regroupe les États-Unis et les principaux pays européens.
PCC : Parti communiste chinois.
RG : Renseignements généraux. Service français de renseignement intérieur qui sera absorbé, tout comme la DST, par la DGSI lors de sa création.
SITREP : *Situation Report*. Rapport de situation envoyé au quartier général par les officiers de la CIA sur le terrain.
UE : Union européenne.
UNSCOM : Commission spéciale des Nations unies chargée de désarmer l'Irak.
WINPAC : Weapons, Intelligence, Nonproliferation, and Arms Control Center. Il s'agit, en français, du Centre la CIA pour le contrôle des armes, de renseignement et de non-prolifération.

Bibliographie sélective

BAKER Peter, *Days of Fire, Bush and Cheney in the White House*, New York, Doubleday, 2013.

BAKER Peter et GLASSER Susan, *The Divider*, New York, Doubleday, 2022.

BERGEN Peter, *Chasse à l'homme, Du 11 septembre à Abbottabad l'incroyable traque de Ben Laden*, Paris, Robert Laffont, 2012.

BERNSTEN Gary, *Jawbreaker*, New York, Crown, 2006.

BRENNAN John O., *Diriger la CIA, Mon combat contre le terrorisme*, Paris, Talent Éditions, 2021.

BUSH George W., *Instants décisifs*, Paris, Plon, 2010.

CLARKE Richard, *Contre tous les ennemis*, Paris, Albin Michel, 2004.

COLL Steve, *Directorate S*, New York, Penguin Press, 2018.

DENOËL Yvonnick, *Le Livre noir de la CIA*, Paris, Nouveau Monde Éditions, 2007.

DROGIN Bob, *Curveball*, New York, Random House, 2007.

DRUMHELLER Tyler, *On the Brink*, New York, Carroll & Graf Publishers, 2006.

DUELFER Charles, *Hide And Seek: The Search for Truth in Iraq*, New York, PublicAffairs, 2009.

EISNER Peter et ROYCE Knut, *The Italian Letter: How the Bush Administration used a Fake Letter to build the Case for War in Iraq*, Toronto, Rodale Books, 2007.

ESPER Mark, *A Sacred Oath: Memoirs of a Defense Secretary in Extraordinary Times*, New York, William Morrow, 2022.

FADDIS Sam, *The CIA War in Kurdistan*, Pennsylvanie, Casemate, 2020.

FALIGOT Roger, *Les Services secrets chinois*, Paris, Nouveau Monde Éditions, 2022.

GRENIER Robert L., *88 Days to Kandahar: A CIA Diary*, New York, Simon & Schuster, 2015.

GREY Stephen, *Les Vols secrets de la CIA. Comment l'Amérique a sous-traité la torture*, Paris, Calmann-Lévy, 2007.

KIRIAKOU John, *The Reluctant Spy*, New York, Bantam Press, 2010.

KUSHNER Jared, *Breaking History*, New York, Broadside Books, 2022.

LONDON Douglas, *The Recruiter: Spying and the Lost Art of American Intelligence*, New York, Hachette Books, 2021.

MALBRUNOT Georges et CHESNOT Christian, *Saddam Hussein. Portrait total*, Paris, Éditions 1, 2003.
MARIOTTI Antoine, *La Honte de l'Occident*, Paris, Tallandier, 2021.
MCFAUL Michael, *From Cold War to Hot Peace*, Boston, Mariner Books, 2018.
MCRAVEN William H. amiral, *Ma vie dans les forces spéciales*, Paris, Dunod, 2020.
MORELL Michael, *The Great War of Our Time*, New York, Twelve, 2015.
MUDD Philip, *Black Site: The CIA in the Post-9/11 World*, New York, Liveright, 2019.
NIXON John, *Debriefing the President*, New York, Bantam Press, 2016.
PANETTA Leon, *Worthy Fights*, New York, Penguin Press, 2014.
PLAME WILSON Valerie, *Fair Game*, New York, Simon & Schuster, 2007.
POMPEO Mike, *Never give an Inch: Fighting for the America I love*, New York, Broadside Books, 2023.
PRADO Ric, *Black Ops: The Life of a CIA Shadow Warrior*, New York, St Martin's Press, 2022.
PRADOS John, *Histoire de la CIA*, Paris, Perrin, 2019.
PRIESS David, *The President's Book of Secrets,* New York, PublicAffairs, 2017.
RODRIGUEZ Jose, *Hard Measures: How Aggressive CIA Actions after 9/11 saved American Lives*, New York, Threshold Editions, 2013.
SANGER David, *The Perfect Weapon*, New York, Crown, 2018.
SCHROEN Gary C., *First in: How Seven CIA Officers opened the War on Terror in Afghanistan*, New York, Presidio Press, 2005.
SOUFAN Ali H., *The Black Banners*, New York, W. W. Norton & Company, 2011.
TENET George, *At the Center of the Storm*, New York, Harper Collins, 2007.
WARRICK Joby, *The Triple Agent: The Al-Qaeda Mole who infiltrated the CIA*, New York, Anchor, 2011.
WEINER Tim, *Des cendres en héritage. L'histoire de la CIA*, Paris, De Fallois, 2009.
WHIPPLE Chris, *The Spymasters: How the CIA Directors shape History and the Future*, New York, Simon & Schuster, 2020
WOODWARD Bob, *Bush s'en va-t-en guerre*, Paris, Denoël, 2003.
– , *Plan d'attaque*, Paris, Denoël, 2004.
– , *Mensonges d'État. Comment Bush a perdu la guerre*, Paris, Denoël, 2007.
WRIGHT Lawrence, *La Guerre cachée. Al-Qaïda et les origines du terrorisme islamiste*, Paris, Robert Laffont, 2007.

Remerciements

Ce livre se base sur de nombreuses recherches et sur un grand nombre d'interviews que j'ai menées ces dernières années, spécifiquement pour cet ouvrage et, parfois, au cours de reportages ou documentaires que j'ai réalisés. Je tiens à remercier toutes celles et tous ceux qui ont pris le temps de répondre à mes questions, parfois à plusieurs reprises au fil des mois et des ans, le plus souvent pendant de longues heures. Nombre d'entre eux l'ont fait de manière anonyme parce que leurs fonctions, actuelles ou passées, ne les autorisent pas à s'exprimer publiquement. Je les remercie très sincèrement de leur confiance.

D'autres m'ont accordé des entretiens et apparaissent au grand jour, qu'ils en soient également chaleureusement remerciés : général Habitullah Alizai, Richard Armitage, Jeff Asher, Bernard Bajolet, Hans Blix, John Bolton, Paul Bremer, Eric Burkhart, Joseph DeTrani, Charles Duelfer, Charles Sam Faddis, Porter Goss, Robert Grenier, Kevin Hulbert, Ivan Kanapathy, John Kiriakou, Lindsay Moran, William D. Murray, John Negroponte, John Nixon, Leon Panetta, David Petraeus, Norman Roule, Michael Shurkin, John Sipher, William Jerry Watson, Lawrence Wilkerson et Douglas Wise.

Écrire un tel livre et se lancer dans une entreprise aussi vaste que longue ne pourrait se faire sans s'appuyer sur le travail colossal réalisé par de nombreux collègues journalistes et médias, notamment américains mais pas uniquement. Ce travail formidable qu'ils ont accompli ces vingt-cinq dernières années montre, une fois encore, l'importance du journalisme et de la liberté de la presse pour mieux comprendre notre monde, faire émerger la vérité et être un garde-fou démocratique.

Je tiens à remercier Florence Hermite-Faguer et Antoine Faguer pour m'avoir si généreusement et chaleureusement accueilli à Washington pendant mon séjour, ainsi que Fanny Allard et Matthieu Mabin.

Un grand merci à mon éditrice Nathalie Riché pour sa rigueur, sa bonne humeur permanente et son engagement sans faille, ainsi qu'à Xavier de Bartillat, qui dirige les éditions Tallandier. Leur confiance m'honore. Merci également à Léa Merlin pour ses précieuses relectures et son engagement, ainsi qu'à Anne Mars. Toujours chez Tallandier, merci à Isabelle Bouche, Johanna Marchand et Mona Logerot.

Ce livre ne serait pas ce qu'il est sans la bienveillance et l'intransigeance de mon amoureuse, Cécile Galluccio. Son regard aiguisé sur chaque virgule pousse à se remettre sans cesse en question. Je ne la remercierai jamais assez.

Une immense pensée, enfin, pour mon Alexandre ; ma mère adorée, Chantal ; et mon père, Pierre, qui me manque tant mais dont les valeurs et la passion de ce qui se passe ailleurs me guident et m'accompagnent à chaque instant.

Index des noms de personnes

Abaaoud, Abdelhamid : 283-284
Abd Al-Hamid, Ibrahim Sa'id *alias* « Abou Ahmed Al-Kuwaiti » : 240-241
Abdallah II : 220
Abdulmutallab, Oumar Farouk : 235
Addington, David : 87
Ahmad, Mahmoud, général : 55-56, 61
Akhund, Abdoul Jalil « Mollah Jalil » : 57
Al-Awlaqi, Abdulrahman : 235
Al-Awlaqi, Anwar : 234-235
Al-Bahri, Nasser « Abou Jandal » : 40
Al-Balawi, Humam alias « Abou Dujana Al-Khorasani » : 217-218, 222
Al-Hazmi, Nawaf : 23-24, 27, 235
Alizai, Habitullah, général : 351-352
Allex, Denis : 255-256, 258-259
Al-Libi, Ibn Cheikh : 125
Al-Maktoum, Cheikh Maktoum Ben Rachid : 180
Al-Masri, Cheikh Saïd : 224
Al-Mihdhar, Khaled : 23-24, 27, 235
Al-Mohandis, Abou Mehdi : 343
Al-Nashiri, Abd Al-Rahim : 338
Alwan, Rafid Ahmed *alias* « Curveball » : 160-167, 172
Al-Zarqaoui, Abou Moussab : 120, 217
Al-Zawahiri, Ayman : 20, 40, 67, 219, 354-355
Armitage, Richard : 55-56, 61, 115-116, 124, 131, 138, 145-146, 169
Asher, Jeff : 305
Attar, Oussama : 284-285

Bajolet, Bernard : 261-263, 279, 281, 294, 324
Balestreri, Ted : 243, 254
Bannon, Stephen « Steve » : 288, 290, 293
Baradar, Abdul Ghani : 350-351
Bash, Jeremy : 242
Ben Laden, Oussama : 12, 17-21, 25-26, 28, 30-31, 34, 40-42, 47, 51, 58, 60-64, 67, 70, 80, 91, 94, 97-99, 109, 155, 200, 216, 218, 227, 238-240, 242-243, 245-248, 251-252, 302, 346, 354
Ben Salman, Mohammed : 339-341
Bennett, John : 244
Biden, Joseph « Joe » : 246, 319-322, 333, 348-349, 354-355, 359-361, 364, 366
Bikowsky, Alfreda Frances : 25
Bin Zeid, Ali : 220-222
Black, Cofer : 19, 25-26, 30-31, 33, 38, 42-43, 45-46, 50-51, 301-302
Blair, Dennis, amiral : 261-262
Blee, Richard : 22, 26
Blinken, Antony : 362
Blix, Hans : 107-108, 131
Bolten, Joshua : 209
Bolton, John : 341

Bonaparte, Napoléon : 262
Bonk, Ben : 50
Bramell, Brittany : 310
Braun, Eva : 231
Bremer, Paul : 173
Brennan, John : 10, 234, 277, 281, 288, 290, 294, 296, 298-300, 338
Broadwell, Paula : 266
Buckley, William : 285
Burkhart, Eric : 173, 178
Burns, William « Bill » : 321-322, 349-351, 354, 359-362, 364-366, 372
Bush, George W. : 12, 26, 36, 43, 54, 62, 81, 84, 87, 94-95, 97, 101, 103, 114-115, 118, 140-141, 145-147, 149-150, 168, 177, 203-206, 209-212, 227-228, 267, 270, 301, 305-306, 348, 369

Calvar, Patrick : 281
Card, Andrew « Andy » : 147, 204
Carroll, Kevin : 285
Casey, Michael Anne : 23
Castro, Fidel : 205
Cengiz, Hatice : 339
Chalabi, Ahmed : 102-105
Cheney, Richard « Dick » : 87, 94, 101-103, 106, 115-116, 120-121, 135, 138-140, 145-146, 148-149
Chirac, Jacques : 151
Choïgou, Sergueï : 366
Chun Shing Lee, Jerry : 318
Chung, Eui-Yong : 328-329
Clapper, James : 15, 247, 262, 300
Clarke, Richard « Dick » : 26, 36, 93
Clinton, Hillary : 247, 272, 287
Clinton, William « Bill » : 20, 203, 213, 294
Cohen, Yossi : 297
Cohn, Gary : 329, 336
Coleman, Dan : 19-20, 23
Corker, Bob : 341
Cotton, Tom : 336
Cruz, Ted : 289

D'Andrea, Michael : 296
Davidson, Lynne : 118, 120-121, 124
DeLong, Michael, général : 43
DeTrani, Joseph : 313
Donilon, Thomas E. « Tom » : 247
Dostom, Abdoul Rachid : 65-66
Downing, Jack : 21-22
Drumheller, Tyler : 105, 122-123, 126-129, 151
Duelfer, Charles : 101, 109, 168
Dupree, Louis : 347
Dupree, Nancy : 347

Eisenhower, Dwight : 231
Eisner, Peter : 141
El-Assad, Bachar : 267-268, 270, 272, 283, 370
Erdoğan, Recep Tayyip : 278, 339-340
Esper, Mark : 342

Faddis, Charles Sam : 35-36, 95-97, 107, 132
Faligot, Roger : 318
Fidan, Hakan : 278-279
Fischer, Joschka : 105
Fleischer, Ari : 146
Flournoy, Michèle : 247
Foggo, Kyle Dustin « Dusty » : 209-210
Foley, Alan : 141
Ford, Carl : 118
Ford, Gerald : 19
Ford, Robert : 271
Fulford, Carlton W. Jr, général : 138

Ganczarski, Christian : 155-156
Gates, Robert « Bob » : 224, 232, 246-247, 250, 262
Gerson, Michael : 141, 147-148
Ghani, Ashraf : 350
Gomart, Christophe, général : 259
Goss, Porter : 14, 32, 37, 205-211, 299
Graham, Lindsey : 340

Grenier, Robert « Bob » : 57-65, 69, 71, 97-99, 109

Hadley, Stephen « Steve » : 124, 140-141, 147-148
Haley, Nikki : 335
Hanna, John : 115, 121
Hanson, Elizabeth : 224
Hariri, Rafic : 267
Hasler, Susan : 38
Haspel, Gina : 83, 86, 292, 296, 336-338, 340
Hayden, Michael, général : 210-212, 228, 232-233, 264, 300
Henning, August : 105
Henoch, Margaret : 122-123
Heuer, Richards J. : 170
Hitler, Adolf : 231
Hollande, François : 257, 277, 295
Hoover, John Edgard : 18
Hulbert, Kevin : 228
Hussein, Saddam : 30, 93-95, 97-98, 100-103, 106, 111, 113-114, 116, 121, 124, 126, 133-134, 136, 141-142, 160-161, 167, 171, 173-175, 187-196, 199-201

Ianoukovitch, Viktor : 357
Idriss, Selim : 275

Jessen, Bruce : 84
Joseph, Robert : 141

Kadhafi, Mouammar : 207
Kahane, Meir : 27
Kanapathy, Ivan : 333
Kappes, Stephen « Steve » : 207, 211
Kassem, Abdel Karim : 189
Kay, David : 160, 167-168
Kelley, Jill : 265-266
Kelly, John : 300, 328
Kennedy, John Fitzgerald : 118
Khashoggi, Jamal : 339-341
Kim, Andy : 324-325, 327, 330
Kim, Jong-un : 323-328, 331-333
Kim, Yo-jong : 328, 331
Kim, Yong-chol : 330
Kimber, Elizabeth « Beth » : 262
Kiriakou, John : 30-31, 33-34, 37-38, 69-74, 76, 78-79, 85, 88-89, 97-100, 108-109, 337
Kolbe, Paul : 303-304
Kushner, Jared : 289, 325, 335-336, 341

LaBonte, Darren : 220-222
LaBonte, Racheal : 220
Lawler, Jim : 371
Le Drian, Jean-Yves : 259
Libby, Irve Lewis « Scooter » : 115, 121, 131, 146, 148-149
Lowenkron, Barry : 119

Mabrouk, Ahmed Salama : 20
Mallory, Kevin : 319
Marlowe, David : 365
Martinez, Gérard, général : 154
Massoud, Ahmad : 47
Massoud, Ahmad Shah, commandant : 47, 53-54
Matthews, Chris : 147
Matthews, Jennifer : 39, 83, 87, 215-217, 219-223
Mattis, James « Jim » : 279, 292-293, 328
McDonough, Denis : 276
McFaul, Michael : 305
McLaughlin, John : 114, 122-125, 127-129
McMaster, H. R. : 328-329
McRaven, William « Bill » : 244-245, 248-252
Mehdi, Ahmed : 156
Miller, Doug : 23
Milley, Mark, général : 342
Miscik, Judith « Jami » : 168-170
Mitchell, James : 84-85
Mitterrand, François : 196
Mohamed, Ali : 28

Mohamed, Khaled Cheikh : 85, 156, 240, 250
Morell, Mary Beth : 253
Morell, Michael : 244, 246, 249, 253, 266, 300
Moucharraf, Pervez : 55-56, 61
Mowatt-Larssen, Rolf : 302
Mudd, Philip « Phil » : 116, 129-130
Mullen, Michael « Mike » : 247
Murray, William « Bill » : 111-114, 133-134, 151-152, 154-155
Muttawakil, Wakil Ahmed : 57

Nalyvaïtchenko, Valentyn : 357
Negroponte, John : 94-95, 127, 130, 208-210
Netanyahou, Benyamin « Bibi » : 343
Nixon, John : 29, 188-195, 197-201, 206
Nosair, El Sayyid : 27-28
Novak, Robert : 142-143, 145-146

O'Neill, John : 18-20, 22, 28, 40
Obama, Barack : 89, 212-213, 219, 232, 234, 245-247, 249, 251, 261, 265-266, 271-274, 276-277, 290-291, 295, 298, 306, 319, 323, 338, 344, 371
Olmert, Ehoud : 270
Omar, Mohamed, mollah : 58-65
Osmani, Akhtar Mohammed, mollah : 58-65
Owens-Kirkpatrick, Barbro : 138

Panetta, Leon : 213, 223-225, 232-233, 238-239, 242-245, 247-250, 253-254, 262-263, 371
Panetta, Sylvia : 254
Park, Meroë : 290
Pascal, Jean-Jacques : 151
Paul, Rand : 349
Pavitt, James « Jim » : 21
Pelosi, Nancy : 322
Pence, Mike : 288-289
Petraeus, David : 263-266, 272, 277
Petraeus, Holly : 265
Philips, David « Doc » : 48, 52
Piro, George : 201
Plame Wilson, Valerie : 131, 136-137, 139-140, 145-149, 207
Polymeropoulos, Marc : 187
Pompeo, Mike : 287-290, 292-298, 311, 324-332, 335-337, 340-341
Pompeo, Susan : 292
Poutine, Vladimir : 13, 278, 289, 299, 303-306, 308-309, 311, 358-363, 366-367
Powell, Colin : 13, 55, 87, 115-132, 145-146, 169
Prado, Enrique « Ric » : 20, 28
Praig, Dan : 69
Presley, Elvis : 180
Priest, Dana : 86
Prigojine, Evgueni : 366-367

Ramirez Sánchez, Ilich « Carlos » : 30
Rangel, Robert : 247
Reagan, Ronald : 20, 115
Reilly, Phil : 46, 48
Rhodes, Ben : 234
Rice, Condoleezza : 26, 30, 115-116, 121, 124, 127, 140-142, 147-148, 204
Robb, Charles : 172
Rodman, Dennis : 327-328
Rodriguez, Jose : 84, 86-87, 90-91, 338
Roe, Jeff : 289
Romanski, Rick : 71
Rossini, Mark : 23
Rove, Karl : 146-147, 149
Royce, Knut : 141
Rubin, Barnett : 347
Rubio, Marco : 287
Ruddy, Christopher : 294
Rumsfeld, Donald : 43, 66, 93-94, 101-103, 115, 157

Sablière (De La), Jean-Marc : 131
Sabri, Naji : 111-113, 130, 133-134
Sanger, David E. : 322, 361
Sarkozy, Nicolas : 263

Sarwari, Aref « Ingénieur Aref » : 53
Scheuer, Michael : 18-22
Schroen, Gary : 45-51, 53-54, 66, 346
Schulze, Gabriel : 325
Sciutto, Jim : 361
Seeger, J. R. : 65-66
Short, Marc : 288
Shurkin, Michael : 211
Silberman, Laurence : 172
Sipher, John : 302
Snowden, Edward : 346
Soleimani, Qassem : 297-298, 341-343
Soufan, Ali : 40-41, 83, 85, 90-91
Stevenson, Adlai : 117-118
Storer, Cindy : 39
Sulick, Michael : 207, 302

Tata, Anthony : 344
Tenet, George : 21-22, 26, 33, 43, 64, 77, 90, 100, 105, 108, 114, 118-120, 122-128, 130, 140-141, 143-145, 147, 151, 169, 200, 203-205, 210, 299, 301-302
Tillerson, Rex : 296, 325, 327, 329, 335-337
Tobey, Will : 121
Trump, Donald : 278-279, 287-296, 298-300, 310-311, 317, 319-320, 323-329, 331-333, 335-339, 341-344, 348-349
Trump, Ivanka : 325, 335

Ur Rehman, Wali : 235-236
Urban, Dave : 288

Vickers, Michael « Mike » : 247
Villepin (de), Dominique : 131

Warmbier, Otto : 326
Washington, George : 196
Watson, William « Jerry » : 100-101, 106, 122-123, 159-162, 164, 166-167, 171-172
Wilkerson, Lawrence : 13, 87, 116-121, 123-125, 128-130
Wilshire, Tom : 19
Wilson, Joseph « Joe » : 136-137, 139-140, 142-143, 145-147
Wise, Douglas « Doug » : 91, 272, 275
Wolfowitz, Paul : 93, 168
Wood, Chris : 251-252
Woodward, Bob : 205
Woosley, James : 293-294

Xi, Jinping : 319, 321-322

Younger, Alex : 294
Youssef, Ramzi : 32

Zelensky, Volodymyr : 359, 361-363
Zoubaydah, Abou : 70-72, 74, 76-80, 82-85, 87-88, 90-91, 97, 120, 129, 215, 240

Table

Note de l'auteur 9
Introduction 11

1. – Alec *vs* I-49 17
2. – « On enlève les gants » 29
3. – Opération Jawbreaker : trois millions en poche.... 45
4. – En tête-à-tête avec les taliban : la négociation de la dernière chance 55
5. – Le premier prisonnier 69
6. – *Black Sites* 81
7. – L'obsession irakienne 93
8. – Les mensonges de Langley 111
9. – Trahie par les siens 135
10. – Base Alliance : la CIA aux Invalides 151
11. – Guerre civile à la CIA 159
12. – Faux-ami(s) 173
13. – Saddam & Mister Steve 187
14. – Restaurer la confiance 203
15. – Camp Chapman : le jour le plus sombre 215
16. – La guerre « sur écrans » 227
17. – Ben Laden : la traque 239
18. – Somalie : à la recherche de Denis Allex 255
19. – Petraeus, la chute d'un héros 261

20. – Syrie : vingt ans de lutte contre le régime Assad 267
21. – L'État islamique et les attentats en Europe 281
22. – Trump et la CIA 287
23. – L'œil de Moscou 301
24. – Chine : l'empire du secret 313
25. – Corée du Nord : diplomatie parallèle 323
26. – Obsessions trumpiennes 335
27. – Afghanistan : la fin d'une guerre, le début d'une autre 345
28. – Ukraine : la guerre clandestine 357

Conclusion 369
Notes 373
Chronologie 383
Glossaire des sigles 385
Bibliographie sélective 387
Remerciements 389
Index des noms de personnes 391

PEFC
10-31-1510
Certifié PEFC

Achevé d'imprimer en septembre 2024
par Corlet imprimeur
14110 Condé-en-Normandie

Réalisation : Nord Compo à Villeneuve-d'Ascq
Dépôt légal : septembre 2024
ISBN : 979-10-210-5591-9
Numéro d'édition : 5073
Numéro d'impression : 24050412
Imprimé en France